MI VIDA, MI FE

"Yo amo a los que me aman,
Y me hallan los que temprano me buscan."
(Proverbios 8:17)

MI VIDA, MI FE I

Dr. Jaerock Lee

URIM BOOKS

MI VIDA, MI FE: Volumen 1 por el Dr. Jaerock Lee
Publicado por Libros Urim (Representante: Seongnam Vin)
73, Yeouidaebang-ro 22-gil, Dongjak-Gu, Seúl, Corea
www.urimbooks.com

A menos que se indique lo contrario, todos los textos bíblicos han sido tomados de la versión Reina-Valera © 1960 Sociedades Bíblicas en América Latina; © renovado 1988 Sociedades Bíblicas Unidas. Utilizado con permiso.

Derechos de autor © 2011 por el Dr. Jaerock Lee
ISBN: 978-89-7557-430-6, ISBN 978-89-7557-429-0(set)
Derechos de traducción al inglés ©2011 por la Dra. Esther K. Chung. Utilizado con permiso.

Publicado previamente en coreano por The Christian Press, Seúl, Corea, 2006

Primera Edición: Septiembre 2011

Editado por Eunmi Lee
Traducido al español por Gloria Claribel Rodríguez de Melgar
Diseño por la Oficina de Ediciones de Libros Urim
Para mayor información contáctese con urimbook@hotmail.com

Un profundo aroma espiritual

Se dice que el perfume de rosas más delicioso se puede obtener de aquellas rosas encontradas en los Montes Balcanes. Sin embargo, este perfume no se obtiene de cualquier rosa de los Montes Balcanes, ya que para obtener el perfume de calidad óptima tenemos que extraer la esencia de las rosas cortadas a las dos de la mañana, el cual es el momento más frío y oscuro del día.

Mi Vida, Mi Fe I, la autobiografía del Dr. Jaerock Lee, provee de igual manera el más delicioso aroma espiritual para sus lectores. Esto se debe a que su vida es extraída del amor de Dios, habiendo experimentado las aguas profundas, el frío yugo y la desesperación más insondable.

¿Por qué no pudo el Dr. Lee tener un tiempo, al igual que otras personas jóvenes, para soñar con una vida prometedora y deslumbrante? Hubo un momento para él en el cual batalló para poder graduarse un día de una buena universidad, para estudiar en el extranjero y convertirse en un hombre realizado y exitoso. Pero a diferencia de sus sueños, su vida empezó a descender en un valle de desesperación. Su cuerpo estaba cubierto con las heridas de la enfermedad. En lugar de ganar fama era ignorado y menospreciado por las personas cercanas a él, y llegó a reconocer profunda y completamente cuán insignificante es el amor de este mundo. Se dio cuenta del significado de la pobreza y de lo doloroso que es sentirse impotente siendo la cabeza de la familia. En dos ocasiones llegó incluso al punto de intentar suicidarse.

Mientras estaba en el valle de la desesperación, donde no podía siquiera respirar, se encontró con Dios. Hasta ese momento batalló solo en su agotada vida. Pero el Dios Todopoderoso, quien está lleno de amor vino a él, se encontró con él y comenzó a caminar junto a él. ¡Dios lo sacó de la desesperación y lo llenó con la esperanza por el Reino celestial!

La interrogante que se tornó el todo para la vida del Dr. Lee era cómo poder pagar la inmensa gracia de Dios. Él hizo lo que Dios ordenó que hiciera, no hizo aquello que Dios dijo que no hiciera, y acudió cuando Dios dijo que fuera. Se convirtió en un cautivo del inmenso y enorme amor de Dios, y su propósito primordial en esta vida llegó a ser el de complacer a Dios el Padre.

La confesión del profundo amor del apóstol Pablo descrita en Romanos 8:35-39, es también la confesión del Dr. Lee: *"¿Quién nos separará del amor de Cristo? ¿Tribulación, o angustia, o persecución, o hambre, o desnudez, o peligro, o espada? Como está escrito: Por causa de ti somos muertos todo el tiempo; Somos contados como ovejas de matadero. Antes, en todas estas cosas somos más que vencedores por medio de aquel que nos amó. Por lo cual estoy seguro de que ni la muerte, ni la vida, ni ángeles, ni principados, ni potestades, ni lo presente, ni lo por venir, ni lo alto, ni lo profundo, ni ninguna otra cosa creada nos podrá separar del amor de Dios, que es en Cristo Jesús Señor nuestro".*

Como está escrito en Proverbios 8:17: *"Yo amo a los que me aman, y me hallan los que temprano me buscan"*, si ésta era la voluntad de Dios, el Dr. Lee contestaba solamente con un "¡Sí!" y un "¡Amén!" con todo su corazón y en cualquier clase de situación. Dios lo revistió con Su poder y lo colocó por encima del mundo. Su iglesia denominada Iglesia Central Manmin ora por todas las naciones, haciendo así honor a su nombre, pues "Manmin" significa "toda la creación". Ésta cumple una a una las visiones entregadas por Dios, y se ha convertido en el lugar central donde se manifiestan las obras ardientes del Espíritu Santo.

Debido a que el mismo Dr. Lee sufrió de diversas enfermedades, esto le permite ahora comprender el dolor de aquellos que están enfermos. Ya que él mismo fue despreciado y burlado, puede comprender el corazón de aquellos que están desconsolados. Debido a que experimentó pobreza extrema, comprende el corazón de aquellos que están sufriendo por la pesada carga de la pobreza. Este es el motivo por el cual miles de miembros de su iglesia se reúnen alrededor de él tan sólo para verle cara a cara.

La vida del Reverendo Dr. Lee es uno de los casos más dramáticos, en los cuales la vida de alguien puede cambiar tan radicalmente después de conocer a Dios. Su vida nos muestra cómo una vida de completa obediencia y devoción a Dios puede producir tantos frutos espirituales y materiales.

El caminar de su vida nos dice fuertemente que el secreto de todas estas bendiciones es santificarse y volverse puro como el cristal, al igual que Dios Padre quien es Santo, en ocasiones como un león rugiente, y en otras como las suaves y tiernas manos de una madre.

Así como la vida del Dr. Lee emana una profunda fragancia, yo deseo que todos los lectores de este libro puedan también emanar una fragancia que sea más intensa que el perfume de las rosas de los Montes Balcanes.

Diciembre 2006

Rev. Dra. Esther K. Chung

Ex-presidente de la Universidad de la Mujer de Seúl, en Seúl, Corea del Sur
Presidente del Seminario Internacional Manmin, Seúl, Corea del Sur
Catedrática honoraria de la Universidad Nacional de San Antonio Abad de Cusco, Perú

Prueba de fuego y poder

Mi Vida, Mi Fe I proporciona una respuesta clara a la interrogante de cómo vivir la vida cristiana, y por ende es un libro para todos aquellos que han aceptado a Jesucristo y creen en Su sangre derramada en la cruz.

Hablando con franqueza, el Dr. Jaerock Lee, Pastor Principal de la Iglesia Central Manmin es una persona a quien no conocía bien. Cierto día uno de mis colegas me ofreció su libro titulado *Mi Vida, Mi Fe I*, y mientras lo leía no me fue posible evitar que las lágrimas cayeran por mis mejillas. Yo abría este libro cuando no podía dormir en la noche, y él me capturaba por completo.

No podía leerlo sin derramar lágrimas por sus sufrimientos causados por todo tipo de enfermedades, pobreza y problemas familiares, los cuales se comparaban a los sufrimientos de Job. Era notable el sentimiento típico coreano de lamento. Sus enfermedades eran tan graves que él incluso recurrió a los jugos de los desechos del cuerpo humano, e intentó quitarse la vida en dos ocasiones distintas. Yo también he sufrido mucho en mi vida, pero esto era abrumadoramente doloroso como para dejar de derramar mis lágrimas.

La mayoría de coreanos que vivieron en el tiempo en el que tuvimos la austeridad de primavera en los años cincuenta y sesenta pasaron por muchos sufrimientos. Pero aún hoy existen personas que no pueden darse el lujo de tener calefacción durante el invierno o de alimentarse con tres comidas diarias. También hay muchas personas que padecen enfermedades, pero no pueden pagar los tratamientos hospitalarios, y hay aquellos que sufren en alojamientos temporales tras las inundaciones y otro tipo de desastres. Nosotros los coreanos no hemos sido liberados aún por completo de la pobreza y los sufrimientos.

Pero el Rev. Dr. Jaerock Lee llegó a vivir una vida completamente diferente después de vencer todos estos sufrimientos y dolores, y este libro retrata cada uno de sus pasos de manera muy conmovedora. Esto no significa que se ha escrito el libro con palabras elegantes y floridas, ni con aroma literario, sino más bien sus oraciones honestas y sencillas han conmovido mi corazón.

¿Debo decir "el aroma de veracidad"? Su confesión que contiene la verdad de la salvación de Dios y que glorifica únicamente a Jesucristo, puede hacer que los lectores sientan la gracia misma de Dios.

Quizá fue porque en realidad no encontré ningún "libro realmente bueno", pero de todas maneras, la razón por la que este libro me ha conmovido tanto es por esta vida de arrepentimiento de todos los pecados después de conocer a Jesús, que obedeció el llamado de Dios y fue al seminario bíblico para llegar a ser un pastor e intentó llevar a la salvación "aún a las briquetas de carbón vegetal"; esta vida fue un tipo de símbolo para mi vida, así como para las vidas de nuestros vecinos, de los niños que son cabeza de sus familias, y de aquellos que luchan contra las discapacidades de sus cuerpos. Después de leer este libro tuve que cambiar el curso de mi vida cristiana en gran medida.

Yo creo que la vida del Rev. Dr. Jaerock Lee puede ser un modelo clásico para nuestra vida cristiana. Nosotros creemos que somos santificados cuando escuchamos los sermones en la iglesia, pero cuando regresamos al mundo nos comprometemos con él y seguimos pecando. Este era el círculo vicioso de nuestra vida en la fe.

Por tanto, *Mi Vida, Mi Fe I* proporciona una respuesta clara a la pregunta sobre cómo vivir nuestra vida cristiana. Por medio de este libro, el Rev. Dr. Jaerock Lee nos anima a clamar en oración, diciendo: "Clamen para llegar a ser santificados y útiles para los propósitos de Dios. Clamen para recibir el poder de Dios. Clamen para recibir varios dones del Espíritu Santo. Clamen por su iglesia, por su pastor, y por los demás siervos de Dios. Clamen por el Reino y la justicia de Dios, y clamen por el amor espiritual". Su confesión de fe proveniente de sus experiencias conmueven nuestras vidas.

Los milagros que han tomado lugar justo después de la apertura de la iglesia, incluyendo los milagros de las muchas obras de sanidad, la recuperación de aquellos al borde de la muerte, e incluso de aquellos que ya han muerto, hacen que otros pastores sientan celos del Rev. Dr. Lee, quien estudió en el Seminario Ortodoxo de la Santidad y fue ordenado por ellos. ¿Por qué entonces su denominación lo excomulgó? El proceso injusto que siguió la denominación también se explica en detalle.

Nosotros podemos ver al ente real cuando observamos el fruto. Hoy el fuego del Espíritu Santo está quemando diariamente en la Iglesia Central Manmin, por lo que muchas personas enfermas reciben sanidad a sus enfermedades. Grandes cruzadas se han realizado en los Estados Unidos, Rusia, África, Medio Oriente, Europa y América Latina, y muchas personas del mundo entero han sido testigos de las señales y milagros que toman lugar. ¡Ahora Corea se convierte en el "centro misionero" del mundo!

A pesar de que el Rev. Dr. Lee ha levantado la Iglesia Central Manmin como una de las más grandes del mundo, él vive solamente por la oración en la montaña, así como por días de ayuno y oración. Aunque sus hijas han estado en situaciones que amenazaban sus vidas, y aunque él mismo se ha encontrado al borde de la muerte a causa de una hemorragia sanguínea de muchos días causada por la acumulación excesiva de sobrecarga física, él venció todas esas situaciones con fe. Sin embargo el jamás se ha jactado de sí mismo por ninguna de estas cosas; su fe es algo digno de imitar.

El hecho de que Jesús haya cambiado el agua en vino durante un banquete matrimonial, el que haya sanado hemorragias y leprosos, el que haya revivido a Lázaro es un misterio mismo. Entonces, ¿por qué hay personas que critican las obras de sanidad y el poder de Dios manifestado a través del Rev. Dr. Jaerock Lee? ¿Podemos hablar acerca de los 100 años de cristianismo en Corea sin mencionar las obras de sanidad?

Corea tiene el mayor número de cruces de iglesias en el mundo. Es un país donde podemos ver a las personas clamando juntas en voz alta, sus cuerpos temblando en oración e incluso danzando al ofrecer alabanzas; el cáncer es sanado en las reuniones de oración realizadas en la Montaña de Oración, y los muertos vuelven a la vida. Corea ha comisionado un gran número de misioneros actualmente, y al leer el libro del Rev. Dr. Jaerock Lee siento una vez más que Corea es un país muy bendecido.

En la actualidad el Rev. Dr. Jaerock Lee está predicando acerca del "Cielo", y no sabemos cuando terminará. Si alguien ha de predicar sobre este asunto, no tendría nada más que agregar a su mensaje después de haberlo predicado por un par de semanas. No obstante, el Rev. Dr. Jaerock Lee está hablando de esto con mayor intensidad y detalles mientras pasan los días. Pienso que esto es así porque él ha recibido el don de profecía, además de muchos otros dones, por lo que estos sermones fluyen continuamente al igual que la seda sale de los capullos de seda.

Al igual que aquella metáfora referida por el Rey Salomón en el libro de Proverbios, los mensajes del Rev. Dr. Jaerock Lee son enunciados con elegancia y son de fácil comprensión, profetizando la Palabra del Señor al igual que manzanas de oro con figuras de plata (Proverbios 25:11). Él manifiesta el poder de los milagros tras haber soportado pruebas de fuego.

Febrero 2007
Yoorim Han
(Escritor de televisión)

CONTENIDO

Capítulo 3
Mi llamado

Capítulo 4
El llamado de Dios

CONTENIDO

Capítulo 5
Inicio de la iglesia

Capítulo 6
El crecimiento de la iglesia y las pruebas

Capítulo 7
Dios extendió los límites del ministerio

Capítulo 1

Se pensó que el bebé había nacido mudo

Mis padres me instruyeron en la bondad y la justicia

—Ssh, ssh... un bebé mudo ha nacido. ¿Por qué no puede llorar?

Debido a que yo no lloré cuando nací, mis padres estaban preocupados y me dieron una nalgada. Pero aun así, yo seguía sin llorar, y en lugar de llorar sonreía. Los miembros de mi familia estaban muy tristes, pensando que yo era mudo.

Después de experimentar la gracia de Dios, una vez me pregunté: "¿Por qué no lloré cuando era un bebé?"

Quizás fue porque mi espíritu sabía que yo llevaría una vida bendecida como un siervo de Dios, dirigiendo a innumerables almas hacia la salvación. El 20 de Abril de 1943, (de acuerdo al Calendario Lunar) fui el último hijo nacido (de 3 hijos y 3 hijas) a mi padre, Chabeom Lee, y a mi madre, Gamjang Cho. El lugar de mi nacimiento es un pequeño pueblo en Haeje Myeon, Muan Goon, provincia de Jeollanam-do. Mi padre era un erudito de los clásicos chinos y disfrutaba la elegancia y la música. Durante el régimen japonés sobre Corea, él visitó Japón en muchas ocasiones movido por sus negocios, pero después que Corea se volvió independiente, empacó sus negocios y buscó un lugar tranquilo para vivir. Cuando yo tenía tres años, mi familia se trasladó hacia Changsung, el cual era un pueblo en Boon-Hyang Ri, Nam Myeon, Changsung Goon. Este era un pueblo exclusivo. Las personas decían que solamente la familia 'Chung' podía habitar allí, pero mi familia de alguna manera se estableció en ese lugar con facilidad.

Mi padre, según los recuerdos de mi infancia, era una persona que perdió todo contacto con el mundo y que leía muchos libros en casa. Desde entonces lo recuerdo recibiendo muchos invitados en nuestra casa. Cuando tenía visitas, bebía con ellos y recitaba antiguos poemas, o competían sobre sus clásicos chinos.

Mi padre siempre quiso criarme para que me convirtiera en un gran hombre

Mi padre siempre solía decirme:
—Jaerock, un hombre tiene que poseer fidelidad. Tú debes convertirte en un gran hombre en este mundo algún día.

Todos los padres probablemente desean que sus hijos crezcan con rectitud y que sean exitosos en todo lo que hacen. Pero yo recuerdo que durante mi crecimiento mi padre trató de implantar en mí, con especial firmeza, un buen sentido de los valores, y mi madre siempre estaba sirviendo y sacrificándose por la familia.

Mi padre empezó a enseñarme los "mil caracteres chinos" cuando yo tenía solamente cinco años. Además, me contó muchas historias de héroes famosos. Cuando escuché la historia de los "Tres Reinos" sobre Guan Yu, Zhang Fei, y Zhao Yun, quienes arriesgaron sus vidas en una batalla para proteger a su maestro Liu Bei, o la historia de Zhu Ge Lian haciendo soplar al viento, me sentí tan emocionado que mis manos se llenaron de sudor. Mi padre solía contarme sobre las enseñanzas de hombres sabios como Confucio y Mencius, o de la integridad de grandes hombres. La historia de Mongju Jung, quien sirvió a la dinastía Koryo hasta el final (aunque estaba destinado a ser destruido), sabiendo que sería asesinado, y la historia del Almirante Soonshin Lee, quien salvó el país cuando estaba al filo de la destrucción. Estas eran historias que siempre conmovían mi corazón, sin importar cuántas veces las había escuchado. Las historias de grandes hombres que conservaron sus posiciones y su fidelidad, aún ante situaciones que amenazaban sus vidas, quedaron marcadas en el corazón de este joven muchacho. Escuchando estas historias, guardé en mi mente que tenía que respetar a mis padres, caminar por el camino correcto, y retribuir toda gracia que recibía por el resto de mi vida sin cambiar en el camino.

Soñaba con convertirme en un congresista

Ingresé a la escuela elemental soñando en convertirme en un congresista, y mi padre solía llevarme a muchos discursos de campañas políticas. Caminábamos de 10 a 15 kilómetros hasta el lugar de la campaña. Él me llevó a observar las elecciones provinciales para la asamblea, las elecciones generales, y las elecciones presidenciales. Quiso educarme para convertirme en un político que haría un gran trabajo por el país.

En ese tiempo, el Partido Liberal estaba en el poder, y había muchas personas que asistían a escuchar los discursos. Los oradores eran maravillosos para mí y parecían ser grandes hombres. Yo solía pensar: "¡Seré como uno de ellos cuando sea grande!". Al escuchar los discursos de los candidatos, soñaba cada día en convertirme en un miembro del congreso, y conservé este sueño hasta que ingresé a la escuela intermedia y luego a la escuela superior, y para entonces, iba yo solo a los discursos y escuchaba a los candidatos.

Antes de ingresar a la escuela elemental, ya había aprendido de mis hermanos y hermanas, las tablas de multiplicar y el Hangul (la escritura coreana), por lo cual la escuela no era muy interesante para mí. Disfrutaba más jugar con mis amigos después de la escuela. De alguna manera también disfrutaba los juegos violentos, como aquellos con soldados, la lucha y las patadas. Yo era relativamente más fuerte que mis amigos de mi edad, y siempre quería ganar en todos los juegos. Era bastante obstinado y tenía mucho orgullo. Siempre tenía que continuar el juego hasta que ganaba. También era muy saludable, aún en medio de las dificultades económicas, mi madre se las ingeniaba para darme medicina reconstituyente natural. Durante esta época, era bastante inusual en el campo suministrar ese tipo de medicamentos. El amor de mi madre por su hijo más pequeño era muy grande. Cuando salía a caminar tomado de su mano, la gente mayor en el pueblo decía cosas como: "Este muchacho parece muy inteligente... Él será algo en el futuro... Puedo decir por su rostro que será un gran hombre en el futuro... ¡Cuídalo mucho!". Cuando mi madre escuchaba tales comentarios, yo podía ver que se sentía muy orgullosa. Crecí observando a mi madre visitar ocasionalmente un templo budista; llevaba ofrendas de arroz y oraba por las bendiciones para la familia.

Mi madre oraba fervientemente

Por las noches, mi madre tomaba un baño, se vestía con su Hanbok blanco (vestido tradicional coreano), salía al patio, colocaba un tazón con agua limpia en un pedestal y oraba a las estrellas. Siendo el más pequeño, yo acostumbraba permanecer despierto hasta que ella regresaba. Algunas noches, cuando se tardaba más de lo normal, la observaba a través de un pequeño agujero de la ventana de papel hasta que me dormía.

Una vez le pregunté:
—Madre, ¿por qué te inclinas y oras tanto?
Ella me contestó:
—Porque cuando oré a la Osa Mayor, tu hermano regresó sano de la guerra de Corea, y la razón por la cual ustedes son tan saludables y están creciendo bien es porque yo oro mucho.

Pero más adelante en mi vida, cuando me enfermé y estuve así por muchos años, ella oró a las estrellas por mi salud, pero sus oraciones ya no funcionaron. Sin embargo, tan pronto como ella escuchó que yo había sido sanado completamente y de una sola vez por el poder de Dios, empezó a ir a la iglesia por su propia cuenta.

—Ofrecí muchas oraciones a las estrellas y a Buda durante

bastante tiempo, no obstante Buda y la Osa Mayor no sanaron a mi hijo. Pero, ya que mi hijo ha sido sanado en una iglesia, yo también iré a la iglesia.

Después nos comentó que había desechado todos sus ídolos, y se convirtió en una fiel creyente, sirviendo solamente a Dios.

Estricto enfoque de mis padres en la educación

Siendo el más pequeño, me inclinaba al lado de la obediencia, por lo cual era amado de una manera especial por mis padres. Ellos eran muy estrictos en cuanto a la educación y la disciplina en todas las áreas de la vida. Nos enseñaron a mis hermanos y a mí, no solamente lo básico de las relaciones humanas, sino también etiqueta y cortesía común, las formas apropiadas de caminar, de hablar, de vestir, de comer en la mesa, de tomar la cuchara, de dormir y de despertarse. También nos enfatizaron que cuando habláramos, no debíamos alzar nuestra voz, que no debíamos empezar a hablar hasta que la otra persona hubiera terminado, que no debíamos ver directamente a los ojos de los ancianos cuando nos están hablando, que no debemos incomodar a los vecinos cuando estamos de visita, y que sin importar cuán pobres pudiéramos estar, si éramos visitados por un pordiosero, no debíamos dejarlo ir con las manos vacías, etc. También nos enseñaron a actuar con bondad y paciencia. Yo creo que, debido a que mis padres me educaron de esta manera, aun antes de conocer a Dios, pude ser guiado por mi conciencia y las personas solían referirse a mí como "un hombre que no necesita la ley". Después que acepté al Señor, creo que fue gracias a los estrictos métodos de educación de mis padres que con facilidad pude decir "¡Amén!" y pude actuar apropiadamente ante cualquier mandamiento que venía de la Palabra de Dios.

Como una persona instruida en los clásicos chinos, mi padre estudió fisiognomía, cuyo objeto es juzgar el carácter de una persona según los rasgos faciales, y la lectura de la mano. Él acostumbraba predecir correctamente importantes eventos que ocurrirían en la nación, y varias cosas que sucederían en el pueblo. A mí me decía: "Jaerock, tú te convertirás en un gran hombre. Todo parece bien, pero la línea de tu vida es un poco corta y un poco severa en el medio, así que estás destinado a morir joven. Pero, hay una línea de conexión bastante delgada próxima a tu línea de la vida, así que si logras pasar de los 30 años, te convertirás en una bendición para muchas personas".

Mi padre estaba muy feliz después de leer mi fisiognomía y la palma de mi mano. Él dijo que yo podría morir a una edad temprana, pero que si lograba pasar de los 30 años, estaría viajando por muchos lugares en el mundo y que ganaría el respeto de las personas. Cuando tenía 30 años, estaba sumergido en la enfermedad. Me hallé a mí mismo en las puertas de la muerte en muchas ocasiones. Muchas veces, ni siquiera sabía si sobreviviría hasta el siguiente día. Al vivir en esa condición, no podía siquiera soñar en convertirme algún día en un gran hombre. Mi padre tenía lástima de mí porque pensaba que moriría joven, así que se esforzó mucho por educarme y proveerme de buenas cosas. Mi madre también vivía una vida muy diligente y llena de fe por mí, y por toda la familia.

Un accidente en la escuela elemental

Cuando era un niño, yo era muy saludable. Y debido a que era su último hijo, mi madre me amaba mucho, y me alimentaba con miel y con toda clase de suplementos y extractos de hierbas naturales. Así que, por lo general era más fuerte que los demás niños de mi misma edad. Aunque estaba pequeño, siempre adquiría todas las medallas en la lucha coreana, y las personas solían llamarme "hombre fuerte". Muchos niños me seguían y me veían como su líder.

Como niños influenciados por la Guerra Coreana, mis amigos y yo jugábamos muchos juegos violentos. Disfrutábamos jugar a la guerra, a la lucha con espadas, a las patadas, a la lucha y un juego llamado 'Sahbi', en el que se trata de ahogar al oponente en la sumisión. En la lucha, cuando los niños peleaban entre ellos, levantaban sus manos para mostrar que se rendían, una vez que llegaban a una posición sofocante. Una vez me desmayé porque me negué a rendirme. Cualquiera que fuera la competencia, yo siempre competía hasta que ganaba, porque era orgulloso, y muy obstinado. Un día cuando estaba en 4º grado, estaba jugando con un amigo que estaba en la escuela media, y me fracturé una de mis costillas. No podíamos pagar un hospital en esa época, así que mis padres me suministraron medicina natural de hierbas y luego esperamos hasta que sanara. Pero cada verano la fractura seguía doliendo. Yo tenía un dolor clavado en mi costado, tenía problemas para respirar, y no podía correr. Debido a que no había una cura específica, mi padre colocó dos serpientes venenosas en licor de 'Soju' y me hizo beberlo diariamente por la mañana y por la noche. Así fue como aprendí a beber a tan temprana edad.

En otra ocasión, también en 4º grado, había un maestro en mi escuela que tenía el sobrenombre de "maestro loco". Yo estaba jugando el juego de lucha llamado 'Sahbi', en el patio de la escuela, con mis amigos, y este maestro pensó que estábamos peleando entre nosotros. Nos llamó a la oficina de los maestros. Nos regañó y empezó a abofetearnos. Entonces, hizo que nos abofeteáramos uno al otro, 20 veces cada uno. Fui golpeado no sólo por ese maestro, sino también por mi amigo. Como resultado, mi cara se inflamó, y uno de mis tímpanos se rompió. Tenía una secreción saliendo de mi oído, y esto se desarrolló en un desorden auditivo. El maestro fue despedido de la escuela más tarde, pero yo continué sufriendo a consecuencia de este incidente.

Mi adolescencia

Yo era introvertido y tímido. En 1959 terminé la escuela media en la ciudad de Kwangju y fui a Seúl a estudiar la escuela superior. Me hospedé con mi hermana mayor en Shindang Dong, Seongdon Gu, Seúl, Corea. Una vez durante mi último año, perdí más de 40 días de clases debido a que estaba enfermo. Y mientras estaba en cama, alguien a quien nunca antes había visto vino a la casa para evangelizarme y para que aceptara a Cristo. Yo pensé: "¡Qué persona tan ridícula! ¿Dónde está este Dios de quien está hablando? Yo no creeré en Jesús, pero si lo hiciera, ¿cómo podría andar por allí compartiendo el evangelio de esa manera? Estaría demasiado ocupado para hacer eso".

Sentía lástima por las personas que andaban por ahí hablándole a la gente de Jesús. Siendo un ateo, además de tímido e introvertido por naturaleza, pensé: "Ahora hay otra razón por la cual no desearía creer en Dios, porque no me

En la secundaria

En la escuela media

gustaría andar por allí y evangelizar de esa forma". Mi padre, quien era un estudioso de los clásicos chinos, me dijo: "Tú naciste con tal naturaleza que no podrás siquiera pedir prestada una onza de sal". Aún cuando las personas en el campo eran muy pobres en esa época, la sal seguía siendo bastante común. Lo que él estaba tratando de decirme era que yo tenía la clase de personalidad que no me permitía apoyarme o poner en dificultades a los demás.

En la escuela elemental, cuando recibía el aviso de pago de la cuota de escolaridad, no podía llevarlo y mostrárselo yo mismo a mis padres. Siempre me atrasaba en la fecha de pago, y mi maestro me regañaba severamente y me ordenaba que se la entregara a mis padres. Solamente entonces le mostraba el aviso a mi madre. Al ver la nota, ella me daba el dinero inmediatamente. Yo sabía que ella me daría el dinero, pero era muy difícil para mí pedirle que lo hiciera. Así era yo de introvertido y tímido. Esta personalidad también afectó mi ministerio más adelante.

Intento de suicidio después de perder mi memoria

No pude estudiar muy bien en la escuela superior porque perdí muchos días a causa de mi mala salud. Me había propuesto tomar el examen de admisión para ingresar a la facultad de ingeniería en la Universidad Nacional de Seúl. Tomaba píldoras estimulantes cada día para mantenerme despierto y estudiar más. Pero al pasar el tiempo, me volví tolerante a las píldoras, y tuve que incrementar la dosis. Más tarde empecé a mostrar síntomas de adicción, y tenía que tomarlas constantemente. Sin ellas, me volvía aletargado, y no me podía concentrar. Dormía cuatro horas al día y estudiaba a diario en la Biblioteca Nacional, la cual estaba ubicada en el lugar donde ahora se encuentran los grandes almacenes "Lotte". Después de estudiar de esta forma por un año, gané la confianza de que podía pasar el examen para la facultad de ingeniería en la Universidad Nacional de Seúl.

En Noviembre de 1962, acercándose la fecha del examen, me di cuenta que había perdido la memoria. Estaba leyendo el periódico durante un receso, y repentinamente no podía recordar el nombre del presidente de Corea en ese momento, Dr. Synman Rhee. Es más, no podía siquiera recordar ninguna de las palabras en inglés y las fórmulas matemáticas por las que había estado estudiando tan fuertemente para aprenderlas. ¡No podía recordar nada! Esto no era algo temporal. Traté de recordar todas las cosas por las que me había esforzado tanto para aprender, pero no podía recordar ni lo básico. Por un momento me sentí como que estaba cayendo en un pozo sin fondo. No tenía esperanzas para el futuro, y estaba al borde de una profunda depresión. Con esa personalidad tan introvertida y tímida, me pasé otro año más estudiando para el examen de admisión, y en aquel momento me había quedado sin memoria.

¿Cómo podía enfrentarme a mis padres después de todo su apoyo y de todas las dificultades por las que habían pasado por mí? Estaba demasiado avergonzado para continuar viviendo. Tomé la decisión de cometer suicidio y empecé a recolectar de diferentes farmacias pastillas americanas para dormir, pues la gente decía que eran las más fuertes y las más efectivas. En ese tiempo yo estaba rentando una habitación al lado de la casa de mi hermana para estudiar, y comía en su casa. Ese día le dije:

—Hermana, voy a ir a la casa de mi amigo para estudiar esta noche, así que no cenaré aquí. Por favor no me esperes.

Mi hermana no se daba cuenta de mi plan, y aceptó. Después de empacar mis pertenencias y de escribir la última carta a mis padres, hermanas y hermanos, cerré con llave la puerta desde el interior. Coloqué una manta en la habitación, tomé muchas pastillas, y me recosté. Por algún tiempo, estuve completamente coherente, pero en un instante perdí el conocimiento. Hay un proverbio que dice: "La muerte en esta vida es simplemente el inicio de la siguiente".

Mi hermano y mi cuñado administraban una tienda de telas en el mercado de Dongdaemoon. Normalmente cerraban la tienda a las 23:00 hrs., revisaban algunos otros asuntos, y regresaban a casa alrededor de la media noche. Pero extrañamente, en ese día, mi hermano y mi cuñado dijeron que querían regresar a casa más temprano de lo acostumbrado.

Mi hermano le dijo a mi cuñado:

—Hermano, creo que deberíamos cerrar la tienda y regresar a casa temprano esta noche.

—¿Hablas en serio? Yo también quería regresar temprano —le respondió.

Ese día, mi hermano cerró la tienda temprano. Por lo general cuando él llegaba a casa de mi hermana, nunca me visitaba en mi cuarto evitando perturbar mis estudios, pero esa noche en particular, quería verme por alguna razón.

—¿Dónde está Jaerock? —preguntó.

—Él dijo que iría a casa de su amigo para estudiar allí

—contestó mi hermana.

Pero a pesar de su respuesta mi hermano vino a mi habitación. Se dio cuenta que la puerta estaba cerrada, y presintió que algo malo estaba sucediendo. Irrumpió dentro del cuarto y se dio cuenta que yo me encontraba ya tan frío como un cadáver. Mi hermano le dijo a mi cuñado que yo podría vivir si me llevaban al hospital para que limpien mi estómago. Ellos apresuradamente me llevaron al hospital, pero debido a que había tomado demasiadas pastillas, el doctor dijo que tenía pocas probabilidades de sobrevivir. Sin embargo, después de varios días, recobré la conciencia. Pero, como resultado de este intento de suicidio, perdí hasta la más pequeña habilidad de memoria que me quedaba. Aún después de casi un año, mi memoria no se había recuperado totalmente. Aunque, después de estudiar fuertemente una vez más, pasé el examen de admisión, y en marzo de 1964, ingresé a la Facultad de Ingeniería de la Universidad Hanyang.

Mi matrimonio y mi destino

Mientras estaba en la Universidad, fui reclutado, e ingresé al ejército el 29 de octubre de 1964. Hacia el final de mi servicio, uno de mis parientes me presentó a una amiga por correspondencia, quien más tarde se convertiría en mi esposa.

Perdí todo el dinero de mi herencia

En mayo de 1967 terminé el servicio militar y fui dado de baja del ejército. Pero algo inesperado aguardaba por mí. Antes de enlistarme en el ejército, recibí de mis padres por adelantado el dinero para pagar mi segundo semestre. Presté este dinero a uno de mis parientes, con la promesa de que me lo devolvería con intereses para el tiempo que terminara mi servicio militar. Pero, la familia de él tuvo problemas y ni siquiera recuperé el capital principal. Mi hermano y cuñado se dieron cuenta de esta situación, y me dieron el dinero para pagar la universidad. Después del servicio militar, me reuní con mi amiga por correspondencia, y quedé puramente enamorado de ella. Nos comprometimos para casarnos.

Ella era una dama con ojos grandes y claros como un lago. Se dio cuenta que yo había recibido la cuota de la universidad y me pidió que le prestara el dinero por un corto tiempo. Lo tomó prestado, pero no pudo regresarlo como había prometido. Como resultado, no pude registrarme para el segundo semestre, y tuve que esperar por varios meses. Finalmente decidí regresar a mi pueblo natal. Le dije a mis padres: "Mamá, papá, me voy a casar pronto, así que por favor concédanme el dinero de mi herencia por adelantado. De esa forma gastaré un poco para mi matrimonio, y ya que mi prometida es cosmetóloga, abriremos una sala de belleza para sobrevivir. Depositaré el resto del dinero en el banco y ahorraré el interés. Voy a estudiar con alguna beca. Además, después que me gradúe, iré a los Estados Unidos y regresaré con un doctorado". Les expliqué los planes para mi futuro como si les hubiera estado mostrando un plano, y los persuadí. No pudieron más que escuchar a su hijo, y un poco reacios me dieron el dinero de mi herencia. Regresé a Seúl soñando con un futuro color de rosa con la enorme suma de mi herencia. Pero las cosas empezaron a salir mal. Mi prometida y yo nos íbamos a reunir en la estación de Seúl, pero ella no llegó. No pude localizarla por una semana.

Mi hermana llamó y dijo:
—¡Hermano, escuché que has recibido el dinero de tu herencia! Bueno, ¿cuánto interés vas a recibir en el banco? Una de mis mejores amigas está dirigiendo una empresa comercial,

y si inviertes tu dinero con ella, ganarás mucho más. Yo también te voy a dar un respaldo, para que no tengas de qué preocuparte.

Al ser un inexperto, escuché a mi hermana. Y como no había tenido noticias de mi prometida, renté una casa y entregué el resto del dinero a mi hermana.

Unos días más tarde, apareció mi prometida. Los miembros de su familia no estuvieron de acuerdo con que se casara conmigo, así que todo ese tiempo ella había estado tratando de convencerlos, y por último, también intentó suicidarse con pastillas para dormir. Fue llevada al hospital y apenas logró sobrevivir. Acababa de salir del hospital.

Luego, mi hermana me entregó dos meses de intereses por el dinero que le había prestado, y no volví a tener noticias de ella.

La llamé y le dije:

—Hermana, tengo que pagar la cuota del nuevo semestre, así que por favor entrégame el dinero. Ella no contestó. Después de Año Nuevo, fui donde mi hermana y le pedí el dinero para continuar mis estudios. Pude ver que ella estaba preocupada, y me dijo:

—Hermano, yo creí que mi amiga a quien le presté el dinero estaba dirigiendo una empresa comercial, pero resultó que era una contrabandista. Fue atrapada, y ahora está en prisión. Yo no puedo recuperar tu dinero.

Yo tenía el corazón destrozado. Pensé para mí mismo: "¡Qué terrible! ¡Y ni siquiera me he graduado de la Universidad todavía! ¿Qué clase de desastre es este ahora?". Debido a que mi hermana no podía pagarme el dinero, perdí todo el dinero

En la época que trabajaba como reportero

de mi herencia, así de fácil, en un instante. Decidí obtener un empleo para ganar dinero e ingresar a la Universidad nocturna. Obtuve un trabajo como corresponsal de un periódico, y en enero de 1968, mi amada prometida y yo nos casamos.

Yo era presuntuoso con la bebida

Después de casarnos, en marzo de 1968, un día domingo, tuvimos una fiesta para inaugurar nuestra casa. Preparándonos para la fiesta, compramos 40 botellas de whisky en Dongdaemoon, y mis amigos también llevaron muchas bebidas. En la mañana, me reuní con mis compañeros, y por la tarde, con mis amigos de Seúl, y por la noche, con los amigos de mi pueblo. Disfruté la fiesta hasta tarde en la noche. Yo estaba muy confiado que tenía una fuerte tolerancia por el alcohol, así que no rechacé ninguna de las bebidas que me ofrecieron mis amigos, ni siquiera las de temprano por la mañana. Tuve que haber bebido por lo menos 7 botellas de whisky yo solo. Por haber tomado tanto alcohol, tuve un severo problema con mi estómago. Después de despedir a todos mis invitados tarde en la noche, me fui a la cama con una sensación de alivio por haber sido el anfitrión de una fiesta tan exitosa.

Repentinamente, el techo empezó a dar vueltas. Los focos empezaron a girar, y todo empezó a moverse. Entonces empecé a vomitar. Vomité tanto que sentía que mis intestinos estaban saliendo por mi garganta. Mi esposa me trajo algo de medicina de la farmacia, pero las vomité todas antes de poder tragarlas completamente. No podía ni siquiera tomar agua. Estaba en medio de mucho dolor. A partir de ese día, no pude ingerir ningún alimento apropiadamente. Debido al problema en mi estómago, no podía digerir la comida. Traté de todo, incluyendo las hierbas medicinales tradicionales coreanas. ¡Pero nada funcionó! Mi esposa y yo pensamos que esto iba a mejorar si le dábamos tiempo, pero al pasar el tiempo, solamente se empeoró, y mi cuerpo empezó a salirse de control.

Tratando de reponerme

Tuve que renunciar a mi trabajo. Tomé toda clase de medicamentos, y fui a muchos hospitales para obtener un diagnóstico apropiado. Pero aparte de úlcera gástrica, no había ninguna otra enfermedad específica. Sin embargo, continué perdiendo peso, y teniendo muchas complicaciones. Después de 3 o 4 años, difícilmente alguna parte de mi cuerpo estaba saludable. Yo era como "una tienda de enfermedades, con grandes almacenes". Traté con toda clase de medicinas que decían ser buenas. Sufría de picazón causada por los hongos en el verano y por las quemaduras por congelación en el invierno. Tenía eczemas sobre todo mi cuerpo, y cada mañana, todas las inflamaciones supuraban, y esta secreción se endurecía. Debido a la sinusitis, mi cabeza siempre se sentía pesada, mi nariz estaba siempre tapada y mi capacidad de memoria empeoraba cada vez más.

También tenía un problema linfático. Al principio, era como una pequeña bola en mi cuello, pero creció más y más, y se volvió del tamaño de una uva. Por esta inflamación linfática, no podía voltear mi cuello apropiadamente. El doctor de medicina oriental dijo que no podía darme una medicina separada para este problema, porque yo ya estaba tomando demasiados medicamentos. No solamente sufría de este problema linfático, sino que también estaba sufriendo de neurosis, insomnio, eczema, anemia, infección del oído medio, y de mis órganos internos, incluyendo el estómago, el intestino delgado, y el intestino grueso; todo estaba funcionando mal.

También traté de cambiar mi nombre

Mi esposa me consiguió toda clase de medicamentos y probé incluso remedios tradicionales para curar mis enfermedades. Pero cuando sus esfuerzos mostraron ser inútiles después de muchos años, ella buscó la superstición.

Algunas personas le dijeron:

—Él puede ser sanado. Tú debes invitar a un exorcista y realizar un exorcismo.

Otros le dijeron:

—Esto sería eficaz si invitas a un monje budista y echas fuera el demonio.

Mi esposa fue donde un monje famoso y también trató con un exorcista, según el monje le instruyó. Finalmente, cambiamos incluso nuestros nombres.

Algunas personas nos dijeron que si cambiábamos nuestros nombres, nuestro destino también podría cambiar. Pensamos que esto tenía sentido. En esa época, junto al complejo del gobierno central, había muchas oficinas para asignar nombres. Temprano por la mañana, fuimos a la 'Oficina de asignación de nombres Bongsoo Kim'. Tuvimos que esperar desde la mañana hasta el mediodía para reunirnos con él. "Sus nombres son malos. ¿Por qué no los cambian?". Desde ese momento, empezamos a usar los nombres que nos dio, pero todo en vano.

La angustia de un padre enfermo

Siendo una persona muy introvertida, traté de esconder mi deteriorada condición física, hasta de mi esposa. Y mientras mi familia se sumía más y más en las deudas, yo no podía simplemente sentarme a observar. Así que fui de lugar en lugar, buscando un empleo. Pero debido al problema en mis oídos no podía escuchar, y no pude obtener un trabajo. Mi audición se volvió tan mala que no podía usar un teléfono, y esto me dificultaba conseguir un trabajo.

Tuve que buscar una profesión más independiente. Como resultado, empecé a vender mesas pequeñas. Salía a las calles a venderlas, pero debido a mi tímida personalidad, no podía gritar, "¡Mesas! ¡Se venden mesas!". Después de trabajar sin ningún éxito por varios días, poco a poco gané confianza y empecé a venderlas.

Un día en 1972, estaba de camino a vender las mesas. Repentinamente, empecé a sentir principios de parálisis en mi pie, y se volvió extremadamente doloroso tratar de caminar. Dejé mis mesas en un lugar cercano y regresé a casa en autobús. Desde ese momento, estuve confinado a la cama. Y resultó que tenía artritis reumatoide. Sentía un severo dolor cada vez que caminaba, y pronto tuve que depender de un bastón. Sin embargo, más grande que el dolor físico era el dolor mental. Estaba profundamente entristecido por el hecho de no poder escuchar. Me había roto anteriormente el tímpano de uno de mis oídos, a consecuencia de un accidente en la escuela elemental que ya mencioné. Pero a causa de los fuertes medicamentos que estuve tomando por 5 o 6 años, mi otro oído se estaba deteriorando. No importaba cuánto me esforzaba por leer los labios de las personas, si el ambiente era ruidoso, no podía comprender lo que estaban diciendo. No podía siquiera decirle a los miembros de mi familia que me estaba quedando sordo. Tenía miedo que ellos me consideraran un 'discapacitado'. Cuando los demás me hablaban, les contestaba incorrectamente porque no los podía escuchar, o simplemente no podía responderles, y me enrojecía por el sentido de vergüenza y por el sentimiento de inferioridad.

Mi esposa pasó por un momento muy difícil cuidando de mí y tratando de pagar al menos el interés de nuestra deuda. Debido a que rentábamos el más barato de los lugares para vivir, estábamos a menudo mudándonos. Nos trasladamos de Ah-hyeong Dong a Kimpo, a Sangdo Dong, a Chongno, a Ddooksum, etc. En ocasiones, cuando estábamos verdaderamente desesperados, nos quedábamos en la casa de los padres de mi esposa, o en la casa de su hermana. Finalmente, después de tanto mudarnos, nos establecimos en un pueblo montañoso en Keumho Dong. Nuestra casa estaba hecha de ladrillos, y tenía la apariencia de un bloque. Cuando salíamos por la puerta principal, podíamos ver el Río Han en la distancia.

Mi suegra había muerto ya, pero ella lloró mucho por mi causa. Me llevó al hospital y al médico tradicional coreano para que me aplicaran acupuntura y medicina a base de hierbas. Pero debido a que no podía caminar, mis amigos me cargaban en su espalda para bajar la montaña, para luego tomar un taxi e ir al hospital con mi suegra. En nuestro camino de regreso a casa, ella me compraba licor de arroz, probablemente porque tenía lástima de mí. "Hijo, yo se que sientes dolor, pero toma un trago y alégrate".

Mi esposa estaba en un estado de desesperación

Mi esposa fue de un lado para el otro, pidiendo prestado dinero para mis medicinas. Mientras tanto, nuestra deuda se acumulaba como nieve. Cuando estábamos en una gran necesidad de dinero, ella buscaba a sus padres, a su hermana, o a su hermano para pedirles prestado dinero. Con esto pagaba el interés acumulado de nuestra deuda, y usaba lo que le sobraba para medicinas. Muy pronto, fui señalado como una persona muy mala por la familia de mi esposa. Desde su punto de vista, yo no estaba proveyendo para mi familia como un buen esposo debe hacerlo, estaba poniendo a su hija más joven y más amada en una situación muy difícil. Y porque me enfermé justo después de nuestra boda, y no pudimos siquiera disfrutar los primeros años de nuestro matrimonio como recién casados. Mi esposa fue empujada a asumir nuestros dos roles, como proveedora del sustento y como protectora de la familia. Tenía que criar dos hijas mientras batallaba para ganarse la vida. Ella estaba cansada, y su personalidad que alguna vez fue amable y suave, se volvió áspera, como si hubiera sido endurecida por las responsabilidades de la vida que había sido forjada sobre ella.

Ella había cuidado de mí por 5 o 6 años hasta ese momento con la única esperanza de que yo recobrara mi salud, pero al ver que mi condición se estaba empeorando cada vez más, no pudo hacer otra cosa más que caer en un estado de desesperación. Ya que tenía un temperamento un tanto impulsivo, cada vez que se frustraba por algo, empacaba sus pertenencias y se iba a casa de sus padres.

—Yo no necesito amor. Dinero es lo que necesito en este momento. ¡Ve y gana algo de dinero!

Ella tenía que pagar la deuda de prestamistas particulares que tenían una taza de interés diario muy alta. Así que cada vez que estaba presionada por los pagos, no podía soportarlo y se iba de casa diciendo que no podía lidiar más con nuestro matrimonio. Pero después de varios días, siempre terminaba regresando.

Un día, con la ayuda de su hermana mayor, abrió una pequeña venta de alimentos en el mercado de Keumho Dong. Ella era muy buena cocinera, así que tenía muchos clientes. Se iba para el mercado desde temprano por la mañana hasta tarde en la noche. A la media noche regresaba a casa cansada y agotada. Se forzaba a sí misma para poder pagar nuestras deudas lo más pronto posible. Pero cuando regresaba a casa y me veía tirado en la cama enfermo, perdía toda esperanza, y se irritaba por el más pequeño motivo. Nuestras dos hijas eran niñas ya rechazadas por la familia. Desde que mi esposa abrió la tienda, yo estaba batallando por cuidar de nuestra primera hija Miyoung, y Mikyung nuestra segunda hija, permanecía con mi madre en la casa de mi hermano.

—¿Por qué es que se parece tanto a su padre?

¿Habrá sido porque ella se parecía tanto a su padre enfermo? Mikyung no tuvo siquiera la oportunidad de recibir algo de nuestro amor a causa de la situación en que nos encontrábamos. Cuando en ocasiones yo iba a casa de mi hermano y la veía jugando con un trapo en su boca, mi corazón se partía. Pero debido a mi condición, no podía traerla a casa conmigo y cuidar de ella. Estaba lleno de angustia. En esa época, estaba sufriendo de neurosis, y estaba muy sensible aún por pequeñas cosas. Si mi esposa hacía algún comentario que hiriera mi orgullo, se armaba una pelea, y entonces ella decía que quería el divorcio y empacaba sus cosas y corría a casa de sus padres de nuevo.

—¿Cómo pueden seguir haciendo esto? Yo creo que ustedes mejor deberían divorciarse por su propio bien.

Los miembros de la familia de mi esposa vinieron a mí y me hicieron saber su desagrado hacia mí, castigándome en voz alta para que todos nuestros vecinos pudieran escucharnos. Mi rostro se enrojeció de cólera y de vergüenza. Mi esposa, quien había abandonado nuestra casa, regresó a decirme:

—No he regresado para verte. Vine a ver a mi hija. Si alguna vez llegas a curarte, me divorciaré de ti. Quisiera hacerlo ahora mismo, pero si lo hago, la gente me señalará y dirá que abandoné a mi esposo enfermo. ¡Así que, no en este momento!.

El amor carnal cambia

En 1972, me miré a mí mismo, y me di cuenta que yo era un cuerpo lleno de enfermedades incurables. Y debido a que había tomado tantas medicinas fuertes, ni las inyecciones ni los medicamentos me hacían efecto. Mis padres, mis hermanos y hermanas, y mis parientes empezaron a señalarme y a distanciarse de mí. Mi esposa me evadía. Incluso mi madre me abandonó. Mi madre, quien tenía 70 años para entonces, vino a visitarme. Y viendo a su hijo postrado en la cama, empezó a llorar amargamente. Ella pensó que yo ya no tenía esperanza.

—¡Oh! ¡Oh! Morir rápidamente será mejor para ti. Esa es la forma en que puedes honrarme.

¿Cuán espantosa era mi situación que mi propia madre, quien me amaba más que nadie, prefería que muriera a fin de honrarla? Yo pensé que mi madre nunca me abandonaría, aunque el mundo entero me diera la espalda. En ese momento, reconocí que el amor humano es fugaz. Si las condiciones no son las apropiadas, ese amor puede cambiar.

Ya que mi propia madre no entendía mi sufrimiento, ¿qué podía saber un hermano? Un día mi hermano me visitó estando ebrio, diciendo que quería consolarme. Pero en lugar de hacerme sentir bien, sus palabras verdaderamente empeoraron mi sufrimiento.

Fracaso de un segundo intento de suicidio

Me sentía como un pequeño pájaro batiendo sus alas desesperadamente en una lucha por sobrevivir, pero todo era en vano. Al principio, cuando mi esposa empacó sus cosas y se fue a casa de sus padres, fui y la traje de regreso. Pero cuando lo hizo de nuevo, no pude siquiera atreverme a traerla de nuevo debido al desprecio y al desdén que tenía que enfrentar de parte de los miembros de su familia. Cada vez que pensaba sobre el futuro de mis pequeñas hijas, brotaba un fuerte deseo de sobrevivir como un manantial de agua, pero cuando me paraba frente a la inmensa pared de la realidad, me sentía impotente. Después de pensar que no había forma de liberarme de la sombra de la muerte, una vez más reuní pastillas para dormir con el deseo de terminar con mi miserable vida lo más pronto posible. Ya era bastante malo el estar sufriendo a causa de mi enfermedad, pero lo que hacía más difícil la situación era que mi propia esposa no era amable conmigo, sino que me lastimaba. Perdí toda voluntad y deseo de sobrevivir. Pensé, que en lugar de traer de nuevo a mi esposa de la casa de sus padres, sería mejor que yo muriera. Así que tomé las 20 pastillas que había reunido.

El día que tomé las pastillas, mi esposa estaba en casa de sus padres. Ella no podía dormir y se sentía muy nerviosa. No podía dejar de pensar que algo muy malo estaba sucediendo en nuestra casa. Al ponerse más nerviosa, tomó un taxi y regresó a casa con mucha prisa para encontrarme muriendo. Rápidamente me llevó al hospital donde me dieron tratamiento, y fui revivido. "No puedo siquiera terminar con mi vida de la manera que yo quiero. Mejor no vuelvo a tratar de suicidarme". Después que recuperé el conocimiento en el hospital, pensando en mis dos fallidos intentos de suicidio, sentí como que había un poder supremo interviniendo en mi vida. Así que, decidí nunca más tratar de suicidarme.

Se supone que los gatos son buenos para la artritis reumatoide

En ocasiones, cuando mi cuerpo se recuperaba un poco, caminaba un poco con la ayuda de un bastón. Pero cuando mi condición se empeoraba, quedaba confinado a la cama y no podía ni mover un músculo. Alguien tenía que ayudarme a recoger mis heces. Mi esposa escuchó que los gatos eran buenos para la artritis reumatoide, y compró gatos no solamente de todos los mercados de nuestra área en Sungdong Ku sino también de otros mercados como Dongdaemoon y Joongbu. Ella lo preparaba para que yo lo comiera. Pero algunas veces, cuando no era cocinado apropiadamente, olía tan mal, que yo prefería morir en lugar de comerlo.

Mi madre y mi esposa traían cualquier y cada cosa que la gente les decía que era buena. Ellas me prepararon ciempiés, agripalma o cola de león, y la corteza de un árbol de resina. También me prepararon vesícula de perros y de osos. Tomé licor hecho de serpientes. Mi lucha en contra de todas las enfermedades continuaba. Se decía que las pastillas alemanas para la lepra era una clase de veneno para curar la lepra. Y como yo estaba sufriendo de una enfermedad de la piel que afectaba todo mi cuerpo, tomé estas pastillas con la esperanza de una cura, pero el resultado fue deprimente.

Tomé jugo de excrementos durante 15 días

Probé toda clase de medicamentos, de tratamientos médicos, remedios tradicionales, medicina botánica, e incluso supersticiones y exorcismos, pero parecía que mi salud se iba hundiendo más y más en un pozo sin fondo.

—Jaerock, un doctor muy famoso ha llegado a la ciudad. ¿Qué dices si recibes un diagnóstico de él?

—Sí. ¿Por qué no? No tengo nada que perder.

Tomé el consejo de mis amigos en Keumho Dong y fui a ver al doctor. Él tomó mi pulso y me examinó, y dijo:

—¡Es un milagro que usted esté vivo! Su pulso parece estar latiendo pero no hay latidos. ¡Me pregunto si verdaderamente está vivo! Hay una manera de curar sus enfermedades. Usted ha jugado muchos deportes fuertes cuando era joven, ¿verdad? ¿Lo golpearon mucho mientras realizaba esas actividades? Tiene manchas en todo su cuerpo con células de sangre muertas, y células sanguíneas obstruidas, o sangre extravasada (Equimosis) alrededor de todo su cuerpo. Eso es lo que ha causado que su salud esté tan deteriorada.

—¿De verdad? ¿Y cuál es su prescripción?

—En una estación de trenes en el campo, hay retretes públicos. El jugo del excremento en el fondo de éstos ha estado descompuesto por más de 10 años. Recoja un poco de esto, y tómelo en un vaso grande tres veces al día por 15 días. Entonces todos los hematomas malos en su cuerpo desaparecerán, y usted estará sano de nuevo.

El doctor dio instrucciones de cómo debíamos obtener el jugo del excremento. Todo lo que yo tenía que hacer era unir palitos de hojas de pino en la boca de un recipiente para hacer un filtro, y luego amarrar una piedra al recipiente, y dejarlo caer al fondo de la letrina. Entonces el jugo claro del excremento llenaría el depósito. Si yo tomaba este jugo y me sanaba, prometí pagarle al doctor una buena cantidad de dinero. Mi esposa y yo estábamos muy felices pensando que éste era el remedio decisivo, y nos apresuramos a la estación de trenes en el campo, danzando con gozo. Mi madre me escuchó explicarle cómo debía tomar este remedio, así que ella pasó toda la noche recolectando el jugo de excremento en un bonito tazón, y me lo trajo con mucho cuidado.

Así que por 15 días tomé el jugo del excremento sin olvidar ni una sola dosis. El terrible olor hacía bastante difícil poder tomar un trago, pero impulsado por mi fuerte deseo de curar mis enfermedades, lo tomé usando una pajilla, luego cepillaba mis dientes, y tomaba un dulce que mi madre me había dado. Pero el olor no desaparecía. Al terminar los 15 días, me di cuenta que esto tampoco había funcionado.

—Madre, si muero, iré de regreso a mi casa en Seúl y moriré allí.

Capítulo 2

¡Dios realmente está vivo!

Cuando caiga el último pétalo, mi vida también caerá

Cómo me evangelizó mi segunda hermana

Cuando nuestra última esperanza, tomar jugo de excremento, fue inútil, mi esposa y yo regresamos a Seúl con gran decepción. Ahora, el único deseo que yo tenía era morir rápidamente, así que me acosté en la cama a ver pasar el tiempo. Mi rutina diaria en nuestra casa de ladrillo de escorias era leer novelas o beber licor coreano de arroz. En la pequeña casa de una sola habitación había un recipiente para el licor de arroz, y otros con medicinas, y había también libros prestados esparcidos por todas partes.

En mi familia, mi segunda hermana era la única creyente. Ella perdió la vista de un ojo después de sufrir una fiebre alta durante su infancia. Se casó con un hombre joven de una aldea cercana y crió a 3 hijos y 2 hijas. Ella vivía una vida llena de fe. Un día, alguien compartió el evangelio con ella, y desde entonces empezó a congregarse en una iglesia. Mi madre y mis hermanos pensaban que era una creyente fanática, y no les agradaba que asistiera a la iglesia.

—Tú trabajas duramente en la granja, y luego entregas todo a la iglesia. Ni siquiera trabajas los domingos por asistir a la iglesia. Nunca podrás escapar de la pobreza. ¿Cómo esperas volverte rica algún día?

Aún cuando mi madre la atacaba, ella solamente sonreía y decía:

—Madre, es un gozo tan grande el creer en Jesús. ¿Por qué no asiste usted a la iglesia también?

Los domingos, ella hacía sus tareas en la casa temprano por la mañana y se iba después para la iglesia. Limpiaba el púlpito y servía en la iglesia. Y siempre que tenía el primer fruto o algo precioso, secretamente lo dejaba en la casa del pastor y salía apresuradamente. Amaba servirle al siervo de Dios de esta forma.

Diligentemente atendía a las reuniones de avivamiento y fervientemente buscaba la gracia de Dios. Ella entregó incluso su anillo de oro, el cual era muy apreciado en esa época, como una ofrenda.

—Dios me da una fe tan preciosa como el oro. Me da una fe como el oro que nunca cambiará, ni con el paso del tiempo.

Desde mi infancia mi segunda hermana era mi preferida. Cuando yo estaba estudiando en Seúl, prácticamente vivía en su casa cada vez que estaba de vacaciones. Ella trataba de compartir el evangelio conmigo cada vez que tenía una oportunidad. Y después que me enfermé, estaba muy triste por mi causa.

Continuamente me rogaba que fuera a la iglesia diciendo:

—Hermano, si vas a la iglesia, Dios te sanará, y estarás sano de nuevo.

—Hermana, por favor no seas ridícula. Estamos viviendo en una época donde la gente está usando naves espaciales para visitar la luna. ¿En qué lugar del mundo está Dios? Si Él está vivo, muéstramelo.

Mi hermana me rogó que creyera en Dios muchas veces, pero como yo era obstinado, insistía en que si Él realmente existía, ella debía demostrármelo.

Cuando caiga el último pétalo, mi vida también caerá.

Me sentía como la heroína de una famosa novela. En la novela la heroína vivía en constante desesperación y sin esperanza por el mañana. Ella creía que un día cuando la última hoja de cierta planta trepadora cayera debido a los fuertes vientos, su vida también llegaría a su fin. Yo también estaba viviendo en una constante desesperación y sin esperanza por el mañana.

En abril de 1974, azaleas rosadas y narcisos amarillos llenaban de color las colinas y los campos de todo el paisaje rural. Ellos emanaban su fragancia por todo lugar. Pero mi vida estaba marchitándose y cada vez que respiraba parecía acercarme más a la muerte.

—Cada cosa en la creación se está moviendo con tanta vida durante esta época del año. Pero, ¿cuándo es que mi vida, la cual está colgando como la última hoja, va a llegar a su fin?

Nadie estaba feliz de verme. No podía comer arroz o carne, pero podía tomar alcohol. El alcohol era el único amigo que tenía. Era en ese tiempo, cuando me encontraba apenas aferrándome día tras día, que dependía del alcohol. Mis padres, mis hermanos, y hermanas me visitaban cada vez menos. Y pronto ya ni siquiera esperaba que alguien me visitara. Pero un día alguien tocó a la puerta. Era mi segunda hermana, la hermana a quien yo amaba mucho.

—Hermana, ¿qué te ha traído a Seúl? ¡Pasa adelante!
—Tenía algo que hacer en Seúl.

Ya que era el tiempo de mayor trabajo en la granja, yo estaba agradado, aunque muy sorprendido, de verla.

Pidiéndome que la guíe

—Hermano, hazme un favor. Tienes que ayudarme con algo. Hay un lugar que he querido visitar desde hace mucho tiempo. Por favor llévame allí.
—¿Qué? ¿Qué quieres decir? Tú sabes que no puedo caminar bien.
—Lo sé. Lo sé. Pero deseo mucho visitar este lugar, al cual te pido que me ayudes a llegar.

Al principio me negué, diciendo que no podía guiarla a

causa de mi cuerpo enfermo. Pero ella estaba rogándome tan efusivamente que me sentí mal, y finalmente no pude negarme más a llevarla.

El lugar que ella quería visitar era una de las cruzadas de sanidad que estaban siendo dirigidas por la Diaconisa Mayor Shin-ae Hyun. Ella era muy conocida por su don de sanidad divina. Fue debido a que mi hermana estuvo orando constantemente por mí y buscando la forma de llevarme a la iglesia, que la Diaconisa Mayor Hyun y yo llegamos a conocernos. Mi hermana sabía que si me pedía que recibiera sanidad en la iglesia, me negaría a asistir. Y mientras oraba recibió la sabiduría de Dios para que me llevara a la iglesia pidiéndome que la dirigiera.

Antes de creer en Dios

Debido a que en la escuela me enseñaron sobre el Darwinismo, yo era un ateo. Podía firmemente asegurar que no había tales cosas como los fantasmas. Pero en efecto, dentro de mi ser, no podía negar la existencia de Dios. Considerando muchas cosas, no podía borrar la idea de que había vida después de la muerte. En lo profundo de mi corazón, estaba en realidad reconociendo la existencia de Dios el Creador. Yo había pensado que si realmente hay un Dios, entonces el Infierno posiblemente existía, un Infierno como en las películas que una vez había visto. Entonces, ¿cómo iba a ser mi vida después de la muerte?

Ya que no podía negar la existencia de Dios en lo profundo

de mi corazón, tenía que reconocer también la existencia de la vida después de la muerte. En una esquina de mi corazón también tenía el temor por el Infierno. Es por eso que aún antes que yo creyera en Dios, trataba de vivir una vida buena y correcta.

De todas formas, como mi hermana no me estaba pidiendo que asistiera a la iglesia para recibir sanidad, sino que solamente me pedía que la guiara al lugar de una reunión cristiana, accedí a su petición. El 17 de abril de 1974, ella se levantó temprano por la mañana y se arregló diciendo que teníamos que ir temprano para poder sentarse al frente. Esta era la primera vez que yo había salido de la casa en mucho tiempo. Era muy difícil para mí descender el montañoso pueblo de Keumho Dong, y me tomó mucho tiempo hacerlo. Tomamos un bus hacia Seodaemoon y llegamos a la iglesia de la Diaconisa Mayor Shin-ae Hyun.

¿Están todos locos en este lugar?

Ya que en esa época mis dos tímpanos estaban rotos, podía escuchar el sonido, pero sólo levemente. El segundo piso estaba ya lleno de gente, así que subimos al tercer piso. Las gradas estaban hechas con una leve inclinación para acomodar a los discapacitados. Pero ya que tenía que caminar con un bastón me era difícil mantener el paso de mi hermana.

Posiblemente ese era el momento de una oración en grupo. La gente alrededor mío estaban con sus manos levantadas y clamando fuertemente. Yo nunca antes había visto algo como eso, así que no sabía qué hacer, y solamente miraba alrededor. Me di cuenta en ese instante que mi hermana estaba arrodillada y también oraba con sus manos levantadas y temblorosas.

Todos parecían estar locos, incluyendo a mi hermana. De alguna forma me sentí ruborizado, y mi rostro se sonrojó.

Solamente quería salir de ese lugar. Pero más y más personas seguían llegando y sentándose a mi lado, y eso me impedía salir. "¡Quiero salir de aquí en este momento!". Pero qué podía hacer, no podía dejar allí a mi hermana e irme a casa solo. Debido a que nunca había visto a nadie orar de esa manera, como una oración en grupo, me sentía nervioso con sólo mirar a las personas que estaban orando, moviendo sus manos y clamando en voz alta. Pero como no podía irme solo a casa, me quedé. Pensé que también debía arrodillarme. Me arrodillé y cerré mis ojos. Repentinamente, empecé a sudar y el sudor recorría mi espalda. Era un día de primavera, pero no hacía calor. Yo era una persona muy delgada, casi sólo piel y huesos, así que era imposible que estuviera sudando de esa manera. Pensé que era muy extraño. "Me debo estar sintiendo muy avergonzado y nervioso de estar aquí. ¡Probablemente es por eso que estoy sudando tanto!"

Fue hasta después de cierto tiempo que reconocí que tan pronto como me arrodillé ese día, Dios había quemado todas mis enfermedades con el fuego del Espíritu Santo. En un púlpito que estaba muy alejado, la Diaconisa Mayor Shin-ae Hyun, quien vestía de blanco, estaba predicando apasionadamente. El sonido proveniente de los parlantes era muy fuerte, pero yo no podía escucharlo muy bien. Solamente podía oír algunas palabras. Pensé: "¡Qué agradable sería si pudiera escuchar claramente lo que esa señora está diciendo!".

Había sucedido un cambio en mi corazón después que sudé tanto (a decir verdad yo había sido tocado por el Espíritu Santo). Deseaba escuchar el mensaje de la Diaconisa Principal Shin-ae Hyun. Mi hermana me dijo:

—Hermano, ¿por qué no recibes la oración como las demás personas que han venido a este lugar?

Después del sermón, la cara de mi hermana resplandecía al pedirme que recibiera la oración. Con la instrucción de mi hermana, me dirigí al lugar donde estaba sentada la Diaconisa Mayor, mientras trataba de salir de entre una multitud de personas.

El sonido continuaba fluyendo de los parlantes, y era el sonido de los testimonios de aquellos que habían sido sanados a través de la oración. Yo podía escuchar el contenido por partes. Alguien dijo que había recibido "el fuego del Espíritu Santo" y que había sido sanada cuando la Diaconisa Mayor Shin-ae Hyun había puesto sus manos sobre ella.

—Ellos podrán haber sido sanados por medio de la oración. Pero yo sigo sin creerlo.

La Diaconisa Mayor daba un golpecito con su mano sobre la cabeza y luego sobre la espalda de cada persona mientras los empujaba para que pasaran. ¡Y eso era todo! Ella golpeó mi cabeza y mi espalda, y me empujó para que pasara, así como a las demás personas. Pensé: "¡Ella está tratando a las personas como equipaje! Yo pienso que está estafando a la gente". Tenía que ser así por el gran número de personas, pues no estaba orando por cada persona, sino que solamente los golpeaba y empujaba. ¡Yo estaba ofendido!

En ese instante recordé un incidente que sucedió en los días de mi escuela elemental. Una mujer en el área de Jung-eup, era conocida por su don de sanidad. Al ser publicitada su reunión en un periódico, muchas personas llegaron a Jung-eup. Mi sobrino también asistió a una de sus reuniones porque tenía secreción en uno de sus oídos. Cerca de 15 días después se dio a conocer que ella era una estafadora y fue arrestada. Algunos de los periódicos hicieron reportajes de esta noticia. Me preguntaba si esta mujer estaba engañando a las personas, así como aquella de Jung-eup lo había hecho. Envuelto en mis pensamientos, me di cuenta que ya había descendido los escalones.

—¡Esto es extraño! Llegué hasta aquí abajo sin ningún dolor ni dificultad.

¡Puedo oír! ¡Puedo oír!

Mi hermana estaba tan feliz porque era como si había recibido su deseo. Nos subimos al autobús y repentinamente, escuché un sonido muy fuerte como el sonido de un trueno.

Yo pensé:

—¡Qué extraño! ¿Por qué escucho este sonido tan fuerte en mis oídos?

El estruendoso sonido se detuvo cuando me bajé del bus en el mercado de Keumho. Me despedí de mi hermana y me dirigí al establecimiento de comidas que mi esposa tenía en el mercado. Había muchas clases de comidas en el mostrador incluyendo carne. En el lugar, yo podía escuchar las conversaciones de los clientes mientras comían y bebían. Estaba tan feliz que di un golpe en la mesa con mi puño.

"¡Puedo oír! ¡Puedo oír!"

Mi sorprendida esposa me preguntó:

—¿Qué puedes oír? ¿Qué es lo que escuchas y por qué puedes oír ahora?

—Puedo escuchar claramente a esos clientes hablando. Cariño, estoy hambriento. Quiero comer algo. ¿Me podrías dar algo de arroz y carne?

—¿Qué? ¡Te indigestarás y te saldrán erupciones en todo el cuerpo!

—¡Estoy BIEN! Siento como que ya la he digerido. No te preocupes y dame algo de comida.

Me terminé el arroz y la carne tan pronto como mi esposa me los trajo. Generalmente, podía comer solamente algo de arroz, y este era un cambio maravilloso. Sentía que estaba digiriendo la comida bastante bien. De hecho, no tuve ningún problema.

¡Un milagro increíble!

El siguiente día por la mañana, tan pronto me levanté, fui al baño como siempre lo hacía. La primera parte de mi rutina matutina era ir al baño, envolver un palillo de fósforo con algodón y limpiar lo que había salido de mis oídos. Hacía eso porque no quería que mi esposa se preocupara al verlo. Traté de limpiarlo como siempre, pero no había nada. ¡Estaba limpio! Más extraño aún, yo solía tener anemia y estaba tan anémico que cuando me levantaba, tenía que recuperarme por un momento antes de ir al baño. Pero ese día me di cuenta que fui al baño tan pronto como me levanté. Y eso no era todo. Debido a la severa artritis, yo solía tener pus en la parte superior de mi mano, y mis codos, rodillas, tobillos y otras coyunturas. Pero ese día, el pus blanco se había tornado en costras negras.

"No puedo comprender esto. ¡Qué extraño!"

Repentinamente, mi corazón empezó a palpitar con fuerza. Muy emocionado, regresé de nuevo al baño. Me quité toda mi ropa y examiné mi cuerpo cuidadosamente. Cuando dormía, no podía voltear mi cuello libremente y tenía que dormir de un solo lado debido a la inflamación linfática. Pero el bulto del tamaño de una uva en mi glándula linfática se había ido completamente. Es más, recordé algo que había pasado tiempo atrás, mientras estaba enfermo. Era época de invierno, nosotros siempre teníamos un jarro con agua caliente en la cocina. Como siempre, me incliné para tomar algo de agua caliente por la mañana. El jarro estaba hasta la mitad, y la entrada de aire estaba abierta, con el propósito que hubiera suficiente entrada de oxígeno para los trozos de carbón. El agua estaba hirviendo vigorosamente.

Cuando tomé el agua con un cucharón de calabaza, el vapor caliente cubrió mi cara. Cuando traté de esquivarlo, el agua caliente se derramó en mi cuerpo. Me quemé brazos y pecho. Esta quemadura me dejó con feas cicatrices, y por eso yo no acostumbraba a quitarme la camisa. ¡Pero estas cicatrices también desaparecieron! Era un milagro tan increíble. Ya no había nada malo con mi cuerpo.

En ese momento recordé lo que había acontecido el día anterior. Podía subir y bajar sin ninguna dificultad. En el camino de regreso a casa, escuché un sonido estruendoso. Pude escuchar a los clientes hablar en la tienda de mi esposa. Ya no estaba anémico como solía estarlo. No había más secreciones, y no tenía dolor al doblar mis rodillas.

¿Realmente me sanó Dios?

Enfrentado con una realidad que ni siquiera yo mismo podía creer, estaba muy sorprendido. No tomé ninguna medicina y no me sometí a ninguna cirugía, ¡nada! ¡Pero todas las enfermedades fueron sanadas! ¡Más de 10 diferentes clases de enfermedades que no logré curar con todos los tratamientos médicos que probé, fueron sanadas de una sola vez!

¡Dios está realmente vivo!

Yo era un tonto, pero ¿cómo podía seguir dudando? Me arrodillé y alcé mis manos hacia el cielo:

—¡Ah, Dios! ¡Tú estás realmente vivo! ¿Cómo pudiste sanarme de esta forma, de una sola vez? Por favor perdona a este hombre tonto. Ignoré a todos los predicadores cuando me rogaron que creyera en Ti. ¡Pero Tú estás realmente vivo y me has sanado completamente!

Traté de dudar de mi sanidad pensando que había sido una coincidencia, pero no pude hacerlo. Me sentía como que estaba volando. De todas maneras, no podía creer en absoluto la realidad de esto. Mi esposa, quien estaba fuera de la habitación, me escuchó orar y entró muy sorprendida.

—Cariño, ven y mira mi cuerpo. ¡Dios me sanó!

Sorprendida, mi esposa revisó mi cuerpo completamente, y ella también tuvo que creer que Dios me había sanado. Estaba tan feliz y me abrazó, y empezó a llorar fuertemente. Lloramos por un largo rato. Todos los sufrimientos y dolores se desvanecieron y nos llenamos de gozo y de agradecimiento.

Aquel que me sanó

En ese momento que me arrodillé en la iglesia, Dios sanó completamente todas mis enfermedades con el fuego del Espíritu Santo. Antes de que la Diaconisa Mayor Shin-ae Hyun orara por mí, Dios ya me había sanado por medio del fuego del Espíritu Santo. Yo era ateo, y no tenía fe alguna en Dios. Ni siquiera le pedí que me sanara, y entonces, ¿por qué me sanó? Yo creo que fue la respuesta de Dios a la oración de mi hermana, pues ella había ayunado y orado durante mucho tiempo por mi salvación. Además, quizá sucedió porque Dios sabía que una vez yo llegaría a conocer al Dios viviente, no tendría amistades con el mundo ni lo traicionaría a Él, sino que viviría por Su palabra, amándolo hasta el final.

Divorcio y regreso de mi esposa

Tres meses de felicidad

Así como en el relato del "Pájaro azul de la felicidad", me sentía como que un pájaro azul de la felicidad había llegado a mi familia. El cambio más importante fue que empezamos a congregarnos en una iglesia cercana y que asistíamos a los servicios del domingo. Yo había sanado por la gracia del Dios viviente, y pensábamos que teníamos que pagar por ello.

Pero la enorme deuda financiera que teníamos aún estaba allí y también había otras situaciones que no cambiaron. Sin embargo, a pesar de todo esto, nos sentíamos felices y gozosos. Yo estaba agradecido por haber sido liberado de todos los dolores producto de las enfermedades. Y esto se debía a que guardaba la esperanza y el sueño que finalmente podría trabajar duramente y encontrar un medio para subsistir por mi propia capacidad.

Hablé con mi esposa sobre nuestro futuro. Ya que todas las enfermedades se habían ido, en un par de meses podría trabajar de nuevo. Entonces, pagaríamos la deuda y ampliaríamos nuestra tienda. Trabajaríamos fuertemente y juntos ganaríamos mucho dinero, y administraríamos un gran restaurante. En ese tiempo había una persona que tenía habilidad para fabricar trajes de buceo. Así que, trabajé como asistente pensando que también podría recuperar la buena condición física de mi cuerpo. Al principio, me sentía muy cansado con poco trabajo, pero pronto recuperé mi energía. Estaba ganando algo de dinero y planificando mi futuro, y justo entonces, celebramos el cumpleaños de mi padre. Esto sucedió cerca de 90 días después de haber sido sanado.

¿Su hijo se enfermó por mi culpa?

El 10 de julio de 1974, en el cumpleaños de mi padre, todos los miembros de la familia se reunieron en la casa de nuestro pueblo natal. Yo salí hacia el lugar un par de días antes, y mi esposa, teniendo el compromiso de trabajar en la tienda, llegó la noche anterior al cumpleaños de mi padre.

A pesar de que no era un regreso triunfal, yo estaba muy feliz. Cuando iba a mi pueblo natal mientras me encontraba enfermo, estuve casi totalmente confinado en mi habitación, tratando de evitar las miradas de las personas. Solamente tomaba la medicina y regresaba a Seúl. Estaba preocupado de que mis vecinos se refirieran a mí como una persona discapacitada. Ahora, ¡cuán feliz me encontraba de haberme convertido en un hombre totalmente sano!

Di testimonio de Dios diciendo:

—Yo estaba solamente esperando la muerte a causa de muchas enfermedades incurables. Pero fui con mi hermana mayor al Templo de Shin-ae Hyun y recibí esta clase de sanidad.

Daba testimonio de que Dios es el sanador que se encontró conmigo y me sanó. Yo no conocía ni una sola palabra de la Biblia, pero daba testimonio de que Dios está realmente vivo y compartí el gozo con mis padres y hermanos.

Después del almuerzo celebrado por el cumpleaños de mi padre, mi esposa estaba empacando para regresar a Seúl. Yo me encontraba bebiendo con mis hermanos antes de partir. Mientras tanto, había un alboroto en la calle. Escuché que una puerta fue cerrada violentamente, me acerqué para dar un vistazo y miré a mi esposa corriendo con su equipaje, diciendo que se divorciaría. Mi hermana y mi cuñada la estaban siguiendo.

He aquí lo que sucedió

—Hija mía, mi hijo se enfermó justo después de haberse casado contigo, y tu has sufrido mucho. Pero los días buenos están llegando, si trabajan duro de ahora en adelante.

Mi madre estaba tan feliz porque su hijo menor, de quien en cierto momento había pensado que moriría, recuperó su salud. Así que, le dio esta clase de consejo a su nuera. Pero mi esposa lo recibió como si la estaba culpando de mi enfermedad y como si todo el sufrimiento era por su culpa, y su rostro se volvió pálido.

—¿Está diciendo que su hijo se enfermó por mi culpa? ¡Muy bien! Simplemente me alejaré de esta familia. Me divorciaré. ¡Si, lo haré!

—Hermana, aquí hay un malentendido. ¡Tú sabes que mamá no lo dijo de la forma en que lo has interpretado!

Mi esposa se regresó a Seúl inmediatamente. Y a causa de esta situación, el ambiente en la fiesta cambió repentinamente y se volvió como de funeral.

Mi madre estaba furiosa, y dijo:

—¡Tú no pudiste ser sanado por todo este tiempo porque te casaste con una mujer como esa! Jaerock, olvídate de todo. Tenemos una deliciosa cena esperando. ¡Disfrutemos nuestra comida!

—¿Olvidarlo? ¿Cómo pudiste decir algo así? ¿Cómo puedo simplemente olvidarlo?

Mis hermanos y hermanas dijeron algunas palabras tratando de consolarme, pero sólo lograron empeorar las cosas. Estaba tan enojado por lo que decían que me fui a la cocina, agarré una botella de Soju y la bebí toda entera de una vez.

Mi padre estaba conmocionado a causa del escándalo que armé. Él tenía una vista bastante buena y gozaba de buena salud aún después de haber alcanzado los 70 años. Podía leer libros chinos y periódicos, pero debido al impacto que todo esto le causó, él perdió su vista. Hasta el día de su muerte, no volvió a ver nada. La clase de comportamiento que yo tuve en esa ocasión, fue considerado por mi padre, como demasiado irrespetuoso. Esta situación es algo que me trae un terrible dolor, y es algo que permanecerá por el resto de mi vida.

Desde el punto de vista de mi esposa, ella sentía que durante siete años tuvo que atravesar por tanto sufrimiento y tantas dificultades en la vida, cuidando de su esposo enfermo y ganando el sustento para nuestra casa. Ella pensó que su suegra había dicho que era culpa suya todo lo sucedido. Esto tuvo que causarle una molestia muy grande. El dolor que sintió recordando la vida tan agotadora y desesperada que tuvo durante esos siete años, en los que tuvo que luchar con tantas cosas, y el hecho de no tener a nadie con quien poder hablar libremente, tuvo que haberse desbordado dentro de ella de tal manera que fue demasiado difícil contenerlo.

Después de cuatro meses de dolor

Al siguiente día regresé a Seúl con mi hija mayor, Miyoung. Busqué a mi esposa, pero no estaba en casa, y tampoco estaba en la tienda. Al día siguiente ella regresó a casa, pero era una persona completamente diferente.

Me dijo:

—Ahora, me divorciaré de ti. Tenemos que hacer ese proceso del divorcio en nuestro pueblo. Ven conmigo y firma los documentos.

Traté de hacerla cambiar de idea, pero no tuve éxito. Y accediendo a su petición, me dirigí a nuestro pueblo y firmé los documentos.

Debido a que éste era un pueblo pequeño, el rumor se esparció rápidamente. Me sentí muy triste por mis padres, y muy avergonzado de enfrentarme con mis vecinos. Rápidamente regresé a Seúl como si estuviera escapando. Nunca pensé que mi esposa realmente se divorciaría de mí. Continué esperando que ella regresara a casa, y después de varios días, regresó con su familia.

Les escuché decir:
—Ahora que están divorciados, queremos que nos regreses los regalos de la boda. También tienes que devolvernos el depósito de la tienda en el mercado.

Como nos habíamos trasladado de casa 17 veces mientras estuve enfermo, no teníamos ningún artículo doméstico que fuera normal. Aún más, mi esposa y su familia empacaron todo lo que alguna vez ella había traído a casa. Yo sentí un terrible desprecio por todos ellos. Mientras terminaban de empacar, yo fui al mercado de Keumho Dong a recuperar el depósito de la tienda.

El mercado estaba lleno. En ese momento, Miyoung quien tenía 5 años, comprendía todo lo que estaba sucediendo. Ella se agarró de la falda de su madre y le dijo:
—¡Mamá, no te vayas! ¡Quédate conmigo! ¡No me dejes! ¡Me moriré si te vas!

Miyoung estaba llorando y siguiéndola. Sus zapatos se habían salido de sus pies, pero mi esposa se la quitó de encima con frialdad.
—Papá, ella ya no es mi madre. De ahora en adelante ya no

la llamaré mamá. Nunca la dejes regresar a casa.

Debido a las cicatrices en su corazón, las palabras salían como agujas frías de la boca de mi pequeña hija.

En ese entonces yo me encontraba aprendiendo el trabajo de la construcción, siguiendo a mis amigos. Y aunque no estaba con mi esposa, nunca me perdí un servicio de adoración el día domingo. Y como tenía que asistir a la iglesia el domingo, a partir del sábado por la noche no fumaba ni bebía por el temor de que mi aliento me delatara en la iglesia. Solamente después que terminaba el servicio de la mañana y el de la tarde, regresaba a casa y entonces finalmente fumaba y bebía, lo cual había tratado de evitar durante todo el día.

No tenía ni idea de cómo debía orar, pero me arrodillaba y oraba en voz alta.

—Dios, ¿tú lo sabes bien? Yo me sané, y puedo ganarme el sustento ahora, pero las cosas no han salido bien. Por favor regrésame a mi esposa. Yo puedo hacerla feliz sin dejarla que sufra de nuevo. Por favor permite que ella pueda regresar pronto y que podamos tener una familia feliz.

Desayunaba temprano por la mañana, dejaba a Miyoung en la casa de mi hermano mayor, y me iba a trabajar. Recogía a mi hija por la noche cuando regresaba del trabajo. Cada día era igual. Más tarde, tuve que enviarla a casa de su abuela en mi pueblo natal. Pero inmediatamente después de haberla enviado a casa de mis padres, mi mamá me llamó. Miyoung tenía llagas ulceradas de la cabeza a los pies, y era tan serio que la medicina no le hacía efecto. Las llagas eran tan severas que sangraban mucho, y tenía gusanos en el cuero cabelludo. Ellos la enviaron al hospital, pero parecía que no lograría sobrevivir.

Aún en su inconciencia, buscaba y llamaba a su mamá. Ellos me pidieron que le permitiera ver a su madre una vez más antes de morir. Yo no estaba conciente de que estábamos legalmente divorciados, y fui a casa del hermano mayor de mi esposa en Keumho Dong. Afortunadamente, mi suegra estaba en el lugar, así que le expliqué toda la historia y pedí permiso para reunirme con mi esposa. Pero su respuesta fue muy fría:

—Si tu hija muere, eso serviría para que ustedes se casaran de nuevo. ¡Déjala tranquila!

Como resultado, Miyoung no logró ver a su mamá, pero aunque con dificultad, ella logró sobrevivir.

Una reunión de compromiso matrimonial

Yo me entregué a fumar y a beber para olvidar la deprimente realidad de mi vida. Estaba molesto con mi esposa quien abandonó nuestra casa por una palabra de mi madre. Pero odiaba aún más a su familia porque ellos estaban insistiendo para que se divorciara. Para olvidarme de aquellos a quienes odiaba, tenía que beber. Una vez había invertido mi dinero con mi hermana y lo perdí todo por su falta de juicio, así que fui a buscarla y le pedí que me diera algo de dinero para comenzar un negocio. Pero pasé mis días en un bar, hasta que ese dinero se terminó. No tenía ni la fuerza ni la voluntad para continuar mi vida.

Mi familia estaba tratando de encontrar una forma de

salvarme. Mi hermana dijo:

—Mamá, sería mejor hacerlo que se case de nuevo. Si lo dejas así como está, se convertirá en un muerto en vida, así como antes.

Finalmente, mi madre me llamó. Me dijo que había una buena mujer para mí y que debía ir a mi pueblo para conocerla.

Yo decía y creía: "Mi esposa regresará. ¡Nunca viviré con otra mujer!". También pensaba que mi amor por mi esposa nunca cambiaría, y no podía siquiera imaginarme que viviría con otra mujer.

—¡Hijo, sólo por esta vez! Es mi último deseo —la voz de mi madre me rogaba, y no pude seguir negándome a reunirme por una sola vez con esta mujer. Así que lo hice. Me propuse a intercambiar solamente saludos formales con ella y a regresar. ¡Pero la providencia de Dios era profunda!

Cuando fui al lugar para reunirme con esta dama, ante mí se encontraba el tipo más perfecto de mujer ideal. ¡Era la clase de mujer con la que siempre soñé! A mí me gustaba la ropa blanca, y ella vestía un traje blanco de dos piezas. Su cabello era largo y se desbordaba sobre sus hombros y sobre su espalda. Estaba sentada como si fuera una fotografía. Yo no podía creer lo que veía. Debido a que su madre era muy supersticiosa, ella dio crédito a las palabras de un adivino cuando le dijo, que para que su hija fuera feliz, tenía que casarse con un hombre que se estuviera casando por segunda vez. Es por eso que su madre arregló una reunión conmigo. Ambos nos gustamos y ambas familias estaban listas para preparar el matrimonio.

Hasta el momento que sostuve esa reunión, había estado esperando que mi esposa regresara y nunca miré a otra mujer. Pero había cambiado de idea acerca de vivir solamente con mi esposa. También para mí fue un impacto haber podido cambiar de esa forma. La fecha fue establecida e intercambiamos presentes. Luego, repentinamente, mi esposa regresó. Ella había escuchado que yo me iba a casar de nuevo, y quería examinar mi actitud y mi corazón. Pero cuando se dio cuenta que mi corazón se había alejado de ella y que realmente había decidido casarme con otra mujer, estaba sorprendida.

Perdonar a mi esposa

Hasta ese momento, mi esposa creía firmemente que, a diferencia de otras personas, yo nunca cambiaría mi amor por ella. Parecía que estaba muy impresionada de escuchar que yo me iba a casar con una bella dama. Se dio cuenta que mi corazón se había apartado de ella. La siguiente mañana, temprano, regresó con su equipaje. Yo me encontraba durmiendo, y de repente escuché un fuerte golpe en el piso. Mi esposa regresó a casa con su equipaje. Pero, ¿no era esto demasiado tarde? Yo me había comprometido a casarme con otra mujer, así que lancé su equipaje fuera de la casa. Una conmoción se originó mientras estábamos moviendo el equipaje dentro y fuera de la casa.

Le dije:

—Tengo un enorme resentimiento en contra de tu familia, y me he sentido avergonzado de mí mismo delante de mi familia. Es más, ya hemos establecido la fecha de nuestro matrimonio, y

¿qué va a decir esa familia?

—Yo buscaré y recibiré el perdón de todos ellos, en ambos lados de la familia. Y en el futuro solamente obedeceré a todo lo que tú digas.

—¡Aún si yo te perdonara, mis padres y mis hermanos no te perdonarán!

Ella era obstinada:

—Recibiré el perdón de todos. ¡Yo moriré en esta familia!

Mi esposa estaba sorprendentemente cambiada, como una apacible oveja. Todo mi amor por ella había desaparecido, pero pensé en mis dos hijas. Pensé que sería mejor para ellas que fueran criadas por su propia madre. Así que, acepté perdonarla con algunas condiciones. Ella tenía que aceptar obedecerme incondicionalmente, y tenía que buscar el perdón de toda la familia y parientes. También le exigí que su familia viniera y me pidieran perdón. Finalmente, acepté a mi ex esposa y nos reconciliamos. Esto sucedió 120 días después de que ella había abandonado nuestra casa.

Le expliqué claramente la situación a la madre de la mujer con la que me iba a casar, y le pedí que me comprendiera. Ella inesperadamente entendió mi situación bastante bien. Pero, fue hasta mucho tiempo después que comprendí que todo esto era la providencia de Dios.

¿Por qué tuvo que divorciarse mi esposa?

Mientras mi esposa había estado ganando el sustento, mientras estuvo cuidando de su esposo enfermo, ella no tenía ninguna esperanza en la vida. Mientras tanto, su corazón puro y amable desapareció y su personalidad se volvió bastante grosera.

"La muerte y la vida están en poder de la lengua, y el que la ama comerá de sus frutos" (Proverbios 18:21).

"Del fruto de su boca el hombre comerá el bien; Mas el alma de los prevaricadores hallará el mal. El que guarda su boca guarda su alma; Mas el que mucho abre sus labios tendrá calamidad" (Proverbios 13:2-3).

Como sabía que yo la amaba con un corazón verdadero, a pesar de que se había ido un par de ocasiones de nuestra casa, ella regresó. Nosotros conocíamos el verdadero corazón de cada uno. Ella no dejó a su esposo, aquel que no tenía ninguna esperanza en la vida. Sin embargo, constantemente decía que se divorciaría tan pronto como yo recuperara mi salud. Pero como sus palabras negativas se acumularon, se convirtieron en la trampa de Satanás, y esto se volvió realidad el día del cumpleaños de mi padre. Si nosotros expresamos palabras negativas, el diablo enemigo, nos acusa con eso que hemos dicho, así que el Dios de justicia tiene que permitir que esto suceda, de acuerdo con las leyes del reino espiritual. Mi esposa no podía controlar la forma en que pensaba y cómo se sentía, y terminó divorciándose de mí. Pero Dios nos guió para que nos reuniéramos nuevamente y obró para bien en todo.

Capítulo 3

Mi llamado

Inicio de una vida cristiana intensa

En una reunión de avivamiento reconocí que era un pecador

Dios cambió el temperamento de mi esposa transformándolo y haciéndolo dócil como el de una oveja. Después de reconciliarnos, tuvimos paz y felicidad por primera vez en mucho tiempo. Tras su regreso a casa, se esforzó por servirnos a todos, y con un corazón dispuesto a pedir perdón, se entregó a sí misma en servicio para su familia. Pero mi primera hija, Miyoung, de ninguna manera la llamaba "mamá" y era muy fría con ella. Mi esposa trató por mucho tiempo y derramó muchas lágrimas para cambiar el corazón y la mente de Miyoung. El 25 de noviembre de 1974, por insistencia del propietario de nuestra nueva casa alquilada, asistimos a una reunión de avivamiento realizada en la Iglesia Sungdong en Oksu Dong. Mi esposa y yo asistimos diligentemente a todas las reuniones de la madrugada, a las del día y las de la noche. El Pastor Byeong-ho Park, de la Iglesia Evangélica Coreana de Santidad, era el predicador. Predicó un mensaje titulado "Entreguen todo y conviértanse en mendigos". Él dio su testimonio, en el cual dijo que cada vez que entregaba todo lo que tenía para ofrendar, Dios le daba grandes bendiciones. Cuando entregó su todo y construyó una iglesia, Dios quien lo sabe todo, lo bendijo abundantemente. Mi esposa y yo nos sentábamos en las sillas del frente y recibimos mucha gracia. A través de los mensajes, aprendí que tenía que leer la Biblia, que Jesucristo es el Salvador, y que tenía que dejar de fumar y beber. Además, aprendí cómo orar y cómo entregar los diezmos y las ofrendas correctamente. Aprendí los aspectos básicos del cristianismo.

Me sentía orgulloso de mí mismo, porque siempre trataba de vivir una buena vida. Había otras personas que andaban diciendo que yo era alguien que "no necesitaba ni siquiera la ley". Sin embargo, desde el primer día reconocí que era un pecador al reflejar sobre mí mismo la Palabra de Dios, y empecé a arrepentirme con lágrimas y sollozos. Yo era una persona muy tímida e introvertida; era inimaginable para mí derramar lágrimas y llorar cuando había otras personas presentes. Pero esto fue posible porque Dios obró de manera poderosa y me dio la gracia para poder hacerlo.

Inicio de una intensa vida cristiana

Durante el último día de la reunión de avivamiento, me comprometí a entregar una ofrenda para la construcción de la iglesia. En ese tiempo, me encontraba viviendo en una casa que había rentado con un depósito de 100.000 won (aproximadamente 100 dólares). Estaba tan agradecido por la gracia de Dios que deseaba entregarle todo lo que tenía, pero no tenía nada que darle. Esto angustió mi corazón y finalmente me comprometí a entregar 300.000 won. Comenté esto con mi esposa, y ella también tenía el deseo en su corazón de ofrendar 300.000 won. Decidimos entonces, ofrendar este dinero en tres meses.

La fecha para cumplir la promesa se estaba acercando, pero aún no teníamos el dinero. Así que, tuvimos que hacer un préstamo a un alto interés y entregamos los 300.000 won como nuestra ofrenda para la construcción de la iglesia. Debido a que era importante cumplir la promesa hecha a Dios, tuvimos que mantener la fecha a pesar de que debíamos pagar un préstamo a un interés bastante alto. Desde el momento que mi esposa y yo asistimos a la reunión de avivamiento, nuestras vidas cristianas iniciaron con determinación. En la medida que aprendíamos más de la Palabra de Dios, entregábamos nuestros diezmos y ofrendas de agradecimiento. Dejé de beber y de fumar, y empezamos a asistir a las oraciones de la madrugada. Debido a que yo trabajaba como obrero en la construcción, durante los días que no tenía trabajo, iba a la montaña temprano por la mañana y oraba. En ese momento no tenía mayor conocimiento espiritual para comprender que esto era la voluntad de Dios, que clamara en oración y que ayunara. Solamente estaba obedeciendo a las necesidades de mi corazón.

¡Clama a mí, y yo te responderé!

En 1975, temprano por la mañana, me dirigí a la Montaña Chilbo en Suwon. Puse una manta sobre una roca y oré en ese lugar. De repente, escuché una voz desde el cielo. Era clara, fuerte y con autoridad, diciendo:

—¡*Mira en Lucas capítulo 22 versículo 44!*

Abrí la Biblia rápidamente y leí.

"Y estando en agonía, oraba más intensamente; y era su sudor como grandes gotas de sangre que caían hasta la tierra".

La clase de oración que le agrada a Dios, es clamar fervientemente en oración. Oré para entender por qué Dios me había dado este versículo, y en una clara inspiración obtuve la interpretación.

Israel está ubicado en una zona desértica, por lo tanto la temperatura desciende drásticamente por la noche. Además, cuando Jesús fue crucificado, era el mes de abril, y la temperatura en esa época del año, hace casi imposible que alguien sude durante la noche. Entonces, ¿cuán intensa y fervientemente oró Jesús para que Su sudor se convirtiera en gotas de sangre que caían hasta la tierra? Su oración era tan agonizantemente fervorosa y fuerte, que el esfuerzo que hizo provocó que los vasos capilares se rompieran dejando salir la sangre para formar gotas que caían a la tierra desde la superficie de Su piel. Si Él hubiera orado en silencio, tal cosa nunca hubiera podido suceder.

El secreto de clamar en oración

A partir de ese momento, mientras leía la Biblia encontraba que había muchos versículos, tanto en el Antiguo como en el Nuevo Testamento, que nos dicen que clamemos en oración. Además reconocí que los patriarcas de la fe recibieron sus respuestas clamando en oración. La voluntad de Dios es que clamemos en oración. *"Clama a mí, y yo te responderé, y te enseñaré cosas grandes y ocultas que tú no conoces"* (Jeremías 33:3). Jonás desobedeció a Dios y fue llevado al estómago de un gran pez, pero en Jonás 2:2 está escrito que fue salvado al invocar a Dios. En Juan 11:43-44 está escrito que cuando Jesús clamó a gran voz, Lázaro quien había estado muerto por cuatro días, salió del sepulcro vivo con sus manos atadas y sus pies vendados. Aunque hubiera sido una voz fuerte o una suave, no debería haber hecho ninguna diferencia, pues Lázaro estaba muerto. Pero como estaba dentro de la voluntad de Dios, Jesús clamó en Su oración. Génesis 3:17 dice: *"Por cuanto obedeciste a la voz de tu mujer, y comiste del árbol que te mandé diciendo: No comerás de él; maldita será la tierra por tu causa; con dolor comerás de ella todos los días de tu vida"*.

Antes que el hombre comiera del árbol del conocimiento del bien y del mal, vivía en medio de la abundancia en el Huerto del Edén, con las cosas que Dios había provisto para él. Pero al desobedecer a Dios comiendo del árbol, el pecado llegó al hombre. Así que, la comunicación con Dios fue cortada, y tenía ahora que comer los frutos con el sudor de su frente y con mucho esfuerzo. Nosotros podemos obtener lo que deseamos y necesitamos solamente con mucho esfuerzo y con sudor. Entonces, ¿cuánto más debemos esforzarnos y sudar en nuestras oraciones a Dios para recibir algo que no puede ser hecho por la habilidad humana?

El significado espiritual de orar "dentro del aposento"

Algunos podrán preguntarse: "Jesús nos dijo que entráramos a nuestro aposento y que oráramos en secreto, entonces: ¿Por qué tenemos que orar en voz alta? ¿Acaso el Dios Todopoderoso no nos escucha cuando oramos suavemente?". En Mateo 6:6 Jesús dijo: *"Más tú, cuando ores, entra en tu aposento, y cerrada la puerta, ora a tu Padre que está en secreto; y tu Padre que ve en lo secreto te recompensará en público"*. Pero en ningún lugar de la Biblia podemos encontrar algún momento en el que Jesús orara dentro de un aposento. De acuerdo a Marcos 1:35, Jesús no oraba dentro de un aposento, sino que temprano por la mañana se iba a un lugar desierto. En Lucas 6:12 está escrito que Él oraba en el monte.

Daniel abría su ventana y oraba de frente a Jerusalén (Daniel 6:10), Pedro oraba en la azotea (Hechos 10:9), y el apóstol Pablo oraba 'en un lugar de oración'. La razón por la cual ellos tenían un lugar especial para la oración, era para hacerlo con todo su corazón y con toda su alma y para clamar con fervor. Orar en un aposento cerrado simboliza que tenemos que orar con todo nuestro corazón y desde lo más profundo de él. Un aposento representa espiritualmente el corazón del hombre. Si entramos en nuestro aposento y cerramos la puerta, estaremos alejados de las conversaciones mundanas y de cualquier contacto exterior. De igual forma, cuando oramos, tenemos primero que cortar todos los pensamientos, angustias y preocupaciones de este mundo, y orar con todo nuestro corazón y completamente concentrados.

Dios conoce la debilidad del hombre

Al principio, todos sienten que es difícil clamar en oración. Pero a medida que continuamos orando cada día, pronto recibiremos el poder de lo alto para orar con facilidad y podremos hacerlo bien. Además, debido a que recibiremos la llenura del Espíritu Santo, también recibiremos el don de hablar en lenguas. Por el contrario, si oramos en silencio, es muy probable que los pensamientos vanos capturen nuestra atención y que las angustias y preocupaciones de este mundo nos embarguen. Entonces, nosotros estamos puestos para luchar en contra de los pensamientos vanos y de las preocupaciones sobre nuestro cónyuge, hijos, y asuntos personales y financieros. Por eso nos cansamos con facilidad y nos dormimos. Sin embargo, si clamamos en oración con todo nuestro corazón, no hay lugar para que los pensamientos vanos entren, por lo tanto el cansancio y el sueño no pueden vencernos. Tendremos victorias en nuestra vida de oración.

Debido a que Dios conoce la debilidad de la vida humana, Él nos ordenó que clamáramos en oración para que podamos obtener la victoria. Desde que reconocí esta voluntad de Dios, empecé a clamar en oración. Cuando participaba en vigilias de oración en la iglesia, clamaba mucho, y a mi pastor no le agradaba que yo orara tan fuertemente, porque esto podía traer quejas de los vecinos. No había otra opción que ser prudente y usar el sentido común. Cuando el pastor estaba en la iglesia, realmente yo no podía orar tanto como deseaba hacerlo. Por eso me iba a lugares llamados 'Montañas de Oración', cada vez que tenía tiempo. Sentía tristeza en mi corazón porque, si mi pastor me hubiera dejado orar en voz alta dentro de la iglesia, el diablo enemigo habría sido echado fuera por medio de la oración, y este fuego de la oración se habría propagado a muchos de los miembros de la congregación y la iglesia hubiera crecido rápidamente. Ya que mi carácter era bastante introvertido, me iba a la cima de las montañas y continuaba clamando en oración desde temprano por la mañana hasta que llegaba la tarde.

Dios me guió a una posición inferior

Yo escogí trabajar en construcción para poder guardar el Día del Señor

Durante los diversos meses que mi esposa abandonó el hogar, el interés de la deuda incrementó, y tenía mayores dificultades financieras. Comencé a trabajar como un obrero de la construcción, siguiendo el consejo de un hombre que estaba a cargo de los trabajadores. Él me sugirió que recuperara la fortaleza de mi cuerpo trabajando tranquilamente en la obra de construcción que tenía a su cargo. Mi deseo era recuperar mi salud rápidamente después de 7 años de sufrimiento. También escogí este trabajo porque podía guardar con libertad el Día del Señor. Ya que no tenía que trabajar todos los días, siempre que tenía tiempo libre, oraba y ayunaba, e iba al trabajo cuando había trabajo que hacer.

El interés de mi deuda seguía incrementando, pero con toda seguridad creía que Dios me bendeciría si yo lo agradaba. Mis hermanos y hermanas querían darme algo de dinero para comenzar un negocio, pero lo rechacé. Quería empezar desde el principio, siguiendo el camino correcto. Debido a que fui criado en el campo y siendo el hijo menor, a decir verdad nunca había realizado ningún trabajo pesado. Cuando empecé a trabajar como obrero en la construcción, un alto grado de resistencia era necesario, y en ocasiones tuve que derramar mis lágrimas. Al subir al segundo piso cargando objetos pesados, mis piernas me temblaban, y muchas veces caía al suelo. Pero me levantaba y seguía trabajando. Durante este tiempo, me convertí en una persona que podía hacer cualquier cosa y también recuperé mi salud.

Coloqué ladrillos, trabajé con la pala, y también empujé carretillas. Cuando no había trabajo durante el invierno, trabajaba como administrador dirigiendo la entrega de carbón. También trabajé en la oficina del sistema de abastecimiento de agua. Experimenté con muchas cosas. Mi esposa vendía salsa de almejas y algas, y también recogía rocas en la zona de la obra en construcción. Fue la dirección del Espíritu Santo que me permitió trabajar duramente como un obrero, pero no lo comprendía en ese momento. Era extenuante físicamente, pero me permitió experimentar las dificultades de los trabajadores de la construcción, quienes también vivían en condiciones difíciles. Llegué a comprender sus corazones. Cada vez que tenía tiempo, les daba testimonio de mi experiencia con Dios y les predicaba el evangelio.

En el verano del 1975 nació mi tercera hija, Soojin, quien

fue concebida mientras experimentábamos la gracia de Dios asistiendo a muchas reuniones de avivamiento. Cuando ella nació no lloró, así como yo no lo hice al nacer. Siempre tenía una sonrisa en su pequeño rostro. Nunca la vi llorar hasta que cumplió seis años. Por un corto período de tiempo, mi esposa y yo recogimos rocas en una montaña donde serían construidos unos edificios. Soojin tenía dos meses de edad, y no teníamos a nadie quien cuidara de ella. Así que, colocábamos una sombrilla en una esquina del lugar donde trabajábamos y la poníamos allí. Una sola sombrilla no cubre toda la luz del sol, sin embargo ella no lloraba. Pero cuando escuchamos que nuestras casas iban a ser demolidas para realizar mejoras, tuvimos que dejar ese trabajo.

Vivíamos en una villa situada en una ladera, ésta estaba entre los límites de Keumho Dong y Oksu Dong. El propietario nos informó que había recibido una notificación de parte del gobierno indicando que la casa iba a ser demolida, y nos dijo que teníamos que dejar el lugar. En ese momento la renta mensual era de 100.000 won (cerca de 100 dólares). Dijo que él recibiría una compensación de 150.000 won, y que también recibiría el derecho de conservar un apartamento de los que iban a ser construidos en el lugar, y que podría obtener 400.000 won si lo vendía.

Dijo que no podía darme dinero porque su casa iba a desaparecer completamente. Me di por vencido tratando de obtener dinero de este hombre porque no quería pelear con él. No tenía otro lugar a dónde ir. Estuvimos a punto de montar una carpa en la calle. Pero de alguna manera mi esposa logró conseguir que le prestaran 50.000 won. Con ese dinero rentamos una habitación pequeña cerca de la iglesia. Era un lugar en mal estado que no tenía siquiera entrada para la luz del sol.

Ayuno y total arrepentimiento, después de renegar en contra de Dios

Cerca de un mes después de trasladarnos, otra noticia de demolición llegó. El propietario de la casa me dijo que desocupara y que me regresaría el depósito, pero no era fácil obtener una habitación a un precio tan módico como ese. Mi esposa y yo fuimos hasta Boolkwang Dong tratando de encontrar un lugar económico, pero todos nuestros esfuerzos fueron en vano. No teníamos tiempo para almorzar, y ni siquiera lográbamos cenar. Cuando regresábamos a casa, estaba ya oscureciendo.

—Dios, ¿por qué no escuchas mi oración? ¿No has preparado siquiera una habitación sencilla para mí?

En un momento yo había pronunciado palabras de queja contra Dios. En ese instante pasaba por una agencia inmobiliaria, y entré a buscar una vez más.

—Una persona recién ha puesto una habitación en renta. Pueden trasladarse inmediatamente, mañana mismo si lo desean.

—¿Cuánto cuesta?

—Es suya por 50.000 won.

Fuimos al lugar a dar un vistazo, y había una habitación bastante agradable que también contaba con otra habitación más pequeña, la cual podíamos usar para abrir una tienda. ¡Había un lugar preparado para nosotros donde podíamos trasladarnos inmediatamente! Después que regresé a casa, oré llorando interminablemente.

—Dios, ¿por qué mi corazón no puede ser más consistente? ¿Por qué tengo tanta maldad en él? Tú no permitiste que me enfermara ni me hiciste pasar por pobreza, pero seguí quejándome contra Ti. ¡Dios! Si Tú no tuvieras un lugar preparado, habría tenido que dormir en la calle. Debería estar tan agradecido porque sanaste mis enfermedades, entonces ¿por qué reniego? Desgarré mi corazón y me arrepentí entre lágrimas por haberme quejado en contra de Dios. Inicié un ayuno de tres días, porque tomé la decisión de no volver a renegar en contra de Dios bajo ninguna circunstancia.

Ninguna falta respecto a guardar el Día del Señor

La razón por la cual escogí trabajar como obrero en la construcción fue para guardar el Día del Señor y para tener la libertad de orar, así como para lograr que mi débil cuerpo se fortaleciera. Mientras vivíamos en una habitación pequeña y en mal estado, una de mis hermanas mayores me llamó. Ella estaba dirigiendo un buen restaurante y también era propietaria de un edificio. Deseaba que yo administrara su restaurante, y quería contratar también a mi esposa. Así que, ganarnos la vida ya no sería un problema, y podríamos incluso prosperar financieramente.

—Hermano, también te daré una casa (un lugar para vivir) y un buen salario. ¿Por qué no te encargas de administrar mi restaurante? Pero tienes que trabajar dos domingos al mes.

—Lo siento mucho hermana. Yo tengo que asistir a la iglesia los domingos sin falta. No puedo hacerlo.

Después de haber rechazado la oferta de mi hermana explicándole que tenía que asistir a la iglesia los domingos, estas noticias llegaron hasta mi madre y a mis otros hermanos y hermanas. Mi madre estaba tan molesta porque había rechazado la propuesta de mi hermana debido a que tenía que trabajar dos domingos al mes. Incluso mis hermanos y hermanas dijeron que no podían comprenderme y desaprobaron que hubiera rechazado una oportunidad para pagar todas las deudas que tenía.

¿Cómo puedo vivir por la Palabra de Dios?

¿Cómo puedo desechar la naturaleza pecaminosa?

Después que la reunión de avivamiento había terminado, empecé a leer la Biblia cuidadosamente. Antes de leerla, me lavaba y vestía con ropas limpias. La leía en una postura derecha. Empecé a leer desde el evangelio de Mateo. Mientras leía, hallé muchas palabras diciendo cosas como "eviten toda clase de maldad", "desechen la ira", "no mientan", "no odien", "amen incluso a sus enemigos", etc.

Después de llevar una vida cristiana durante algún tiempo, me examiné a mí mismo preguntándome cuánto estaba guardando la Palabra de la Biblia. Si yo no estaba practicando algo de la Palabra, lo escribía en un libro. Por todo eso, oraba a Dios pidiéndole que me diera la fortaleza para practicarlo y trataba de ponerlo en práctica.

Debido a que trataba de practicar la Palabra de Dios con un corazón sincero, Él me dio Su gracia para que pudiera desechar rápidamente las cosas que tenía que desechar. *"Yo amo a los que me aman, y me hallan los que temprano me buscan"* (Proverbios 8:17). *"Si me amáis, guardad mis mandamientos"* (Juan 14:15). *"Pues este es el amor a Dios, que guardemos sus mandamientos; y sus mandamientos no son gravosos"* (1 Juan 5:3).

Más tarde, cuando me convertí en pastor, comprendí que los pecados pueden dividirse generalmente en dos categorías. Una es "las obras de la carne" que se cometen en acción, y la otra es "las cosas de la carne" que cometemos en nuestra mente. Si "las cosas de la carne" se llegan a realizar, pueden convertirse en "las obras de la carne" en acción.

Tratando de desechar toda forma de maldad

Mientras estaba en mi lecho de enfermo, en ocasiones jugaba juegos de cartas coreanas con mis vecinos para pasar el tiempo. Incluso después de recibir al Señor, debido a que no conocía la Palabra de Dios, no comprendía que apostar era un pecado. Así que, antes de convertirme en un creyente, yo solía ganar la mayoría de las veces, pero desde que acepté al Señor, empecé a perder y perdía sin importar cuánto me esforzaba por dar lo mejor de mí. Reconocí que Dios no estaba de acuerdo con las apuestas en los juegos de cartas y consideré dejar de hacerlo. Pero un día no pude resistir la tentación y empecé a jugar cartas con el salario obtenido después de trabajar durante quince días. Perdí todo mi dinero, cada centavo, apostando toda la noche. La siguiente mañana, aquellos que perdieron dinero se quedaron tratando de recuperar por lo menos su apuesta original. Pero entonces, escuché una voz familiar afuera. Un pastor de la iglesia vino para visitar a la familia del dueño de la casa.

Yo escuché, pero seguí jugando silenciosamente. Finalmente, perdí todo mi dinero. El sonido de las alabanzas que salían de la casa del dueño atravesó mi corazón. El pastor se fue después de compartir un mensaje. "Ya que un pastor había venido, yo debí haber asistido al servicio hogareño en casa del dueño. ¿Cómo podía de ahora en adelante asistir a la iglesia con esta clase de conciencia?". A partir de ese momento mi corazón cayó en sufrimiento. Me aburría en los servicios de adoración, y no podía orar. Anteriormente me sentía feliz, incluso cuando trabajaba como obrero en la construcción, pero ahora no había más alabanzas de agradecimiento saliendo de mi boca. Solamente sentía angustia en mi corazón. Dos semanas pasaron, yo estaba en agonía. Una noche, abrí la ventana para mirar hacia fuera. Podía ver Tooksum y la ribera del Río Han. Algunas luces del alumbrado eléctrico se reflejaban en el agua del río, y esas luces parecían formar cruces rojas. ¿Qué sucedía? Al sentirme extraño, miré de nuevo, y las luces parecían cruces rojas formando una línea. ¿Por qué las luces parecían cruces y no se veían como antes? Fue en ese momento que el Dios de amor me dio Su gracia desde lo alto, y recordé que debí haber recibido bien al pastor de la iglesia que vino a visitar mi casa. Pero, mi corazón estaba poseído por el dinero que había perdido y me había escondido del pastor. No asistí al servicio de adoración familiar. Me arrepentí llorando y derramando lágrimas. "Dios, nunca volveré a tocar las cartas de nuevo". Después de arrepentirme totalmente, Dios me dio la llenura del Espíritu Santo que había perdido. Debido a que el muro de pecado contra Dios fue derribado, me sentía como si volaba. Pasé por momentos difíciles durante dos semanas, pero comprendí totalmente cuán aterrador es mirar al mundo. También había dejado de apostar.

Oré para desechar los pecados cometidos en el pensamiento

Las "obras de la carne" que se cometen en acción, pueden ser desechadas con facilidad si tenemos determinación firme. Podemos simplemente dejar de hacer lo que la Biblia nos dice que no hagamos, y hacer sólo aquello que la Biblia nos dice que hagamos. Sin embargo, yo sentía dificultad en lo concerniente a dos cosas, el odio y la mente adúltera. Estos pensamientos venían a mi mente sin contar con mi voluntad, así que no podía dejar de preocuparme por ello.

En ese tiempo había muchas personas contra las cuales deseaba tomar venganza. Entre ellos mis hermanos, quienes se negaron a prestarme algo de dinero para rentar una habitación mientras estaba en mi lecho de enfermedad; mi suegra, quien me llamaba su 'yerno incapacitado'; y la familia de mi esposa que me despreció, porque yo no había podido ganar algo de dinero. Tenía un profundo odio por esas personas. Todo lo que podía pensar era: "¡Cuando sane, ganaré mucho dinero y les mostraré cuán próspero soy!"

Parecía que no era algo fácil amar a mis enemigos, cuando yo tenía tanto odio y rencor en contra de la familia de mi esposa. Otra cosa era la mente adúltera. Jesús dijo que si miramos a una mujer y tenemos pensamientos adúlteros, ya hemos cometido adulterio con ella en nuestro corazón (Mateo 5:28). Yo no cometí adulterio en acción, pero mi mente se estremecía mucho cuando miraba fotos de bellas actrices.

Si nosotros agitamos la naturaleza pecaminosa en nuestra mente mirando fotos, películas, el Internet o a las mujeres en la calle, y si invertimos más y más tiempo haciéndolo, ¿acaso no es esto adulterio ante los ojos de Dios? Yo sentía la seguridad de poder cumplir con el resto de la Biblia, pero tenía que preocuparme con lo referente a esas dos cosas.

Pero en la reunión de avivamiento, el predicador dijo que nosotros podemos recibir respuestas a cualquier cosa si realmente oramos con fe. Yo creía que nada era imposible con fe, y empecé a ayunar y a orar, para desechar la naturaleza pecaminosa de mi corazón.

—Dios, por favor permíteme desechar la mente adúltera y cualquier otro sentimiento relacionado, sin importar la clase de mujer que pueda ver.

Antes de recibir al Señor, colgué en la pared de mi casa algunas fotos y calendarios que tenían imágenes de actrices. Pero desde que llegué al conocimiento de la Palabra de Dios, dejé de usar esas cosas en mi casa. Ayuné y oré hasta que verdaderamente deseché la naturaleza pecaminosa de la mente adúltera. Yo deseaba glorificar a Dios con Sus bendiciones. Deseaba que Él me permitiera ser un Anciano dentro de la iglesia, para poder ayudar a los necesitados con las bendiciones financieras que Dios proporciona. Deseaba ayudar en el trabajo misionero y dar gloria a Dios a través de las bendiciones que Él me proveyera abundantemente y en la medida que yo las deseara. Después de trasladarnos a la casa con el cuarto adyacente para la tienda, abrí una pequeña tienda de revistas cómicas. Mi esposa salía a vender cosméticos, y yo atendía la tienda. Mis hermanos vieron mi empobrecida condición y ofrecieron ayuda para que pudiera hacer algo más, pero la rechacé. "Después que Dios me purifique, Él con seguridad me bendecirá". Si hubiera aceptado la ayuda de mis hermanos, motivado por mi necesidad de ese momento, ¿qué les podía decir a ellos, cuando en el futuro sea Dios el que me haya dado la bendición financiera?

Tenía que rechazar su ayuda para vivir solamente de acuerdo a la voluntad de Dios. Mis hermanos con seguridad dirían algo así:

—¿Qué bendiciones de Dios? Sobreviviste porque nosotros te ayudamos cuando estabas en necesidad.

Tres años para desechar la mente adúltera

La tienda de revistas cómicas se podía administrar sin suficiente capital. Para progresar a una tienda más grande, ayuné por tres días y oré. Después que terminé el ayuno, miré el local que estaba abajo del Teatro de Keumho Dong. Me gustó y firmé el contrato. Abrí una nueva tienda, y debido a que había muchos bares en los alrededores, muchos de los clientes regulares eran las señoras que trabajaban en esos bares.

Una de las señoras se sentaba cerca de mí cada vez que venía a la tienda. Cuando lo hacía yo me paraba inmediatamente. Si una mujer actuaba seductivamente, la evitaba. Sus reacciones variaban, pero mi corazón ya no se agitaba más ante estas situaciones.

—¿Me menosprecias porque trabajo en un bar? ¿Estás hecho de piedra? ¿No tienes sentimientos? Por favor ven a visitarme al trabajo y te daré bebidas gratis.

Había muchas clases de tentaciones, pero nunca permití que mi corazón se inquietara con ellas. Rechacé todas las insinuaciones, y esto se convirtió en mi fortaleza. Más tarde, pude sentir que la naturaleza pecaminosa de la mente adúltera desapareció completamente. Como había estado orando, esto se convirtió en mi fortaleza y poder. Y al vencer las tentaciones con mi obrar, la mente adúltera fue arrancada de raíz. Esta fue la respuesta que finalmente recibí, la cual vino después de tres años a partir del momento que empecé a orar para desechar la mente adúltera de mi corazón.

Mi único deseo

La Biblia debe tener una sola respuesta

Mi deseo sincero era comprender las Palabras de la Biblia por completo y quería vivir de acuerdo a ella totalmente. Así que, cada vez que escuchaba que se iba a realizar una reunión de avivamiento, iba al lugar donde se realizaría y recibía la gracia de Dios.

A causa de que había muchos versículos que no podía comprender en la Biblia, asistía diligentemente a esas reuniones. Durante los mensajes me sentía muy feliz de poder comprender la Palabra de Dios. Además, ya que siempre había reuniones en los lugares de oración, también asistía a ellas.

Pero debido a que había muchos pasajes que eran difíciles de comprender, le hacía preguntas a mi pastor. Pero para algunas de ellas, él no podía darme respuestas claras.

—Pastor, ¿qué libro puede darme con mayor rapidez un entendimiento claro de la voluntad de Dios?

—Hermano Lee, si usted está tan ansioso por comprender la Biblia, puede leer los comentarios bíblicos que explican e interpretan la Biblia.

Yo me sentí muy feliz al escuchar esto. Tenía tantas deudas en ese momento, que me era difícil apartar un solo centavo, pero de alguna manera preparé el dinero para comprar un libro de comentarios bíblicos. Leí los comentarios orando en la montaña, pero algunas partes seguían siendo difíciles de comprender. Realmente no pude obtener un entendimiento profundo, y me sentí frustrado. Los comentarios en realidad no daban testimonio de la verdad de la Palabra de Dios, sino que consideraban que parte de ella en realidad eran mitos. Además, a través de diversas interpretaciones, a decir verdad, me robó mi fe. Más adelante, también leí otros comentarios bíblicos, pero cada libro tenía diferentes interpretaciones. La Biblia debe tener una sola respuesta, pero los comentarios solamente lograron confundirme más.

¡Dios, por favor explícame las palabras de la Biblia!

En 1976, fue entonces cuando ansiosamente deseaba comprender la voluntad de Dios contenida en Su palabra. Y escuché algo sorprendente de otro miembro de la iglesia, quien regresaba de una reunión de avivamiento en Daegu.

—Un pastor hizo un ayuno de 40 días en dos ocasiones, y un ángel se le apareció y le explicó la Biblia durante tres años.

El momento que escuché ese comentario, mi corazón quemaba, y sentí como que fuego venía sobre mí. Pudo haber sonado absurdo que un ángel explicara la Palabra de Dios, pero yo pude creerlo. Tenía una mente dispuesta a creer y a orar. Desde ese momento, empecé a orar a Dios sin cesar.

—Dios, yo creo en los 66 libros de la Biblia, pues ella es la Palabra de Dios escrita bajo la inspiración del Espíritu Santo, por eso te pido que me des Tu inspiración y que me des la explicación sobre los 66 libros. O dame explicaciones a través de un ángel, o Señor, ven a mí y dame entendimiento.

Si había partes que no comprendía de la Escritura, no podría comprender la voluntad de Dios. Solamente al entender el verdadero significado de la Biblia, podría vivir de acuerdo a la voluntad de Dios. Solamente una vez que comprendemos correctamente la Palabra de Dios, podemos guardarla apropiadamente.

Puesto que estaba tan desesperado por comprender el significado de la Palabra de Dios correctamente, oré fervientemente. Dios me guió a orar mucho y también movió mi corazón para que ofreciera ayunos. Cuando no tenía trabajo en la constructora, me iba a la montaña y oraba. Mis oraciones eran para pedirle a Dios que me explicara la Biblia. Y esto continuó durante muchos años.

Las manos delicadas de Dios

En un par de meses, aprendí cómo administrar mi tienda, y con la fe obtenida sentía que podía hacer cualquier cosa. Con la tienda que tenía en ese tiempo, apenas alcanzaba lo necesario para vivir, pero no podía esperar más de eso. A pesar de que no tenía mucho dinero, debido a que tenía la fe que podía lograr cualquier cosa, deseaba expandir mis negocios.

—Dios, permíteme trasladarme a un mejor lugar.

El tercer día, después de haber empezado a orar por eso, una persona se me acercó y me preguntó si le podía ceder mi local comercial. En ese momento él era el propietario de un local de comercio más grande. Yo le entregué mi local, con un depósito de 150.000 won (150 dólares) y, excepto por 50.000 won que era el costo de los muebles de la tienda, yo tenía 100.000 won de ganancia. Después que mi esposa y yo ayunamos por tres días, visitamos otro local en un área cercana. Había uno al cual le estaba yendo muy bien, y fue puesto en arrendamiento por 500.000 won, incluyendo el anticipo y la renta. Así pues, hice un contrato con los 100.000 won que tenía, pero además de eso, tenía que pagar los 400.000 won restantes. Esta era una cantidad inmensa para mí en ese tiempo. Justo entonces, recordé a dos miembros de la iglesia, y le pedí a mi esposa que les pidiera a ellos en préstamo algo de dinero. Pero inmediatamente se negaron. Mi esposa consiguió prestado 150.000 won de nuestros vecinos, pero no lográbamos reunir los 250.000 won faltantes. Entonces le pedimos al dueño del edificio, e hicimos un trato con él, según el cual le pagaríamos los intereses por los 250.000 won.

Los miembros de la iglesia no tienen que hacer intercambio de dinero entre ellos. Más tarde, llegué a comprender la Palabra de Dios y la razón por la cual Él no permitió que me presten dinero los miembros de la iglesia. Pues no era la voluntad de Dios el prestar o pedir dinero prestado entre los miembros de la iglesia. Incluso los hermanos de sangre se vuelven enemigos por causa del dinero, y si prestamos o pedimos dinero prestado en la iglesia, el diablo enemigo puede trabajar con facilidad, por eso Dios no desea que se haga esto. Así que, durante mi ministerio, les enseño a los miembros de la iglesia que no pidan ni presten dinero entre ellos. Sin embargo, he podido ver que cuando algunos miembros desobedecen, y se prestan dinero entre ellos, se enfrentan a pruebas y dificultades. Nosotros, como hermanos en la fe, nunca debemos tener ninguna deuda excepto la deuda de amor entre nosotros. Con la ganancia que estábamos haciendo en esta nueva tienda, logramos pagar el interés de nuestra deuda, pero nunca pudimos pagar la deuda totalmente. Había muchas personas en el centro de la ciudad que dirigían esas tiendas de libros a gran escala como una gran empresa. Yo oré a Dios para alcanzar mi sueño de obtener una tienda más grande.

Guiado por el camino de las bendiciones financieras

En esa época, en el Mercado de Keumho Dong, había una tienda famosa. Era conocido que las ventas de esa tienda eran las mayores del área. Esa tienda fue puesta en alquiler; tan sólo el anticipo era de un millón de won (1.000 dólares), además de la renta. En ese tiempo, el pago por un día de trabajo era solamente 1.500 won (15 dólares), así que esto era una gran cantidad para mí. El propietario dijo que podía reducirlo a 950.000 won, pero no menos de eso. Sin embargo más tarde, me enteré que por 20 días desde mi visita no hubo nadie que llegara a ver la tienda. Alguien me dijo que yo tenía la oportunidad de hacer el negocio con el propietario, pues él deseaba venderla rápidamente por motivos personales. Yo tenía solamente 500.000 won. Era prácticamente imposible hacer el negocio con ese dinero. Después de orar intensamente toda la noche, fui a él para hacer el negocio. Le pedí que me diera la tienda por 500.000 won, pues era todo lo que tenía. Él pensó por un momento y dijo que haríamos el negocio por 550.000 won.

Finalmente, firmamos el contrato por 500.000 won. Yo acepté pagar el depósito de seguridad junto con la renta mensual. Así que nos trasladamos a la tienda en el Mercado Keumho Dong. Y tan pronto abrí la tienda, muchos clientes llegaron. Muchas personas empezaron a decir que ellos habían deseado mucho esa tienda, pero que no se habían enterado que estaba en renta. Algunos de ellos me propusieron que si les cedía la tienda a ellos me darían 1,2 millones de won de ganancia. Cuando alguien se me acercó y me ofreció 1,3 millones de won en ganancia, hablé con mi esposa sobre el asunto, porque con ese dinero podíamos incluso comprar una casa. Pero no nos sentíamos bien entregando la tienda inmediatamente después que Dios nos había guiado al lugar según Su voluntad.

Así pues, decidimos que pagaríamos la deuda con las ganancias que hiciéramos con la tienda. En julio de 1977, abrimos la tienda e iniciamos el negocio. La cerrábamos los días domingos, y no permitíamos que ningún estudiante dentro de la tienda estuviera bebiendo o fumando. Debido a que los miembros de mi familia cantaban alabanzas todo el tiempo dentro de la casa, la gente podía escuchar las alabanzas en la tienda. Llegaron más clientes que cuando la tienda era administrada por el propietario anterior. Manteníamos la tienda abierta durante el día y orábamos por la noche. Esa era nuestra rutina diaria.

Capacitado para discernir la voz del Espíritu Santo

En la Montaña de Oración de Osanri

Como un ciervo que brama por las aguas de un riachuelo, yo estaba sediento por comprender la Palabra de Dios aun más profundamente. En 1977 me encontraba asistiendo a una reunión en la Montaña de Oración de Osanri. Fue allí donde escuché la voz de Dios. Yo estaba escuchando el mensaje predicado por el pastor, y él dijo: "Puesto que Dios nos dio la sabiduría para fabricar la medicina, también es la voluntad de Dios que vayamos al hospital y que tomemos medicamentos". Yo no podía aceptar esto con un "Amén". Era muy diferente con mi experiencia con el Dios todopoderoso que es capaz de hacer cualquier cosa. Después del servicio fui a una habitación de oración y clamé intensamente en oración:

—Dios, ¿está dentro de tu voluntad que tomemos medicamentos o no?

No sé con exactitud cuánto tiempo pasó. Repentinamente escuché la voz de Dios diciendo: —Mira en 2 Crónicas capítulo 16.

Abrí la Biblia y se trataba del Rey Asa de Israel. Al principio de su reinado, él dependía solamente de Dios. Consecuentemente, ganó todas las batallas y tuvo un período de paz. Pero en la última etapa de su reinado, él no dependía de Dios, sino de otros ejércitos. Perdió en las batallas, e incluso encarceló a un profeta que señaló sus errores. Entonces, Asa adquirió una enfermedad en sus pies. Su enfermedad era grave, sin embargo, incluso en su enfermedad no buscó al SEÑOR, sino a los médicos, y murió dos años después. Por medio de este capítulo, me convencí que Dios desea que Sus hijos tengan una fe firme que los lleve a depender de Él solamente, y que no pongan su fe y su confianza en las cosas de este mundo.

Capacitándome para escuchar la voz del Espíritu Santo

La voz de Dios y la voz del Espíritu Santo tienen que ser distinguidas. En mi caso, la voz de Dios era escuchada solamente en ocasiones muy especiales. La había escuchado solamente en pocas ocasiones. La voz del Espíritu Santo puede ser escuchada con mayor claridad en nosotros al aceptar a Jesucristo, recibir al Espíritu Santo y al continuar orando fervientemente para desechar el pecado, la maldad y los pensamientos carnales.

Comencé a escuchar la voz del Espíritu Santo desde el tiempo en que era un recién convertido. Una vez, mientras asistía al servicio en la iglesia, Dios me permitió recibir entrenamiento para escuchar la voz del Espíritu Santo. Durante el servicio del domingo por la mañana, tuve gran necesidad en mi corazón mientras escuchaba atentamente el mensaje. Fui impulsado a darle 30.000 won a cierto pastor de la iglesia. Me sentí convencido de esto y dije: "¡Dios, obtendré los 30.000 won y se los daré al pastor!".

Me convencí de hacerlo durante el servicio. Pero después que el servicio había terminado y que yo salí de la puerta de la iglesia, otros pensamientos vinieron a mi mente. En realidad, 30.000 won era una gran cantidad de dinero para mí. Pensé que si los tuviera, se los entregaría a él. Pero, ¿dónde podría obtener ese dinero? Esa familia parece estar mucho mejor que la mía. Quizás mis pensamientos vacilaron durante el servicio, pero luego me olvidé del asunto.

Sin embargo, el siguiente día la suegra del pastor, quien era una diaconisa principal de la iglesia, visitó mi tienda ubicada en el mercado Keumho Dong.

—Mi hija estuvo en labor de parto toda la noche. Cuando fue al hospital necesitábamos con urgencia 30.000 won. Me costó mucho obtener ese dinero. Apenas conseguí el dinero para llevarla al hospital. Tuvo un trabajo de parto bastante difícil.

Yo estaba impactado al escucharla.

—Diaconisa principal —le dije—, de hecho, mientras yo asistía al servicio del domingo por la mañana, el Espíritu Santo movió mi corazón, pero no le obedecí. Simplemente pensé que era mi pensamiento y olvidé el asunto. ¡Pero se trataba de esto!

Me arrepentí de inmediato, y decidí obedecer la próxima vez. Pensé: "Escuché la voz del Espíritu Santo, pero no la obedecí y esto ocasionó este resultado". Si yo hubiera obedecido, con facilidad habría obtenido los 30.000 won que Dios ya había preparado, y la familia del pastor no habría sufrido toda la noche a causa de ese dinero. Y yo habría recibido abundantes bendiciones por mi obediencia a Dios. Me arrepiento por no haber obedecido valiéndome de mis propios pensamientos. Desde entonces, a través de más entrenamientos como este, pude llegar a distinguir entre la voz del Espíritu Santo y mis pensamientos.

Aprendí la importancia de la obediencia

Yo también reconocí que obedecer la voluntad de Dios es muy importante a través de nuestra experiencia. Me hallaba sirviendo diligentemente en la iglesia, y un día el pastor me llamó.

Él dijo:

—Estamos necesitados de maestros para la Escuela Dominical. ¿Por qué no le enseñas a los niños?

Respondí negativamente:

—Pastor, lo siento mucho. No me siento capaz de poder enseñarles a los niños. No tengo experiencia asistiendo a la Escuela Dominical. No lo haré hasta que me sienta seguro.

Sabía que tenía que obedecer al pastor, pero me sentía tan incapaz que rechacé su propuesta. Nunca me imaginé que una cosa tan pequeña se convertiría en un gran muro de pecado entre Dios y yo.

Oraba fervientemente: "Dios, dame el don de lenguas". En ese tiempo, cuando veía a otras personas orar con soltura en otras lenguas, las envidiaba. Continuaba orando para recibir el don de hablar en otras lenguas, pero no podía recibirlo. Un día escuché que yo podía recibir fácilmente el don de lenguas en la Montaña de Oración Han Ol San. Fui al lugar y asistí a una reunión, pero no recibí el don. Sin embargo, en el mensaje del predicador, Pastor Chun Suk Lee, él dijo bromeando:

—Incluso mi perro habla en otras lenguas, así que aquellos que no han recibido el don de otras lenguas no son mejores que mi perro.

Después que terminó la reunión, me sentía que no era mejor que un perro y pateé una piedra que estaba frente a mí. Incluso dejé de almorzar y me encaminé al valle. Me sujeté de un árbol y oré a Dios para que me diera el don de lenguas. Pero repentinamente algo atravesó mi mente como un destello. Aun cuando no me sentía seguro debí haber dicho "sí" cuando el pastor me pidió que fuera maestro de la escuela dominical. Considerando mi obediencia a Dios, esto me habría ayudado si yo hubiera obedecido. Pero yo había desobedecido.

—Dios, por favor perdóname por desobedecer la palabra de mi pastor. Nunca desobedeceré de nuevo.

Tan pronto como reconocí esto, empecé a arrepentirme profundamente en mi corazón. Entonces, repentinamente empecé a hablar en lenguas. ¡Esto era lo que yo había estado anhelando por tanto tiempo!

—¡Dios, gracias!

Finalmente comprendí que la obediencia es mejor que el

sacrificio (1 Samuel 15:22) y cuán feliz se siente Dios cuando nosotros obedecemos. Por medio de esta experiencia, decidí de nuevo obedecer la voluntad de Dios incondicionalmente sin pensar en la realidad que me rodee.

Sin embargo para mí, quien profundamente ha reconocido la importancia de la obediencia, había un asunto que iba a ser realmente difícil de obedecer.

Capítulo 4

El llamado de Dios

Señor, ¿cómo puedes escoger a una persona como yo?

Cierto día, en el mes de mayo de 1978, mientras estaba en oración, escuché la voz de Dios como un estruendo que me decía:

—¡*Mi siervo a quien he escogido desde antes de los tiempos! Te he purificado durante 3 años, y ahora prepárate con la palabra por 3 años más. Yo voy a usarte. Tú cruzarás las montañas, los ríos y los mares para predicar el evangelio, y Yo estaré contigo y tú te convertirás en Mi siervo para mostrar a las naciones con señales y maravillas, que Yo soy el Dios viviente.*

Su clara y poderosa voz continuó...

—*Te he escogido desde antes de los tiempos, y desde que estabas en el vientre de tu madre. Te he guardado con mis abrasadores ojos y te guié Yo mismo hasta este momento. Tu esposa puede cuidar de tu tienda, y ahora tú iniciarás el*

camino para convertirte en Mi siervo. Ganarás más de lo que
ganaban juntos. El dinero en tu gaveta nunca se terminará
y tu jarrón de arroz nunca estará vacío, sino que siempre
desbordará. Tú ayudarás a los necesitados. Fue Dios quien
te puso en posiciones bajas, también ha sido Dios quien te
ha guiado hasta ahora, y Él también te guiará de ahora en
adelante. Tú podrás comprender por qué te puse en los lugares
bajos. Con Mi poder, te levantaré a las posiciones altas. Tú me
amaste primero y más que a tus padres, tus hijos, e incluso tu
esposa. Tú solamente me amaste. Por lo tanto, te daré medida
buena, apretada, remecida y rebosante, y al ciento por uno ".

Yo escuché estas palabras en la llenura y la inspiración
del Espíritu Santo y las recibí con un "Amén". Pero cuando
pensé en ellas de nuevo, era algo realmente sorprendente. Mi
sueño hasta ese momento era convertirme en un anciano que
pudiera encontrar y ayudar a aquellos que estaban sufriendo
por la misma enfermedad y pobreza que yo había vivido. Así
que, hasta ese momento, ¿había orado erróneamente? Tenía
mucho dinero que pagar y era una tarea bastante difícil hacer
alcanzar el dinero diariamente. No tenía una capacidad de
memoria apropiada. Y, ¿cómo podía ahora estudiar teología
en el seminario? ¿Qué sucedería con los miembros de mi
familia? Tenía preocupaciones e inquietudes que estaban en
mis pensamientos continuamente. En mi situación no podía
obedecer, pero en ese instante, la voz era demasiado fuerte para
desobedecer. Todo lo que yo podía pensar era: "Señor, si esta es
Tu voluntad, déjame escuchar el sonido de Tu voz una vez más".

Hablé con mi esposa sobre el asunto, y dejé todo lo relacionado
con la tienda en sus manos, para que tomara el control y la

administrara totalmente. ¿Podía haber alguna posibilidad de haberme equivocado al escuchar la voz de Dios? ¿Hay algo que pudiera salir mal? Empecé a dudar de haber escuchado la voz de Dios, y comencé a orarle de nuevo a Él, diciendo:

—Dios, he estado orando para convertirme en un Anciano de la iglesia, ¡pero Tú me estás diciendo que me convierta en Tu siervo! Yo soy una persona tan introvertida que no puedo siquiera imaginarme predicar frente a otras personas. Además estoy en una edad bastante avanzada como parar estudiar teología. No tengo buena memoria y no soy bueno para rendir exámenes... Pero Dios, si continúas deseando que me convierta en Tu siervo, aún con estas limitaciones, te pido que por favor me permitas escuchar Tu voz nuevamente.

Fui entonces a lugares de oración para escuchar la voz de Dios de nuevo. Oré por una semana, pero no hubo respuesta. Visité a un par de ministros que tenían la reputación de profetizar bien, pero continuaba sin recibir respuesta profética. Deambulé en las montañas de oración de un lugar a otro y pasé unos días difíciles tratando de descubrir si la voluntad de Dios era realmente que me convirtiera en Su siervo, especialmente en pastor. Tres meses pasaron, casi me di por vencido y regresé a casa sin esperanza. El día sábado, mi pastor vino a visitarme a la tienda. Se suponía que era mi turno de ofrecer la oración inicial, pero yo no tenía la seguridad para hacerlo.

Y le dije claramente:

—Pastor, no he recibido la respuesta a mi oración por muchos meses. Realmente no puedo hacer esta oración en el servicio del domingo.

Él me contestó:

—Diácono, aun así, usted tiene que hacerlo.

Escuché la voz de Dios

Mi pastor me dijo que yo tenía que realizar la oración inicial en el servicio, pero no pude decir "Amén" en mi corazón. Ese día, después que terminamos en la tienda, cerramos y nos fuimos a casa. Debido a que estaba lloviendo fuertemente, mi esposa y yo decidimos orar en casa en lugar de ir a la iglesia. A media noche, colocamos una manta sobre el piso, nos arrodillamos y empezamos a orar y alabar a Dios. Yo estaba orando con los ojos cerrados, pero repentinamente en una visión, el techo parecía abrirse, y luces se derramaban desde el cielo.

Yo sentía como si el techo había desaparecido y que estaba totalmente abierto. Y luego, así como está escrito en el libro de Apocalipsis, escuché la voz que era majestuosa y como estruendo de muchas aguas, pero a la vez clara y apacible, que decía: *"Has la oración inicial mañana"*. Esta era una respuesta, pero era completamente diferente a mis oraciones relacionadas a convertirme en un siervo del Señor. Esta vez, la voz era cálida, agradable, con autoridad y difícil de desobedecer. Sin embargo, estaba llena de amor y gentileza.

Aún continúo sintiendo la voz claramente, pero es inexplicable con palabras. Simplemente escuché la voz, y todas las inquietudes se derritieron como la nieve. Todos los pensamientos carnales desaparecieron y estaba lleno del Espíritu Santo. Estaba tan lleno del Espíritu Santo que sentía mi cuerpo liviano como el algodón y como si pudiera volar. Me sentía como si pudiera incluso traspasar el techo si lo hubiera deseado. Gozo, agradecimiento y alegría desbordaron desde lo profundo de mi corazón. En ese momento pensé que así será el día cuando seamos arrebatados en el aire, cuando el Señor venga de nuevo. Cuando abrí mis ojos, las luces se habían ido, y el techo estaba ahí como siempre.

Mi esposa, quien se encontraba sentada junto a mí, no escuchó la voz, pero también estaba llena del Espíritu Santo, y estaba conciente de que yo estaba escuchando la voz de Dios en medio de las luces brillantes. Alabamos a Dios toda la noche y le dimos gloria con oraciones.

Lleno del Espíritu Santo

Temprano a la mañana siguiente, fui a la iglesia y revisé el orden del servicio. Aún se suponía que yo oraría por el servicio. Después de la experiencia de la noche anterior, mi cuerpo aún se sentía como si estaba volando a pesar de estar sentado. ¡Cuán increíblemente sorprendente había sido! Desde el momento que empecé a orar a través del micrófono, mis labios dejaron de ser míos. El Espíritu Santo capturó mi corazón y mis pensamientos completamente. Bajo la inspiración del Espíritu Santo, incluso estuve temblando durante la oración. En una clara inspiración, la oración llegó a mi mente como una inundación, y aunque lo hubiera deseado, no podía detenerme.

Esto fue sorprendente incluso para mí, porque la oración estaba reprendiendo a los miembros de la iglesia diciendo: "Ay de ustedes, los que están robando los diezmos de Dios. ¡Ustedes hombres de corazón obstinado que no agradecen a Dios! Ustedes dicen creer en Dios, pero su fe es vana".

Yo no podía controlarme mientras oré por más de 10 minutos. En ese tiempo, si alguien oraba por el servicio por más de tres minutos, se escuchaban murmuraciones quejándose que la oración era demasiado larga. Regresé a mi asiento después de la oración, pero no podía mirar al pastor directamente. ¡No sabía qué hacer! Todo lo que podía pensar era: "Y ahora qué... cómo se atrevía un diácono a reprender a toda la congregación de la iglesia".

Pero justo cuando terminó el servicio, el pastor se me acercó y dijo: "Me conmovió su oración". Por lo general, él nunca hacía esa clase de comentarios, pero yo me seguía sintiendo avergonzado y traté de salir muy rápidamente, pero muchas personas empezaron a saludarme diciendo: "Diácono, usted fue totalmente inspirado por el Espíritu Santo. Me conmovió su oración".

Solamente con obediencia

Finalmente tuve la seguridad de que Dios realmente me había llamado como Su siervo. Lo confesé diciendo: "Dios, ya que me has llamado como Tu siervo, yo tomaré ese camino. Pero Dios, cuida de todas las cosas que me preocupan, cosas como el seminario de teología, mi capacidad de memoria, y todo lo demás".

A la edad de 36 años, fui convencido de que Dios me había llamado como Su siervo, e inmediatamente renté una habitación para vivir solo. Estaba a cinco minutos de mi casa. Ayunaba y leía la Biblia cuidadosamente, y oraba a Dios para que me diera una memoria fuerte y efectiva. Quería crucificar la carne con sus pasiones y sus deseos. Me convencí de seguir solamente la voluntad de Dios como Su siervo. No era fácil aislarme de los miembros de mi familia, pero todas estas cosas se dieron así por la dirección del Espíritu Santo. Le consulté a mi pastor en la Iglesia Oksu Dong, la iglesia a la cual asistía en ese tiempo. Yo había decidido ingresar al Seminario Teológico Sung-Kyul (de Santidad) y empecé a estudiar para el examen de admisión.

Finalmente llegó el tiempo y tomé el examen. Escribí las respuestas a las preguntas que trataban los asuntos directamente relacionados con la Biblia. Pero sobre los demás temas, no quise escribir respuestas incorrectas, así que simplemente escribí mi nombre y entregué la hoja de respuestas en blanco. Durante la entrevista, el decano del seminario me preguntó por qué entregué las hojas de respuestas en blanco exceptuando la hoja de respuestas que hacían referencia a la Biblia. Le expliqué el proceso a través del cual había perdido mi capacidad de memoria.

—Sin capacidad de memoria, ¿cómo puede convertirse en pastor? —me preguntó.

Yo le respondí:

—Dios me motivó a tomar este camino en mi vida.

—Bien, ¡usted obtuvo una puntuación perfecta de 100 puntos en el examen de Biblia! —exclamó.

Fui el único que obtuve una puntuación de 100% en el examen de Biblia. Por haber recibido un porcentaje perfecto en el examen de Biblia, pasé y fui aprobado para ingresar. Había pasado el examen de admisión contrario a mis preocupaciones de pasar y poder ingresar al seminario.

Dios nos permite cosechar lo que hemos sembrado

La vida en el seminario

Los siervos de Dios tienen que vivir vidas que sean notablemente diferentes a las del resto del mundo. Pero mis compañeros en el seminario seguían las tendencias del mundo. Después de clases, se reunían en las cafeterías para hablar sobre cosas mundanas. Durante los días feriados, en lugar de orar y leer la Biblia, ellos hablaban sobre cómo divertirse. Siempre les aconsejé que no malgastaran su tiempo de esa forma sino que se concentraran en las oraciones, pero nadie me ponía atención. Naturalmente, me encontraba solo y alejado del resto de mis compañeros.

En 1979, ingresé al seminario a la edad de 37 años, y desde mi primer año, oré a Dios para que me diera el nombre de la iglesia que yo abriría. Mi hermana me dijo que ella me ayudaría para abrir una iglesia, así que busqué en diferentes lugares, pero nada parecía funcionar.

Agradar a Dios al hacer tesoros en el Reino de los Cielos

Yo creía que Dios me permitiría cosechar lo que había sembrado y que me recompensaría de acuerdo a mis acciones, así que siempre traté de almacenar tesoros en el Reino de los Cielos. Incluso cuando trabajaba como un obrero de la construcción, si recibía gracia en las reuniones de avivamiento, yo le entregaba ofrendas de agradecimiento con todo mi corazón. Si no tenía dinero, me comprometía a entregárselo dentro de un período de tiempo. Por supuesto, siempre le entregué las ofrendas prometidas. Cuando no tenía dinero para entregarlas, obtenía un préstamo para asegurarme que lo que se había prometido le fuera entregado a Él.

Cuando iba delante de la presencia de Dios, nunca lo hacía con las manos vacías. Cada vez que percibía un ingreso, entregaba más de la décima parte como diezmo. Con frecuencia entregaba dos o tres décimas partes de mi ingreso. Yo nunca sentí que era un desperdicio dar a Dios, por lo tanto no quería estar calculando para darle a Él.

Un día, mi pastor visitó mi casa. Él no estaba enterado de nuestra difícil situación financiera, ni que teníamos muchas deudas. Me explicó que la iglesia estaba en necesidad, y nos preguntó si podíamos preparar una mayor cantidad de ofrenda dedicada para la construcción. Nosotros aceptamos diciendo:

"¡Amén! Lo haremos". Con gozo le cumplimos al pastor. A pesar de que teníamos deudas, continuamos haciendo otros compromisos de ofrendas a petición del pastor, así que tuvimos que obtener otro préstamo. De esta forma tratábamos de depositar en el Cielo. Cuando el tiempo llegó, Dios abrió la puerta de las bendiciones.

Seguir la voluntad de Dios, incluso en negocios pequeños

Había una persona que regularmente repartía libros para mi tienda, y él estaba sin habla al ver mi tienda cerrada cada domingo. Declaró que mi tienda caería en bancarrota. A pesar de ser un negocio pequeño, Dios estaba agradado con nuestra tienda y nos bendecía grandemente porque guardábamos el Día del Señor apropiadamente y porque entregábamos las ofrendas y los diezmos correctamente.

La tienda estaba siempre llena, desde la mañana hasta tarde en la noche. Muchas personas venían para aprender algo de nosotros, pues las noticias se propagaron por las vecindades de la ciudad. Pero les causaba más curiosidad el hecho de que cerrábamos cada domingo y que las instalaciones no eran buenas. Nosotros no teníamos ningún material para adultos y prohibíamos estrictamente fumar. Así que, se mantenía un ambiente bueno y saludable. Es por eso que muchos de los estudiantes, buenos colegas míos, venían a nuestra tienda.

¿Cuál es el secreto del éxito de su tienda? El secreto era recibir las bendiciones de Dios porque cerrábamos la tienda el domingo y asistíamos a la iglesia, y así era como respondíamos a cualquier persona que nos hacía esta pregunta, aunque era difícil que los no creyentes comprendieran. Mientras administrábamos esa tienda, logramos evangelizar a muchos clientes. Cuando abrí la iglesia, ellos vinieron conmigo y se convirtieron en los primeros miembros de la misión de jóvenes adultos.

Muchos meses después de abrir la tienda, pudimos pagar toda la deuda, la cual era en realidad demasiado grande para que la pagáramos tan rápidamente. Esto sucedió antes que ingresara al seminario. Pagamos toda la deuda y ahora podíamos dar libremente ofrendas a la iglesia a la que nos congregábamos. Tratábamos de ayudar a las familias que estaban en necesidad. Cuando teníamos algún día de campo en el seminario, preparábamos mucha comida para los profesores y para los estudiantes. Los domingos proporcionábamos la comida para los miembros del coro. Ayudábamos secretamente a aquellos estudiantes del seminario que estaban en necesidad. Nosotros vivíamos solamente en una casa rentada, pero en ocasiones de festividades y de celebraciones especiales, yo hacía que mi esposa buscara en los alrededores del pueblo, de forma general, y si una familia era demasiado pobre para preparar incluso la comida para la fiesta, hacía que ella les diera algo de pastel de arroz y comida, incluso si no eran creyentes. Y esto no era porque nosotros estuviéramos bien financieramente. Lo hacíamos solamente por fe. Después de haber sembrado de esa forma, el siguiente día Dios, quien nos permite cosechar lo que sembramos, permitía que nosotros recibiéramos más ingresos que cualquier otro día normal.

Dios me despertó durante la vigilia de oración de 200 días

Después de haber aceptado al Señor, nunca me comprometí con el mundo, bajo ninguna circunstancia. Traté de seguir la ley de Dios estrictamente según iba comprendiendo la Palabra de Dios. Durante los cuatro años que asistí al seminario, siempre oraba todas las noches y ayunaba frecuentemente. En las vacaciones, empacaba mis cosas para ir a las montañas a orar. Pasaba la mayor parte de mis vacaciones en casas de oración en las montañas. En otras ocasiones también, con frecuencia, prometía hacer vigilias de oración. Oraba desde la media noche hasta las cuatro de la mañana, y nunca estaba retrasado durante el tiempo comprometido, ni siquiera por un minuto.

Después de la oración, regresaba solo a mi habitación y me dormía a las 5:00 hrs. Pero tenía que levantarme a las 7:00 hrs., ya que mi hija Miyoung, quien entonces era una estudiante de la escuela elemental, traía mi desayuno a las 7:20. Después del desayuno, tenía que tomar mi almuerzo e irme al seminario. Después de clases y al regresar a casa, tenía que hacer mi tarea. En ocasiones también tenía que encargarme de la tienda. Había muchas cosas que hacer. Debido a que estaba llevando esta clase de vida continuamente, llegué a cansarme. Me iba a dormir a las 5:00 hrs., y a las 7:00 hrs. en punto me era bastante difícil levantarme. Entonces, el Señor me despertaba a las 7:00 hrs.

—¡Papá! —escuché a mi hija llamándome desde afuera con el desayuno—. ¿Eres tú, Miyoung?

Ciertamente escuché la voz de mi hija, así que abrí la puerta, pero no había nadie. La busqué en los alrededores, pero no la encontré por ningún lado. Después lavé mi cara, y 20 minutos después, llegó Miyoung.

Al día siguiente, a las 7:00 hrs. en punto, también escuché:

—¡Papá!

Abrí la puerta, pero no había nadie allí. En ese momento comprendí que Dios me despertaba a través de un ángel.

Pero al continuar esto, me volví menos sensible a ello. Eventualmente no podía levantarme ni aun escuchando la voz que me llamaba "¡Papá!". Entonces Dios usó otro método. Yo escuchaba el sonido de las pisadas de muchas personas fuera de la puerta, pero cuando abría para revisar, no había nadie... y eran exactamente las 7:00 hrs. en punto.

Mientras me encontraba ofreciendo una vigilia de oración de 100 días, durante el 90º día, escuché la noticia de que mi suegro había fallecido. Fui con mi esposa a casa de sus padres en Mokpo. Oramos juntos en el lugar desde la media noche hasta las 4:00 hrs. Después del funeral, regresamos a casa, y completamos los días de la oración prometida, pero yo no me sentía satisfecho. Sentía que no podía realmente complacer a Dios. Así que, empecé otros 100 días de vigilia y los terminé. Después de esto completé mi promesa de una vigilia de oración de 200 días.

Lancen ese dinero en el excusado

Mi familia estaba conciente que yo no aceptaría nada que estuviera en contra de la Palabra de Dios. Pero hubo un domingo cuando mi esposa y mis tres hijas querían comprar algo de comer después que asistimos al servicio del domingo.

Mi esposa trató de leer mis expresiones faciales diciendo:

—Las niñas quieren algunas golosinas. Queremos comprar algo para comer.

—Hijas, ¿realmente desean algo para comer? —les pregunté.

—¡Sí! —contestaron todas ellas entusiasmadas.

Mis tres hijas pensaron que yo iba a permitir esto en ese día, a pesar de que sabían que era domingo. Les dije que me trajeran el dinero de la gaveta. Ellas me trajeron el dinero para comprar las golosinas.

Entonces les dije:

—Ustedes tres, vayan al baño y arrojen este dinero en el excusado.

Ellas arrojaron algunos cientos de won (algunos miles de won o un par de dólares del dinero actual) y regresaron.

—¿Saben por qué les pedí que hicieran eso?

—Sí, sabemos —contestaron las tres.

Continué diciendo:

—El domingo es el Día del Señor. Dios prohíbe comprar y vender cosas. ¿Deberían ustedes infringir el mandamiento de Dios? Si no pueden vencer la simple tentación de comer algo, esta se repetirá nuevamente dos o tres veces más, y Dios no estará agradado de esto. Al acercarse y pedir que se compre golosinas ustedes ya quebrantaron el Día del Señor, porque esto lo que ustedes ya sintieron en su corazón. Es por eso que les pedí que arrojaran el dinero.

Más tarde, mis tres hijas confesaron que este incidente quedó guardado profundamente en sus corazones y se convirtió en gran fe para ellas.

Una aglomeración de personas

Debido a que la tienda estaba en la esquina de una calle muy transitada, no solamente nuestros clientes, sino también los pastores y los miembros de la iglesia nos visitaban frecuentemente. Cuando asistía al seminario, algunas diaconisas hicieron una cita para una sesión de consejería conmigo. Ellas me dijeron que algunos creyentes estaban haciendo algo parecido a una asociación de préstamos en la iglesia. Yo les aconsejé que no se unieran a ese grupo. Les dije lo siguiente:

—Jesús dijo que el Templo de Dios es una casa de oración y reprendió a los mercaderes que estaban vendiendo cosas en el Templo. No es correcto hacer algo que busca beneficios financieros dentro de la iglesia. Dios nos dice que no tengamos ninguna deuda excepto la deuda de amor, así pues, no tenemos que realizar ningún intercambio de dinero dentro de la iglesia. Si ustedes tienen dinero involucrado en la relación, Satanás empezará a trabajar y la iglesia tendrá problemas.

Muy pronto, esa asociación de préstamos ocasionó muchos problemas y puso a la iglesia en una situación difícil. Desde que inicié la iglesia, he prohibido la realización de cualquier clase de venta benéfica, sin importar el propósito de la misma. Siempre he enseñado a los miembros a no hacer intercambios financieros entre creyentes.

Mientras las noticias sobre la recomendación dada en la consejería se difundían por parte de las personas que me consultaron, muchas personas hicieron línea esperando recibir consejería. Una creyente era calva y vino con un pañuelo en su cabeza. Pero en un par de meses después que oré por ella, su cabello creció y se pudo quitar el pañuelo.

En una ocasión, había un creyente quien ocasionalmente iba a los adivinos y no santificaba el Día del Señor. Esta persona se vio involucrada en un accidente de tránsito, así que se me acercó y me pidió que orara por él porque tenía mucho dolor después del accidente. Después que oré intensamente por él, testificó que su dolor se había ido y que había sido sanado.

Al guardar completamente el Día del Señor, estamos reconociendo la autoridad espiritual de Dios. Por lo tanto, Dios nos protegerá de cualquier accidente durante toda la semana. Pero si no se guarda apropiadamente el Día del Señor, el Dios de justicia no podrá protegernos. Especialmente, después que esta persona había estado visitando adivinos, también había cometido adulterio espiritual delante de Dios, y Él aborrece esto.

Yo trataba de sembrar fe con la Palabra de Dios a las personas que me visitaban. En el camino hacia una casa de oración en la montaña para recibir una respuesta a su problema, cierto pastor se detuvo para visitarme. Después de su visita él pudo regresar a casa lleno de gozo, había recibido una respuesta y su problema estaba resuelto. Yo me encontraba dando consejería a tantas personas que en ocasiones no tenía tiempo para asistir al seminario. Cuando estaba en casa, aquellos que querían consejería y que deseaban recibir oración se aglomeraban en mi casa. Es por eso que tuve que empacar e irme a las montañas durante mis vacaciones. Tenía que evadir a las personas para concentrarme en la Palabra y en las oraciones como un estudiante del seminario.

Ayuné mucho bajo la inspiración del Espíritu

Nosotros podemos desechar los pecados incluso de nuestro pensamiento

En agosto de 1979, durante las vacaciones de verano en mi primer año del Seminario Teológico, participé en la escuela de verano para pastores de la Escuela de Agricultura Canaán, junto al pastor de mi iglesia. Mientras el agua saltaba hasta el cielo azul desde una fuente, yo escuché a unos pastores hablando entre ellos. Estaba sorprendido al escucharlos hablar sobre muchas clases de cosas mundanas, pues en aquel tiempo yo pensaba que todos los pastores eran santos como el Señor. Me sentía muy sorprendido y decepcionado al escucharlos en tal intercambio de conversaciones tales como:

—Aunque somos pastores, realmente no podemos hacer nada sobre la naturaleza pecaminosa de una mente adúltera, ni con los pensamientos que provienen de ella. Así que, en mi opinión y creencia esto no es un pecado.

—Eso es correcto —respondió otro—, el pecado es cometido cuando lo hacemos en acción. El simple pensamiento no puede entonces ser un pecado.

Yo estaba casi atónito, porque yo ya había desechado la naturaleza pecaminosa de la mente adúltera, a través del ayuno y de la oración, desde antes de ingresar al Seminario Teológico. Debido a que la raíz original del pecado fue arrancada, el diablo enemigo y Satanás no podía traer a mí ningún pensamiento de esa clase. ¿Nos habría dado Dios el mandamiento de no cometer adulterio si nosotros no lo pudiéramos guardar? ¿Por qué dirían ellos tales cosas si creían que los pecados podían ser desechados a través de las oraciones y los ayunos? Jesús dijo que ya habíamos cometido adulterio con sólo tener pensamientos de este acto en nuestra mente. Además, Él dijo que nada es imposible para el que puede creer, así que nosotros podemos desechar los pecados al grado de derramar nuestra sangre.

Además, cuando los estudiantes del Seminario Teológico preguntaron al profesor sobre este asunto, él también dijo que los hombres no podían hacer nada en lo concerniente a sus pensamientos, por lo tanto los pensamientos en sí no eran pecados. Yo me decidí a enseñarles a los creyentes que nosotros sí podemos desechar los pecados, si recibimos la gracia y la fortaleza de Dios.

"Dios, te doy las gracias. Si yo hubiera escuchado antes que nosotros no podemos desechar la mente adúltera de nuestro corazón, simplemente me habría dado por vencido y hubiera continuado cometiendo el pecado del adulterio en mis pensamientos. Pero Tú me permitiste tratar y orar para vivir conforme a la Palabra de Dios, y me diste la capacidad de desechar la mente adúltera a través de la oración y el ayuno. ¡Gracias, Dios!".

Comprendí que el ayuno era la voluntad de Dios

Incluso después de haber ingresado al Seminario Teológico, en muchas ocasiones hice ayuno y oración por 3 días, 7 días, 15 días y 21 días. Cuando era un recién convertido, no sabía incluso por qué tenía que ayunar, sin embargo seguía solamente la dirección del Espíritu Santo y ayunaba. Cuando me convertí en diácono, aprendí por qué tenía que ayunar y cuáles eran los beneficios de hacerlo. Así que, cuando encontraba alguna falsedad en mí, ayunaba durante 3 días, 5 días y si era necesario, 7 días para desecharla. Por ejemplo, cuando descubrí que tenía el hábito de decir mentiras en mi naturaleza, inmediatamente empecé un ayuno de 3 días. Por lo tanto, debido a que era tan difícil ayunar de esa forma, rápidamente pude desechar las mentiras y otras falsedades que había en mí.

Hay que ingerir alimentos reparadores después del ayuno

Después que haber tenido un tiempo de ayuno, es importante que nos alimentemos con alimentos reparadores. Esto puede ser una papilla de cereales o un caldo de arroz o avena.

Ustedes deben tomar este alimento durante el mismo

tiempo que han tenido de ayuno. Como resultado, yo no tenía mucha oportunidad de ingerir alimentos sólidos. Era una serie de ayunos tan frecuentes como los tiempos de comida. En la reunión de avivamientos a la que asistí por primera vez en mi vida, aprendí sobre el ayuno y la oración, pero no sabía sobre la comida de recuperación. No sabía realmente por qué tenía que ayunar, pero por la dirección del Espíritu Santo, tomé la determinación de hacer un ayuno de 7 días y fui a la montaña Chung-gye con una manta y con la Biblia.

A corta distancia de los lugares de oración, estaban otros lugares privados llamados 'celdas de oración' para oraciones individuales. El lugar estaba húmedo y sobre el piso estaban unas tablas de madera con agujeros, así que había insectos arrastrándose alrededor. Clamé en oración y finalmente terminé los 7 días de ayuno en ese lugar. Cuando descendía de la montaña, mis piernas estaban temblando, pero yo estaba feliz de haber terminado el ayuno. Cuando llegué a la estación de autobuses, vi a un vendedor callejero vendiendo patatas fritas y donas. Comí algunas donas y regresé a casa.

"Cariño, me puedes dar algo de comida"

Mi esposa preparó comida para mí, así que oré diciendo: "Confieso que será bien digerido", y comí dos tazones de arroz. Pudo haber sido muy pesado para el estómago, pero la digerí bien. Un tiempo después, escuché que fue establecida en Paju, Kyeong-gi Do la montaña de Oración Osanri. También fui allí para ayunar y orar. Mientras asistía a una reunión durante un ayuno de tres días, escuché cuán necesario era comer 'comida de recuperación'. El pastor dijo que teníamos que comer comida liviana y suave, como una papilla o caldo espeso y vegetales. Pero, yo tenía una opinión diferente sobre esto. "Él está hablando sobre cosas que no vienen de la fe. Un hombre de fe ¿tiene que tomar alimentos de recuperación?". Yo tenía dudas en mi mente.

Al regresar a casa después del ayuno, tomé una comida de arroz regular luego de orar diciendo: "Yo creo que será bien digerido". Pero repentinamente, mi rostro se inflamó y tuve otros problemas físicos en todo mi cuerpo. Me arrodillé inmediatamente y oré por ello. Entonces escuché la voz del Espíritu Santo diciendo:

—Cuando no conocías acerca de la comida de recuperación, yo te protegí por causa de tu fe. Pero ahora tú conoces sobre esto, y es por causa de tu arrogancia que no has obedecido.

Inmediatamente me arrepentí por no haber obedecido lo que había aprendido, y en ese mismo momento inicié otro período de ayuno.

Beneficios del ayuno y la oración

El ayuno y la oración son una parte muy importante para recibir respuestas a nuestras oraciones, y tienen muchos beneficios. Primero, es muy difícil ayunar y luego tomar alimentos de recuperación por cierto período de tiempo sin forzar nuestro cuerpo en obediencia. Mientras ayunamos estamos cortando con la carne y ganamos fortaleza para controlarnos nosotros mismos. Nuestro espíritu se vuelve más activo y es de mucha ayuda para que crezcamos como hombres espirituales. Además, físicamente, el estómago toma un descanso, y es bueno para la salud. La mente también se aclara, así que es bueno tanto para la salud mental como física. Al volverse nuestro espíritu más activo, recibiremos la llenura del Espíritu Santo, por la cual podremos recibir la fortaleza de Dios. A través de fervientes oraciones, recibiremos respuestas a diversos problemas y estas oraciones nos apartarán de las pruebas venideras. Dios obra para bien en todo.

Yo ayunaba tan a menudo como comía, pero nunca cambié de idea si alguna vez decidí entrar en un período de ayuno y oración. Nosotros podemos tener confianza con Dios cuando mantenemos lo que hemos decidido delante de Él. Cuando recibimos respuestas a través de las oraciones y ayunos, nosotros ganamos seguridad en la fe, y también recibimos coraje y poder en nuestras vidas. Así que, este es el camino más corto para tener experiencias reales en la vida cristiana y una buena manera de seguir una vida victoriosa en la fe.

Por lo tanto, el ayuno y la oración es la voluntad de Dios y es una de las mejores maneras de alcanzar el reino y la justicia de Dios.

Formas de ofrecer un ayuno de oración

Ayuno de oración es orar sin ingerir nada para el cuerpo excepto agua. Es decir, esto es orar con la clase de determinación que dice: "Si perezco, perezco". Así que, no deberíamos entrar en un período largo de ayuno de más de 10 días sin pensarlo bien y con la debida consideración, y deberíamos seguir la voluntad de Dios con la dirección del Espíritu Santo.

Isaías 58:6 dice: *"¿No es más bien el ayuno que yo escogí, desatar las ligaduras de impiedad, soltar las cargas de opresión, y dejar ir libres a los quebrantados, y que rompáis todo yugo?"*. Las ligaduras de impiedad hacen referencia a todos los problemas que son ocasionados por apartarnos de la Palabra de Dios. Es decir, si ofrecemos un ayuno agradable a Dios, nuestros problemas serán resueltos. Pero, algunas personas realizan ayunos de 40 días según sus propios pensamientos y enfrentan problemas porque no están protegidos por Dios. Entonces, ¿qué clase de ayuno es realmente agradable a los ojos de Dios?

Primero, tenemos que hacerlo con un corazón invariable

Si alguna vez decidimos cuántos días ayunaremos, no tenemos que cambiar en el transcurso. No tenemos que detenernos o rendirnos en el transcurso solamente porque es difícil continuar. Si tienen que detenerse por razones inevitables, tienen que empezar de nuevo todo el ayuno desde el principio, completando el tiempo que prometieron delante de Dios. Si hicieron una promesa delante de Dios y la cambiaron por cualquier motivo, ¿cómo puede Dios confiar en ustedes y amarles? Todo aquello que decidamos delante de Dios, tenemos que mantenerlo. Al hacerlo, aprenderemos a resistir, y podremos almacenar confianza delante de Dios. Además, al hacer esto, podremos seguir la voluntad de Dios.

Segundo, tenemos que clamar en oración mientras ayunamos

Algunas personas no oran apropiadamente sino que tienen tendencia a dormir mientras están ayunando. Esta forma de evitar la comida no tiene ningún sentido. Solamente cuando clamamos en oración, Dios nos dará Su gracia y fortaleza para continuar nuestro ayuno. Él también nos dará respuesta a nuestras oraciones y nos dará bendiciones.

Así como tenemos la costumbre de comer tres veces al día,

tenemos que ofrecer oraciones por lo menos tres veces al día durante nuestro ayuno. De esta forma, podremos ser suplidos del maná espiritual y del agua de vida desde lo alto para ser llenados con el Espíritu Santo y el enemigo, el diablo, se irá. En el caso de un ayuno de mucho tiempo, tenemos que orar por lo menos cinco veces al día para tomar el pan espiritual de Dios. Es más, nuestro ayuno no debería ser solamente una acción externa. Cuando desgarramos nuestro corazón y oramos desde lo profundo de él, Dios nos puede dar gracia y fortaleza (Joel 2:12-13).

Tercero, no tenemos que buscar entretenimientos

Isaías 58:3 dice: *"¿Por qué, dicen, ayunamos, y no hiciste caso; humillamos nuestras almas, y no te diste por entendido? He aquí que en el día de vuestro ayuno buscáis vuestro propio gusto, y oprimís a todos vuestros trabajadores"*. Si ustedes ven televisión, se enojan o si difaman a otros mientras ayunan, Dios no puede recibir gozosamente su ayuno, así que no esperen recibir una respuesta. Por lo tanto, tenemos que abstenernos del entretenimiento, de las conversaciones vanas o de hacer cosas llenas de falsedad. Es con esta clase de corazón que podremos agradar a Dios.

Cuarto, cuando oramos, tenemos que orar primero por el reino de Dios y Su justicia

Si oramos con codicia siguiendo nuestra concupiscencia, Dios no acepta nuestra oración. Consecuentemente, no podemos recibir respuestas. Más bien, el ayuno solamente dañará nuestro cuerpo, así que deberíamos ser más cuidadosos. No tenemos que orar por nuestra fama, autoridad o conocimiento mundano, sino solamente para santificarnos y para ser vasijas apropiadas para el uso de Dios. Tenemos que orar para salvar más almas, para recibir más fortaleza de Dios y para recibir los dones del Espíritu Santo. Dios recibirá nuestra oración gozosamente, cuando oremos por el reino y la justicia de Dios, y por los pastores de las iglesias.

Quinto, tenemos que orar con amor espiritual

Isaías 58:7 dice: *"¿No es que partas tu pan con el hambriento, y a los pobres errantes albergues en casa; que cuando veas al desnudo, lo cubras, y no te escondas de tu hermano?"*. Dios estará afectivamente conmovido, cuando Sus hijos dejen de comer para orarle a Él. Si ellos actúan en bondad y muestran su amor por los demás, entonces ¿cuán preciosos se verán a los ojos de Dios? Él entonces aceptará el ayuno con más gozo y les dará las respuestas más rápidamente.

Sexto, nosotros también tenemos que tomar alimentos para recuperarnos

Después que terminemos nuestro ayuno, tenemos que tomar alimentos que nos ayuden a recuperarnos durante el mismo período en que hemos ayunado para hacer el ayuno completo. Cuando consumimos comida de recuperación apropiadamente, podemos obtener autocontrol. El ayuno no dañará nuestro cuerpo sino más bien lo hará más saludable, y nuestro espíritu también tendrá un discernimiento más claro.

Algunos dicen: "Yo tengo un estómago fuerte, así que realmente no tengo que tomar alimentos de recuperación". Pero ésta es una idea realmente equivocada. Cuando consumimos alimentos de recuperación apropiados, Dios hace que los estómagos débiles se fortalezcan, y sana enfermedades y padecimientos menores durante este tiempo.

Aun cuando hayamos terminado el ayuno bastante bien, si nosotros no tomamos alimentos de recuperación apropiados, perderemos nuestra energía al grado que nuestro cuerpo será lastimado, y podríamos tener algunos problemas. Al mismo tiempo, durante el período de recuperación, no debemos trabajar o ejercitarnos laboriosamente. Además, también podría presentarse una prueba justo después del ayuno, así que es bueno orar por ello durante el ayuno.

Comida de recuperación apropiada

Si comemos mucho durante el período de recuperación, nuestro rostro se inflamará, y no es bueno para nuestro estómago, así que tenemos que ser cuidadosos. Por lo general nosotros comemos tres veces al día, pero cuando tomamos comida de recuperación con caldo de arroz suave y liviano, podemos consumir una taza de esto cuatro veces al día.

Debemos evitar la carne, los huevos, el pan, las bebidas carbonatadas, y los alimentos pesados que son aceitosos, condimentados, salados o ácidos. Debemos evitar comidas que contengan GMS (glutamato monosódico) y especias. Es mucho mejor consumir vegetales.

Después de un ayuno de 3 días, podemos tomar una papilla de cereales, pero después de un ayuno largo, el estómago se vuelve como el estómago de un bebé recién nacido. Así que, por lo menos durante dos días, deberíamos tomar caldo de cereales bastante diluido, casi como agua. Tómenlo cuatro veces al día. Talvez podríamos tomar también solamente el jugo y no la pulpa de la manzana cuatro veces al día.

Después de 3 o 4 días, podemos tomar caldo un poco más espeso. Más adelante, podemos agregar arroz o calabaza cocida al caldo, y la cantidad de la ración también podrá incrementar. Para los platillos complementarios o entremeses, deberíamos evitar la carne, y no debemos agregar nada de GMS. Si deseamos carne, podemos tomar una porción pequeña de pescado sazonado con poca sal.

Además, algunas sopas con vegetales son buenas. Especialmente si removemos la piel de la semilla de sésamo y lo agregamos al caldo de arroz. Podremos entonces, recuperar la energía más rápidamente, y también sentiremos que nos estamos volviendo más saludables siguiendo este proceso de recuperación.

Orar por la dirección del Espíritu Santo

Yo era introvertido. Si había alguien a mi lado, yo no podía orar fuertemente. Es por eso que siempre oraba solo toda la noche. Cerca de 30 minutos después de iniciar la oración, recibía la llenura y la inspiración del Espíritu Santo para tener una comunicación espiritual más profunda con Dios. En ocasiones, tan preciosa inspiración venía a mí y empezaba a cantar en otras lenguas y otras veces también danzaba con movimientos del Espíritu Santo, cantando Aleluya.

Oraba principalmente por el pastor de mi iglesia, por los demás pastores, los ancianos, por el avivamiento de la iglesia y por las almas, por las iglesias, por la nación y por nuestro pueblo. Cerca del final de mi tiempo de oración, oraba brevemente por mi familia y mi negocio. Cuando tenía tiempo, iba a lugares de oración y asistía a las reuniones de oración de la madrugada. Más tarde me iba a la cima de las colinas. Pensaba que era una pérdida de tiempo esperar hasta que terminara mi almuerzo, así que siempre llevaba una manta conmigo temprano por la mañana y simplemente pasaba por alto el almuerzo.

Por la noche, cenaba en el centro de oración y asistía a la reunión que realizaban allí. Cuando sentía la necesidad en mi corazón de ayunar, continuaba mi ayuno por la noche también.

"Y de igual manera el Espíritu nos ayuda en nuestra debilidad; pues qué hemos de pedir como conviene, no lo sabemos, pero el Espíritu mismo intercede por nosotros con gemidos indecibles. Mas el que escudriña los corazones sabe cuál es la intención del Espíritu, porque conforme a la voluntad de Dios intercede por los santos" (Romanos 8:26-27).

En el tiempo cuando yo ni siquiera sabía sobre el Espíritu Santo, simplemente seguía Su dirección y oraba. Dios escudriña el corazón. Y debido a que el Espíritu Santo estaba orando en mí, yo oraba siguiendo Su inspiración.

La mano de Dios preparó la apertura de la iglesia

Vencí las pruebas de la fe

Dios permitió las pruebas de la fe para que mi familia pudiera tener una fe más perfecta. Cuando mi hija menor, Soojin, tenía 6 años, (esto sucedió en 1980), ella se encontraba caminando por la calle con su hermana, y había algunos muchachos estudiantes de la secundaria jugando con un balón. Uno de ellos dio la vuelta tratando de atrapar el balón y saltó sobre Soojin. Ella cayó, golpeando su cabeza en el concreto del suelo y tuvo una conmoción cerebral. Los padres del estudiante vinieron al lugar y llevaron a Soojin al hospital.

Mi esposa escuchó las noticias y fue al hospital. Los doctores dijeron que Soojin tenía que ser llevada al hospital general, ya que su cerebro había sido lastimado de una manera considerable y que podría tener algunos problemas con su capacidad mental a causa del daño cerebral. Incluso con una cirugía, había grandes posibilidades de que ella pudiera quedar discapacitada mentalmente.

Yo me encontraba en la tienda, y escuché que Soojin estaba hablando en su delirio. Pero debido a que yo tenía la fe de que ella podía ser sanada por la oración, la llevé a casa en lugar de llevarla al hospital general.

La madre del estudiante no sabía qué hacer. Ella estaba trabajando como empleada doméstica en una casa y se encontraba en una situación financiera difícil, al igual que nosotros.

Después de tranquilizarla y pedirle que tuviera paz, puse mi mano sobre Soojin y oré por ella. Estaba delirando y quejándose. El día siguiente tampoco despertó, y mi esposa y yo oramos toda la noche. El miércoles, yo iba de camino al seminario, y repentinamente escuché la voz clara de Soojin diciendo:

—Papá, ¿no es este un día para ir a la iglesia?

Ella había recuperado la conciencia.

—¡Dios, gracias! Contestaste mi oración y Soojin recuperó la conciencia.

Cuando regresé a casa después de clases, Soojin había salido camino a la iglesia para asistir al servicio del miércoles.

Mi segunda hija fue golpeada por un camión

En 1981, mi segunda hija, Mikyung, se vio envuelta en un accidente de tránsito. Ella se bajó del autobús y estaba cruzando la calle. El conductor no la vio y ella fue golpeada por un camión que la lanzó al suelo. La gente se reunió alrededor de ella y el conductor la llevó al hospital.

Cuando mi esposa llegó al hospital, la cara de Mikyung estaba tan inflamada que parecía que tenía dos barbillas. El interior de su boca estaba destrozado. Esto era terrible. Los médicos dijeron que ella tenía que estar hospitalizada, pero mi esposa la llevó a casa. Mikyung estaba cubierta con sangre y no podía abrir sus ojos. Su rostro estaba destrozado, con muchas lesiones y heridas.

Ella no podía comer nada. Solamente lograba tomar leche y sorber algo de sopa con una pajilla. Cuando abrí un poco su boca y examiné el interior, se veía terrible. Oré intensamente con mi mano sobre Mikyung. A pesar de todas sus lesiones, ella continuaba yendo a la escuela. Su maestra estaba horrorizada y le dijo que debía ir al hospital. Mientras tanto mi esposa y yo ayunábamos y orábamos intensamente durante toda la noche. Mikyung continuó asistiendo a la escuela, y después de un día, su rostro estaba azul como si tuviera contusiones, y después de 5 días, la costra formada se cayó y ella se recuperó completamente. Su boca regresó a su estado normal, la inflamación se había ido, y el interior de su boca también estaba completamente sano y limpio. Durante las vacaciones de verano ese año, recibimos una carta de la maestra de Mikyung, en la que nos decía que había reconocido que Dios estaba vivo y que Su poder es grande, pues había visto a Mikyung recuperándose tan rápidamente sin recibir ninguna clase de tratamiento médico ni medicinas. Ella terminó su carta diciendo que asistiría a la iglesia a partir de ese momento.

Nuestra primera hija fue sanada después del arrepentimiento de mi esposa

En 1981 mi primera hija, Miyoung, se encontraba en la escuela elemental. Durante mis vacaciones de verano, tuve un tiempo de ayuno y oración en la Montaña de Oración de Osanri y luego regresé a casa. Al llegar me di cuenta que Miyoung tenía furúnculos en todo su cuerpo. Las erupciones en su piel eran tan graves que esta parecía la corteza del árbol de pino, y bajo la piel áspera y rota por la erupción había infección. Las grietas en su piel supuraban. Esto era simplemente horrible, pues ella sangraba si se movía, aunque fuera un poco, Miyoung tenía que mantenerse en un rincón de la habitación.

Debido a que mi esposa tenía la fe que Dios la sanaría, no le había aplicado ninguna medicina, ni la había llevado al hospital. Yo oré por Miyoung, pero ella no fue sanada. Oré por ella el siguiente día, pero no hubo mejoría.

"He aquí que no se ha acortado la mano de Jehová para salvar, ni se ha agravado su oído para oír; pero vuestras iniquidades han hecho división entre vosotros y vuestro Dios, y vuestros pecados han hecho ocultar de vosotros su rostro para no oír" (Isaías 59:1-2).

Miré hacia atrás en mi vida y traté de encontrar algo de lo

que tuviera que arrepentirme, pero no pude hallar nada. Estaba seguro que Miyoung no tenía incidentes de mala conducta. Ella siempre había sido una buena niña. Mi esposa dijo que ella había sido perezosa en las oraciones de la madrugada porque estaba demasiado ocupada, y se arrepintió de ello delante de Dios. Después que se arrepintió, oré por Miyoung, y Dios mostró su obrar en esta ocasión. La piel con la grave erupción, que se había vuelto amarilla con la infección bajo ella, se volvió blanca en una noche y la costra se desprendió. Ella estaba completamente limpia antes que las vacaciones llegaran a su fin.

Cuando nosotros dependemos de Dios completamente, Él no nos deja afrontar ninguna situación difícil. Nosotros comprendimos que esto fue una prueba de fe para incrementar la fe de mi familia de la misma forma que Dios cambió a Job en una persona más perfecta, refinándolo con las erupciones en su piel, y dimos gracias por el amor de Dios. Antes de la apertura de la iglesia, Dios nos permitió atravesar pruebas con cada una de mis tres hijas para darnos una fe mayor.

¿Qué debo hacer?

Yo reconocía a Dios en todas las cosas y siempre me gozaba preguntándole Su voluntad y obedeciéndola. Mientras leía la Biblia, me sentía conmovido cuando David dependía de Dios en todo.

"Después de esto aconteció que David consultó a Jehová, diciendo: ¿Subiré a alguna de las ciudades de Judá? Y Jehová le respondió: Sube. David volvió a decir: ¿A dónde subiré? Y

él le dijo: A Hebrón" (2 Samuel 2:1).

"Entonces consultó David a Jehová, diciendo: ¿Iré contra los filisteos? ¿Los entregarás en mi mano? Y Jehová respondió a David: Ve, porque ciertamente entregaré a los filisteos en tu mano" (2 Samuel 5:19).

David consultaba a Dios sobre todo, incluso sobre las cosas pequeñas. Como un pequeño niño preguntando a sus padres lo que debe hacer, David consultaba a Dios y era guiado por Él. Cuando David consultaba a Dios, Él le decía lo que debía hacer en cada ocasión, así como un padre generoso. También yo consultaba a Dios Su voluntad en cada asunto, y Dios me permitía escuchar claramente la voz del Espíritu Santo.

40 días de ayuno

Cuando llegaron las vacaciones de invierno del segundo año en el Seminario Teológico en 1981, Dios movió mi corazón para ofrecer un ayuno de 40 días. Preparándome para ir a un lugar de oración, empaqué mi Biblia y un himnario, y algunos otros libros de sermones. Cuando estaba a punto de partir, repentinamente escuché la voz muy fuerte del Espíritu Santo.

"No lleves ni leas ningún otro libro que no sea la Biblia y el himnario durante los 40 días de ayuno".

Rápidamente desempaqué y tomé de la maleta todos los demás libros excepto la Biblia y el himnario, y me fui a la casa de oración en la Montaña de Oración Osanri. Debido a que era época de vacaciones, había miles de creyentes. Fue cuando tuvimos el clima más frío en 60 años. Asistí a todos los servicios oficiales de adoración en el centro de oración, y designé tres momentos del día para orar (la madrugada, la tarde y a las 11 de la noche). Cuando iba a la celda de oración y me arrodillaba, sentía que me congelaba, pero clamaba en oración, sin perder los servicios de oración, ni un solo día.

La celda de oración estaba llena de escarcha y la habitación misma era como un gran cubo de hielo. Pero mientras luchaba por clamar en oración durante 30 o 40 minutos, Dios me daba la gracia y yo podía clamar en oración por un par de horas. Debido a que era un recién convertido, hacía muchos ayunos de 5, 7, 15 y 20 días. Ayunaba frecuentemente y al mismo tiempo asistía al seminario. Pensaba que incluso el ayuno de 40 días sería fácil si Dios me ayudaba. Oraba por el reino y la justicia de Dios y para que Dios me explicara Su palabra. Yo fui llamado como Su siervo, pero no podía hacer nada por mis propias fuerzas, así que oraba intensamente para recibir la fortaleza de Dios y así poder trabajar para Él. Además, oraba por la apertura de la iglesia, y Dios me dio el sueño de una iglesia que llevaría a cabo la misión mundial:

"Hay muchas almas que están sufriendo de enfermedades y de pobreza. Deja que tu iglesia ayude a los que están en necesidad, sane el espíritu de las personas y sé el testigo para predicar estas buenas nuevas a todo el mundo y lleva a cabo la misión mundial. Deja que tu iglesia se levante y resplandezca. Yo te he escogido, y te guiaré desde el principio hasta el fin. Tú haz esto y harás eso una vez que abras una iglesia".

Debido a que yo había sufrido por mucho tiempo los dolores de las enfermedades, podía comprender bien a los que eran atacados por las enfermedades. Para sembrar fe en los incrédulos, sanar a muchas personas de sus debilidades y enfermedades, y para desatar las cadenas de injusticia que atan a las personas en este mundo lleno de pecados, yo tenía que recibir el inmenso e ilimitado poder de Dios, así que oraba por ello:

—Dios, dame Tu poder para que cuando las personas sean tocadas por mi sombra o con el borde de mis ropas puedan ser sanados, y para que con sólo ordenar con la palabra, el diablo enemigo sea lanzado fuera.

Mientras me encontraba orando fervientemente, recibí la promesa de que Él me daría la autoridad para echar fuera los poderes del diablo enemigo. Mi sueño era recibir más poder de Dios para predicar las buenas nuevas y para sembrar fe en aquellos que no conocían a Dios y que estaban sufriendo por las enfermedades, las pobrezas y aflicciones de este mundo, y para establecer una iglesia que crecería y predicaría el evangelio en todos los rincones del mundo. Con el propósito de alcanzar el sueño de la misión mundial, tenía que recibir poder ilimitado de parte de Dios, así que yo anhelaba y oraba por recibir el poder, que habían recibido los hombres de Dios, que fueron reconocidos y amados por Él, tales como Moisés, Josué, Elías, Eliseo, Pedro y Pablo, para llevar a cabo milagros, señales y maravillas.

Además, como un siervo de Dios no pedí solamente por el poder y la autoridad para vencer el mundo, sino también los 12 dones del Espíritu Santo. Pero a partir del 6º día, Dios

no me sostuvo. Debido a que Él no me estaba ayudando, el diablo enemigo me perturbó. Cuando el 7º y el 8º día pasaron, tuve mareos y calambres en las manos y los pies. Sentía que me estaba enloqueciendo, y no podía dormir por la noche. Pensé que quizá me volvería loco, así que luché por conservar mis sentidos. En un sueño, alguien me obligó a comer algo de arroz. Cuando desperté, me arrepentí de haber tenido un sueño como ese.

Pensé en dejar el ayuno, pues creía que quizá no sería agradable para Dios de esa forma, pero si me hubiera detenido en ese momento, hubiera tenido que empezar todo de nuevo. Así que, batallé en contra de los dolores cada día.

Después de nueve días, estos síntomas desaparecieron. Después de 20 días, no tenía siquiera la fuerza para leer la Biblia, así que compré algunos libros de sermones de un pastor. Leí un par de capítulos, pero no tuve más fuerzas para continuar leyendo. Fui a la celda de oración, pero no pude recibir la fortaleza para clamar. Tuve que batallar mucho para poder orar. Y oré a Dios diciendo:

—Dios, dame la fortaleza para clamar en oración.

Yo no sabía cuánto tiempo había pasado, pero mientras continuaba en mi lucha, hubo una voz que tocó a mi corazón diciendo:

—Te dije que no llevaras ni leyeras ningún otro libro que no fuera la Biblia y el himnario. ¿Por qué lees un libro escrito por un hombre?

Recuperé mis sentidos mientras escuchaba la voz, y dije:

—Dios, pensé que esto estaba bien, pero te desobedecí. Por favor perdóname. Me era difícil leer la Biblia y pensé que quizá podría leer otro libro.

Yo reconocí que esto era desobediencia y me arrepentí de ello totalmente. Entonces, recibí nueva fortaleza y pude orar nuevamente.

Para el 28º día, yo era solamente piel y huesos. Mi peso había bajado considerablemente. En el día 30º, mis intestinos estaban secos y se habían pegado entre sí, así que, ni siquiera podía pasar agua, y me sentía muy repleto como si tuviera indigestión. Si tomaba un poco de agua, la regresaba. Cuando vomitaba había sangre muerta y negra. Pienso que esto era porque algunas venas en el estómago estaban rotas, y la sangre seca salía cuando vomitaba.

En el 32º día, mi primera hija, quien entonces estaba en la escuela elemental, vino a verme. Yo estaba compartiendo una habitación con muchas personas, pero pensaba que ellos se sentirían perturbados si me veían vomitar. Así que, regresé a casa con mi hija. Y en la habitación que rentaba cerca de la casa, continué con mi ayuno. Esta fue una verdadera batalla en contra de mi voluntad. Pero para el 39º día, a las 23:00 hrs., como un milagro todos los dolores desaparecieron, y Dios me dio la fortaleza desde lo Alto. Tenía la fortaleza como la de una persona totalmente recuperada. Así que, tomé un baño y cambié mis ropas. A media noche, ofrecí un servicio de agradecimiento y terminé mi ayuno.

Como un águila entrenando a sus crías

Más tarde, sentí curiosidad de saber por qué Dios no me había sostenido durante los 40 días de ayuno. Hasta entonces, siempre había ayunado sin mayor dificultad, porque Dios me sostenía y me ayudaba. Así que, le pregunté a Dios en mis oraciones por qué tuve que ayunar solamente con mi propio esfuerzo y con tanto dolor. Dios me dio la siguiente palabra.

—*Yo no aparté de ti Mi Rostro, pero intencionalmente te entrené. Si comparas el ayuno que terminaste fácilmente con Mi ayuda y un ayuno que terminaste con tu propio esfuerzo y resistencia, la diferencia en el poder que obtuviste es mucho mayor.*

Era porque cuando yo terminaba un ayuno solamente con mis propias fuerzas y voluntad, podía ganar más fortaleza y resistencia, y podía vencer cualquier clase de dificultad. Al escuchar estas palabras, recordé Deuteronomio 32:11-12.

"Como el águila que excita su nidada, revolotea sobre sus pollos, extiende sus alas, los toma, los lleva sobre sus plumas, Jehová solo le guió, y con él no hubo dios extraño".

Las águilas hacen un nido en lo más alto de un risco. Cuando sus crías llegan a cierta edad, la mamá águila los empuja fuera del nido. Al caer el polluelo, instintivamente mueve sus alas para sobrevivir. Por medio de este entrenamiento, las jóvenes águilas se vuelven fuertes y logran sobrevivir en la competencia de la vida, volando alto en el cielo. Yo no pude más que derramar lágrimas por el amor de Dios quien me había entrenado duramente, así como un águila entrena a sus polluelos con severidad.

Capítulo 5

Inicio de la iglesia

Me preparé en la Palabra de Dios durante tres años

Yo te purifiqué

Cuando Dios me llamó como Su siervo, Él me dijo: "Yo te purifiqué durante tres años, así que ahora prepárate con la Palabra durante tres años". Yo pensé en el significado de los 'tres años'. El 9 de julio de 1974, en el cumpleaños de mi padre, tomó lugar el incidente que dio inicio al divorcio entre mi esposa y yo. Y el 10 de julio de 1977, abrimos una tienda en el Mercado de Keumho Dong con estabilidad financiera. Esto fue exactamente en 3 años, sin un día de diferencia. Debido a que los años de seminario son cuatro, al principio no podía comprender por qué Dios dijo que Él estaría conmigo, y que 'me seguirían señales y milagros' después que me hubiera preparado con la Palabra durante 3 años. Sin embargo, pronto reconocí también el significado de estas palabras. En febrero de 1982, a petición del Pastor de la Iglesia Ilman de Masan, prediqué en una reunión de avivamiento en ese lugar. Terminé mi segundo año de seminario en Febrero de 1982, así que esto también fue exactamente tres años desde que ingresé al seminario. Un Anciano de la iglesia me dijo:

—Pastor, por favor venga a mi iglesia y predique en una reunión de avivamiento.

—Yo no he sido aún ordenado como 'pastor'. Solamente soy un estudiante del seminario, y ¿cómo puedo predicar en una reunión de avivamiento? Por favor pídale a otra persona que lo haga.

—No. Yo he estado orando por esta reunión de avivamiento durante algún tiempo, y Dios lo trajo a usted a mi mente. Es la voluntad de Dios que usted predique en esta reunión.

—Entonces, oraré por ello y le responderé.

Debido a que era la primera reunión de avivamiento para mí y yo era aún un estudiante del seminario, no me sentía muy seguro. Ayuné durante tres días en la Montaña de Oración en Osanri y obtuve entonces la confianza y la confirmación. Después de regresar a casa, me arrodillé a orar preparándome para el mensaje que iba a predicar en la reunión de avivamiento. En ese momento, en una clara inspiración, Dios me dio 11 mensajes con sus pasajes bíblicos y sus títulos en detalle, incluyendo los mensajes para las reuniones de la madrugada. Esta inspiración de Dios me recordó incluso de un libro que había leído antes: "Tú has leído este libro. Úsalo como un ejemplo". Yo estaba muy impresionado. Una vez más había reconocido que nada es imposible para Dios. Terminé con todos los puntos, desde la introducción, hasta la conclusión de cada sermón. Prediqué en la reunión de avivamiento y la dirigí con la gracia de Dios. Todos los miembros me agradecieron diciendo que habían recibido una enorme gracia. Muchos testificaron que fue la Palabra de Vida la cual no habían experimentado anteriormente, y que ésta cambió sus espíritus y sus problemas fueron resueltos.

Iniciando con esta reunión, fui invitado a muchas iglesias a predicar en sus reuniones de avivamiento. Cada vez, el Espíritu Santo, como un viento fuerte y envolvente, prosiguió los sermones con las obras de Dios en señales y prodigios.

Para un ministerio exitoso

En el último año del Seminario Teológico, mis compañeros también se estaban preparando para iniciar una iglesia. Ellos estaban ocupados tratando de obtener conocimientos e información concerniente a la apertura de una iglesia, asistiendo a la conferencia sobre el crecimiento de las iglesias y realizando estudios sobre el avivamiento de las mismas. Mis compañeros me aconsejaron:

—Pastor, ¿cómo puedes realizar un ministerio poderoso simplemente ayunando y orando en las montañas todo el tiempo? ¿Por qué no te unes a nosotros para aprender más cosas?

Por supuesto, esto puede ser beneficioso, el obtener información y el conocimiento necesario para iniciar una iglesia, pero yo tenía una idea diferente.

Yo deseaba aprender, no los métodos de los hombres, sino los métodos de Dios sobre el crecimiento de la iglesia que está en la Biblia. Como leí en la Biblia, los padres de la fe tales como Pedro y Pablo siempre se esforzaron por orar a cada momento. Comprendía la Palabra de Dios meditando sobre la Biblia, y predicaba el evangelio diligentemente.

Desde Hechos 8:26 en adelante, Felipe se dirigió al desierto bajo la dirección del Espíritu Santo y se encontró con un eunuco etíope, un oficial de la corte de Candace, reina de los etíopes. Él eunuco estaba leyendo las Escrituras del profeta Isaías y deseaba tener el entendimiento de la Palabra de Dios. Así que Felipe le enseñó sobre Jesús y lo bautizó.

También, el apóstol Pablo deseaba predicar en Asia, pero el Espíritu Santo no le permitió predicar en Asia sino que lo guió a Macedonia (Hechos 16:6-10).

Lo que me fue revelado en meditación sobre la Palabra fue que Dios mismo guía y dirige a Sus siervos. Para un ministerio exitoso, yo comprendí que lo más importante era tener una profunda comunicación con Dios y seguir Su voluntad. Es por eso que oraba cada vez que tenía tiempo, y trataba de comprender la Palabra de Dios espiritualmente.

Mi esposa cuida de las almas con amor

En marzo de 1982, después que el ayuno de 40 días había terminado y cuando también terminé con mis alimentos de recuperación, el nuevo año académico inició. En el nuevo año, los grupos de células fueron reorganizados en la iglesia en la cual me congregaba. Mi esposa se convirtió en la líder del servicio en la célula y la Diaconisa Aeja Ahn se convirtió en la líder de célula. Teníamos cinco miembros en la célula. Para abril el número de miembros de la célula incrementó a 25.

Mi esposa evangelizaba a las personas diligentemente y cuidaba de los miembros de la iglesia. También, había apartado un tiempo de su día para orar en casa con la Diaconisa Aeja Ahn. Por medio de esta reunión de oración, los problemas en la familia eran resueltos, y más miembros de la familia eran evangelizados, así que había un gran avivamiento. Es más, debido a que mi esposa era muy buena cocinera, en cada reunión cocinaba deliciosos platillos y servía a los asistentes.

El domingo por la mañana, enviábamos a nuestras tres hijas a cada uno de los hogares de los asistentes con este mensaje: "Hoy es el día de ir a la iglesia, así que por favor vengan a nuestra casa a las 10:00 hrs. en punto". Si ellos no llegaban a esa hora, mis pequeñas hijas iban de nuevo a sus hogares y tocaban a sus puertas, instándoles para que fueran juntas a la iglesia. En algunos casos, ellos no podían negarse y venían con mis hijas. Así que, los domingos, había cerca de 30 miembros en mi célula asistiendo a la iglesia. Mi esposa cuidaba de ellos con amor y fue de esta forma que ella era entrenada para ser la esposa de un pastor.

Con siete dólares

Algo sorprendente sucedió

Al convertirme en un estudiante del último año del Seminario Teológico, el 1 de marzo, mi tienda que había estado siempre llena de clientes repentinamente perdió a todos sus clientes, estaba completamente vacía. Al principio, examiné mis hechos pasados para ver si había algún muro de pecado en contra de Dios y pensé que todo estaría bien al siguiente día. Pero, ese día también sucedió lo mismo. Mi esposa y yo oramos a Dios, pero no hubo respuesta. Debido a que no teníamos ningún ingreso, la renta mensual de la tienda fue deducida del depósito de seguridad. Más adelante llegamos a reconocer que esto era la providencia de Dios. Nosotros cerramos la tienda para iniciar una iglesia el 25 de julio, y para ese tiempo, todo el depósito de seguridad se había terminado. Después de pagar todos los impuestos, teníamos siete dólares en nuestras manos.

Dios transformó todo lo que habíamos ganado en el mundo en nada, y nos hizo iniciar la iglesia con solamente siete dólares.

Personas con enfermedades buscan oración

¿Por qué la mamá de Miyoung siempre está feliz?

Debido a que una vez yo estuve simplemente esperando por la muerte, mi esposa inició su vida cristiana siendo testigo de que yo fui sanado de todas mis enfermedades. Y ahora ella estaba siempre feliz y llena de gozo. Aun cuando no teníamos nada para comer el siguiente día, nosotros estábamos llenos de agradecimiento. Ya sea que estuviera lavando los platos o haciendo cualquier otra cosa, siempre cantaba alabanzas. A todo el que se encontraba, le testificaba haberse encontrado con el Dios vivo y le predicaba el Evangelio. Pasaba cada uno de sus días con la llenura del Espíritu Santo.

Antes de la inauguración de la iglesia, las noticias sobre mi familia se difundían y cada vez había más personas que venían a recibir mi oración. En abril de 1982, una creyente me visitó. Ella estaba tan delgada que parecía tener sólo piel y huesos. Me dijo que nunca había podido caminar rápido a causa de una enfermedad congénita del corazón.

—Pastor, 3 días después de haber dado a luz a mi hijo, mi cuerpo se inflamó y la condición empeoró. No puedo ni cargar al bebé.

—Recibe la oración con fe. ¡Dios te sanará!

Recibió la oración una vez y fue sanada de la enfermedad en su corazón. Ella es la Diaconisa mayor Seon Ja Kim, miembro actual del grupo de devotos de oración de nuestra iglesia.

Otro día, una mujer de mediana edad visitó mi tienda. Dijo haber escuchado las noticias de mi familia y me encontró. Ella tenía una hija que pasaba de los 20 años, y el hueso de su cadera estaba dislocado. Sus piernas eran diferentes en largo, lo que le impedía caminar apropiadamente. El dolor que experimentaba había incrementado al grado que tenía que ser medicada con morfina. Ahora, ella era adicta a la morfina, y ya no podía trabajar. Ni los analgésicos más fuertes funcionaban para ella. Su madre me pidió que orara por ella. Realicé un servicio de adoración en su casa y el Espíritu Santo me movió a orar por esa familia durante 21 días.

En ese momento yo estaba asistiendo al seminario, y también estaba ocupado con las vigilias de oración, sin embargo continué predicándoles la Palabra de Dios y orando por ellos durante 21 días. Entonces, esta joven poco a poco llegó a tener fe, y dejó de tomar todos los medicamentos que había estado ingiriendo. Empezó a depender solamente de Dios. En el 20° día, todos sus dolores desaparecieron, y al siguiente día, dio testimonio de la siguiente manera:

—Pastor, esta casa es tan vieja y hay tantas ratas en el ático y en el techo. Así que, éstas siempre hacen ruidos. Por las noches, las ratas vienen incluso a las habitaciones y arman escándalos. Yo he tenido muchos malos ratos por esta situación, pero, ayer en la noche tuve un sueño y cuando desperté por la mañana algo sorprendente sucedió.

Había tantas ratas, así que ellos pusieron veneno para ratas y muchas otras cosas para deshacerse de ellas, sin embargo nada funcionó. Especialmente, esta joven siempre estaba nerviosa, sobresaltada y tensa a causa de los dolores. No podía dormir por las noches por el ruido de las ratas. Pero, esa noche, ella tuvo un sueño en el cual estaba recibiendo mi oración, y tan pronto lo hizo, ratas de diferentes tamaños salían en grupos, y finalmente, una rata muy grande que parecía el rey también salió. Entonces, todo el dolor desapareció inmediatamente, y en la realidad, también todas las ratas del ático se fueron. Esta hermana estaba tan sorprendida y asombrada por la obra de Dios y no podía ocultar sus emociones. Algunos días más tarde, la madre de esta joven se me acercó de nuevo diciendo:

—Pastor, ¡mi hija está muriendo! ¡Por favor venga inmediatamente y ore por ella!

Era ya media noche cuando llegué a su casa. Su hija estaba retorciéndose en el piso por el dolor. Ella había hecho un ayuno de 3 días, y después del ayuno, debió haber ingerido alimentos de recuperación apropiados, durante 3 días, sin embargo comió pollo frito justo después del ayuno y tuvo una aguda indigestión. Cuando puse mi mano sobre ella y oré, por la inspiración del Espíritu Santo pude ver claramente un hueso dentro de su estómago y pude ver el hueso deshaciéndose. Tan pronto como la oración terminó, ella vomitó lo que había comido. Respiró profundamente y su rostro volvió a la normalidad.

Formación de una vasija limpia

Yo ayunaba frecuentemente, trataba de hacer mi mejor

esfuerzo y de batallar para desechar todas las formas de maldad y para guardar todos los mandamientos de Dios. Llegué a producir los nueve frutos del Espíritu Santo y me di cuenta que estaba mostrando fuertemente el poder y los dones del Espíritu Santo. Por este tiempo, que es, después de haber estado orando a Dios durante siete años para que me permitiera comprender claramente Su voluntad, Dios me envió una profetisa. En abril de 1982, una hermana a quien mi esposa evangelizó, me visitó y dijo:

—Pastor, en medio de la noche, alguien llamó mi nombre tres veces, así que abrí mis ojos. En medio de una luz tan brillante que me dificultaba abrir mis ojos, Dios apareció y dijo: 'Te escogeré a ti, te daré a conocer entre las naciones, y te haré Mi testigo para el mundo entero'. No tengo ninguna idea de lo que esto significa.

En ese momento, ella ni siquiera sabía lo que eran Génesis y Mateo, pero su estómago había sido sanado por medio de la oración. Cuando teníamos reuniones de oración para la apertura de la iglesia, la Palabra de Dios vino a través de sus labios, y yo me sentía sorprendido de escuchar las mismas palabras que Dios me había dado cuando me llamó como Su siervo diciendo:

"¿No pediste los 12 dones del Espíritu Santo? Yo te los di todos, así que ofrece oraciones de agradecimiento".

Es más, a través de la profecía, Dios me habló sobre las cosas que solamente yo conocía. Algunas eran cosas de las que ni mi esposa estaba enterada. Por medio de esto, reconocí que Dios me había dado el don de profecía. Dios me permitió verdaderamente creer que en realidad era la Palabra de Dios la que me fue entregada. Hasta entonces, yo había estado pidiendo las 12 tipos de dones, incluyendo, los Nueve Frutos del Espíritu Santo descritos en 1 Corintios 12, y además el don de visión, don de visión divina y el don del amor.

¿Qué es la profecía?

La Biblia nos habla sobre varios métodos para escuchar la voz de Dios. Hay una voz dada por Dios Mismo, y también hay una voz del Espíritu Santo. Además, en ocasiones, Dios nos habla a través de un ángel con la apariencia de un hombre. Dios también nos habla a través de la profecía.

"La mano de Jehová vino sobre mí, y me llevó en el Espíritu de Jehová, y me puso en medio de un valle que estaba lleno de huesos. Y me hizo pasar cerca de ellos por todo en derredor; y he aquí que eran muchísimos sobre la faz del campo, y por cierto secos en gran manera. Y me dijo: Hijo de hombre, ¿vivirán estos huesos? Y dije: Señor Jehová, tú lo sabes. Me dijo entonces: Profetiza sobre estos huesos, y diles: Huesos secos, oíd palabra de Jehová. Así ha dicho Jehová el Señor a estos huesos: He aquí, yo hago entrar espíritu en vosotros, y viviréis. Y pondré tendones sobre vosotros, y haré subir sobre vosotros carne, y os cubriré de piel, y pondré en vosotros espíritu, y viviréis; y sabréis que yo soy Jehová. Profeticé, pues, como me fue mandado; y hubo un ruido mientras yo profetizaba, y he aquí un temblor; y los huesos se juntaron cada hueso con su hueso" (Ezequiel 37:1-7).

"Porque el testimonio de Jesús es el espíritu de la profecía"
(Apocalipsis 19:10).

La profecía es hablar en lugar de otra persona. Entre los profetas están algunos que hablan en nombre de un hombre o en nombre de Dios.

En Ezequiel, capítulo 37, podemos ver que el Espíritu de Dios estaba con Ezequiel y que Dios habló a través de los labios de Ezequiel. Debido a que era Dios hablando a través de los labios de un hombre, las oraciones estaban en modo imperativo. La profecía no es hecha por hombres, sino por el Espíritu de Dios, es decir por el Espíritu Santo. El Espíritu Santo obra en armonía a través de un hombre para transmitir la voluntad de Dios. Por lo tanto, es verdadera palabra reconocida y garantizada por Dios. Entonces, ¿qué es el espíritu de profecía?

Si uno habla la verdad a través del Espíritu Santo, está dando testimonio de Jesús, quien es la verdad misma. Así que, debido a que el espíritu de Jesús es testificado a través del hombre, quien está hablando la verdad por medio del Espíritu Santo, entonces el hombre está profetizando. Este es el espíritu de profecía. Así como el profeta Ezequiel obedeció la palabra de Dios y profetizó, si hay una persona que pueda profetizar la palabra de Dios, nosotros podemos recibir muchas revelaciones.

Nosotros podemos ver que Jesús desea que recibamos revelaciones tal como lo dijo en Mateo 11:27: *"Todas las cosas me fueron entregadas por mi Padre; y nadie conoce al Hijo, sino el Padre, ni al Padre conoce alguno, sino el Hijo, y aquel a quien el Hijo lo quiera revelar"*. Además, el apóstol

Pablo dijo en 2 Corintios 12:1: *"Ciertamente no me conviene gloriarme; pero vendré a las visiones y a las revelaciones del Señor"*.

Si podemos recibir la revelación de Dios como el apóstol Pablo, podemos comprender a Dios claramente y podemos incluso llegar a conocer las cosas que vendrán. Solamente cuando conocemos las cosas por venir en el futuro, podemos prepararnos para el tiempo de la venida del Señor, quien vendrá como un ladrón.

Recibí la respuesta para la apertura de la iglesia

Ellos quieren expulsarlo

Mientras me preparaba para la apertura de una iglesia, tuvimos muchas reuniones de oración. Tuvimos una reunión de sanidad en la casa de la Diaconisa Aeja Ahn, y la casa estaba aglomerada con una multitud de personas. La segunda reunión de oración fue realizada en mi tienda. Una persona, cuyo brazo había sufrido una fractura y usaba un molde de yeso, fue sanada y se quitó el yeso. Una mujer quien no había podido concebir un bebé vino y recibió oración. Pronto después de eso escuché que ella estaba embarazada. La tercera reunión fue realizada en una montaña. Asistieron más de 40 personas. Algunos de ellos eran estudiantes del seminario y pastores. Había una mujer quien había sido sometida a una cirugía en su columna vertebral, pero tenía una recaída del problema.

Se decía que ella estaba en una situación muy peligrosa, sin embargo deseaba seguir asistiendo a las reuniones de oración. Uno de los miembros a penas logró cargarla hacia arriba de la montaña, y yo oré por ella durante la reunión de oración. ¡Ella fue sanada completamente allí en la montaña y descendió la montaña por sí misma!

La cuarta reunión de oración también fue realizada en una montaña, y hubo muchos estudiantes del seminario entre los que asistieron. La Palabra de Dios vino sobre nosotros:

"Después de esta reunión, habrá una prueba para ti. Pero no te preocupes y solamente cree en Mí y ora. Te pagaré con bendiciones".

Muy pronto, se presentó una prueba en mi vida. En junio de 1982, tuve exámenes finales del semestre y regresé a casa. Pero uno de los profesores recorrió todo el camino hasta mi casa. Yo sabía que esto no era algo que se hacía regularmente. Él empezó diciendo: "Yo he estado en muchas montañas de oración y he orado mucho, así que también conozco bastante del mundo espiritual. Usted tiene profundidad espiritual y se que ha sido bendecido con muchos dones espirituales. Debido a que está a punto de abrir una iglesia, el diablo enemigo y Satanás se ha levantado en contra suya. Pastor, yo creo que mejor debería detener sus planes de abrir una iglesia. Nosotros tuvimos una reunión de maestros este día, y ellos quieren expulsarlo. Yo sé que usted no es esa clase de persona, pero..."

Obras del diablo enemigo perturbando la apertura de la iglesia

Mientras escuchaba su detallada explicación, no solamente mi profesor consejero, sino también el pastor de mi iglesia, tuvieron algunos malos entendidos sobre mí. Fui cuestionado:

—Pastor, durante las reuniones de oración en las montañas, ¿dijo usted que era el Cristo? ¿Llevó a una mujer con ustedes y le permitió imponer manos en otros pastores?

—Yo nunca dije que era el Cristo, y nunca he permitido que una mujer imponga sus manos sobre otros pastores.

Debido a que hubo muchas obras de sanidad cada vez que oraba por las personas en las reuniones, uno de mis compañeros, quien estaba celoso de esto, hizo un reporte para mi consejero con acusaciones falsas, las cuales incluían cosas como esta: "El Pastor Jaerock Lee está haciendo cosas que están ocasionando disensiones y divisiones. Él dice ser el Cristo".

Los rumores totalmente ficticios se divulgaron en corto tiempo. Es más, los maestros que me habían enseñado durante cuatro años decidieron expulsarme basados solamente en los rumores que habían escuchado, incluso, sin escucharme a mí. Sin embargo, yo no visité ni hablé con ninguna persona para rogar por mi inocencia. Sentía que era una situación difícil, pero cuando oraba a Dios, él me sostenía para dar gracias y regocijarme, y para orar por esas personas con amor.

En septiembre, inició el nuevo semestre. Cuando fui al seminario, escuché a mis compañeros discutiendo sobre mi problema. Ellos decían que el compañero que me acusaba falsamente había decidido no inscribirse para ese semestre a causa del arrepentimiento. Así que lo visité y le supliqué que se inscribiera, pues yo no tenía ningún resentimiento ni malentendidos en contra suya. Dios obró de tal manera que todos los problemas fueron resueltos calmadamente. Incluso aquel que me acusó falsamente fue expuesto a la luz. Después que abrí la iglesia y que tuvimos el servicio de inauguración, muchos maestros, incluyendo aquellos que una vez me habían juzgado mal, vinieron y celebramos juntos. En el tiempo de la graduación, realizamos una fiesta de agradecimiento para los maestros en mi iglesia.

Una respuesta recibida: "Iglesia Manmin", que significa "A toda criatura"

Debido a que ingresé al seminario a una edad algo avanzada, yo deseaba abrir la iglesia pronto. Ya que yo no era tan joven, oré por el nombre de mi iglesia desde el primer año de seminario, pero no hubo respuesta. Fue solamente justo antes de la apertura de la iglesia que la respuesta llegó.

"Nómbrala 'Iglesia Manmin'. Cuando llegue el tiempo y tú vayas a una peregrinación, comprenderás por qué te doy el nombre 'Manmin'".

Más tarde, en 1989, fui a un peregrinaje a Tierra Santa. En el Getsemaní, Jesús oró hasta que Su sudor se convirtió en gotas de sangre que caían a tierra, para cumplir con la providencia de la cruz y salvar a todas las personas y naciones. En este lugar, yo vi con gran emoción la "Iglesia de Todas las Naciones". Dios envió a Jesucristo como un sacrificio expiatorio para salvar a todas las naciones y a todas las personas. Dios desea cumplir Su providencia durante los tiempos finales, y desea consumar la misión mundial con el evangelio de la santidad, y Él nos dio el nombre "Manmin" que significa "A toda criatura".

Al inicio de la iglesia, nosotros la nombramos 'Iglesia Manmin', pero debido a que nuestras expectativas involucraban el establecimiento de muchas iglesias filiales, le cambiamos el nombre a "Iglesia Central Manmin".

¿Por qué desea hacerlo de la manera más difícil?

—Pastor, ¿por qué desea abrir una iglesia? ¿Sabe lo difícil que es iniciar una iglesia? Tendrá que comer solamente caldo durante muchos años. ¿No desea que sus hijas reciban educación? ¿Sabe lo difícil que es reunir creyentes en estos días? —el consejo continuó— Además, ¿sabe cuán desobedientes son los creyentes en la actualidad? Mejor trabajemos juntos aquí en la iglesia. Pastor, una vez que abra la iglesia, derramará muchas lágrimas.

Cuando estaba apunto de abrir la iglesia, hubo muchas personas que trataron de detenerme. Era un hecho que había muchas iglesias nuevas afrontando dificultades. Algunos pastores abren una iglesia obteniendo un préstamo para el local y las instalaciones. Sin embargo, cuando la iglesia no crece como se espera, tienen que sufrir por la deuda. Muchos de ellos andan por allí en desesperación y sintiéndose incapaces. Pero debido a que yo creía en el Dios Todopoderoso, mi corazón no estaba abatido. No podía estar en desacuerdo frente a aquellos que me aconsejaban porque no deseaba avergonzarlos. Simplemente me dije a mí mismo: "Una vez que abra la iglesia, ésta será próspera, y no habrá problemas. Salvaré muchas almas y la iglesia crecerá rápidamente. Entonces, le daremos gloria a Dios inmensamente".

Me apoyé en la Palabra de Dios en Filipenses 4:13, que dice: *"Todo lo puedo en Cristo que me fortalece"*, y en Mateo 9:29 que dice que las cosas nos serán hechas de acuerdo a nuestra fe, y en Mateo 13:8 donde se me aseguraba que si nosotros sembramos, Dios nos promete que Él nos pagará 30, 60 o 100 veces más de lo que hemos sembrado. Si vemos a Moisés y al apóstol Pablo, amados siervos de Dios, tenían la apariencia de dioses ante las personas debido a que Dios estuvo con ellos (Éxodo 7:1; Hechos 14:11).

Si Dios está con nosotros, no hay nada imposible. Yo lo creí. Creí que, como Su siervo, si me concentraba en la Palabra, oraba y seguía Su voluntad, entonces Dios me contestaría y cuidaría de todos los aspectos financieros, del lugar y de los obreros de la iglesia. Ya que tenía la fe de que podía hacer cualquier cosa en Él que me daba la fortaleza, pues yo tenía una visión. Oraba en detalle sobre la visión y soñaba que la tenía y la confesaba con mis labios.

Obedecí el consejo y la dirección del Espíritu Santo

En mayo de 1982, Dios me dijo que yo abriría una iglesia cuando el sol fuera abrasador, y Él me guió a la subdivisión de

Shindaebang, en el distrito de Dongjak en la ciudad de Seúl, un lugar del cual nunca había escuchado hasta ese momento. Debido a que no conocía la zona, pregunté a muchas personas cómo llegar al lugar. El área no estaba muy bien desarrollada en ese tiempo, no había muchos edificios, y el tráfico era moderado. Había un lugar con un total de casi 84 metros cuadrados. La renta mensual era de 150.000 won (150 dólares) y requería de tres millones de won (3.000 dólares) como depósito de garantía. Me reuní con el dueño para firmar el contrato, y él redujo la renta a 120.000 won.

Dios preparó el dinero para la apertura de la iglesia

Dios nos dio el dinero necesario para la apertura de la iglesia a través de la Diaconisa Aeja Ahn. Ella solía orar durante cinco horas al día. Su hijo había sufrido un accidente de tránsito y recibió tres millones de won en compensación. Ella suplicó que le permitiéramos ofrendar este dinero a Dios como ofrenda para la construcción de la iglesia. Pero debido a que su esposo inconverso gastó el dinero en otra cosa, tenía la carga en su corazón. Siempre estaba pensando que tenía que dar tres millones de won como ofrenda para la construcción (pro templo). Mientras tanto se reunió con mi familia y se unió a nosotros cuando abrí la iglesia.

Ya que la fábrica de muebles de su esposo no estaba progresando, su casa estaba hipotecada. Si ellos no pagaban la deuda, la casa sería vendida a un precio muy bajo. Así que, la pusieron en venta por 20 millones de won (20.000 dólares), pero no hubo nadie interesado en ver la casa. Ellos redujeron el precio a 15 millones de won, pero no había nadie que deseara comprarla. Mientras tanto, la Palabra de Dios vino sobre la Diaconisa Aeja Ahn en una reunión de oración en la Montaña Samgak, diciendo:

"Ofrece un ayuno de tres días y pon tu casa en venta. Aumenta el precio tanto como tu fe, y Yo obraré. Usa tres millones de won del precio aumentado y abre la iglesia".

Ellos pusieron su casa en venta, pero por muchos años, no hubo quien hubiera deseado comprarla. Pensaron que si aumentaban el precio, los agentes inmobiliarios se reirían de ellos. La Diaconisa Aeja Ahn pensó en ello detenidamente y finalmente agregó tres millones de won. La puso en venta por 18 millones de won. El agente inmobiliario estaba pasmado.

Pero mientras regresaba a casa desde la oficina del agente inmobiliario, alguien la siguió y miró la casa. Él dijo que había encontrado su estilo favorito de casa y firmó el contrato por 18 millones de won. La diaconisa se lamentó pensando que pudo haberla vendido por 20 millones de won si hubiera tenido más fe. Dios obró a favor de ella para que vendiera su casa, la cual no había logrado vender por mucho tiempo. Ella pudo pagar la deuda de su familia y ofrendó tres millones de won, tal como se necesitaba para la apertura de la iglesia.

Me arrepentí totalmente y con todo el corazón por depender de los hombres

Mientras me preparaba para la apertura de la iglesia, de

alguna manera esperaba que al menos 40 personas cercanas a mí estuvieran presentes cuando abriera la iglesia. Yo pensé que ellos asistirían a la iglesia desde la apertura porque creí que me conocían bien y que me amaban. Pero la realidad fue diferente. El 25 de julio de 1982, realizamos el servicio de apertura, pero inesperadamente, ninguna de aquellas personas que pensé que vendrían asistieron al servicio. Cuando vi que mis buenas hermanas, que me habían prometido venir, no asistieron al servicio de apertura, comprendí que Dios las detuvo. Dios no quería que yo confiara en ninguno de mis hermanos. Oré: "Dios gracias porque me permitiste reconocer que había deseado depender de mis parientes. Por favor perdóname por querer confiar en los hombres. Ahora he reconocido tu voluntad. No volveré a depender de ningún hombre, sino solamente de Ti Dios, y haré todo por medio de la oración".

Después del servicio de apertura, reconocí que continuaba deseando depender de los hombres, y me arrepentí totalmente delante de Dios. Oré a Dios para que enviara a los miembros de la iglesia, y el santuario estaba lleno de creyentes enviados por Dios cada semana.

Empezar de la nada

Nueve adultos y cuatro niños

Cuando tuvimos el servicio de apertura, el edificio aún no estaba terminado. No había ventanales, ni púlpito, y no había baldosas en el piso. Era como una tierra desierta. Dividimos el espacio en dos con una cortina. Un lado para ser usado como residencia familiar y la otra mitad era usado como santuario y como lugar de oración. Incluyendo a mi familia, había nueve adultos y cuatro niños en el servicio de apertura. Hubo pocos asistentes, exceptuando a mis parientes. Prediqué un mensaje titulado 'La fe es el tesoro más precioso'. La historia de la Iglesia Central Manmin empezó de la nada. Debido a que acabábamos de abrir, no teníamos dinero, pero sí teníamos muchos gastos. Sin embargo yo nunca pedí dinero prestado a mis parientes ni a nadie más. Solamente le oraba a Dios. Estaba listo incluso a ayunar si Dios no me proveía. Pero cuando no teníamos nada para comer, Dios de alguna manera nos daba comida a través de las manos de alguien. Pude incluso tener la sandía que me gusta mucho, durante todo el verano.

Oramos juntos de cinco a seis horas al día

Después del servicio de apertura, la ofrenda semanal era cerca de treinta o cuarenta mil won, pero con este dinero, no podía pagar ni siquiera la renta mensual del santuario. De cuatro a cinco miembros se reunían y oraban durante cinco a seis horas al día, transpirando en medio del calor. Como no había miembros de la iglesia, yo no tenía que visitarlos y cuidar de ellos. Mientras orábamos en los lugares de oración, nos empapábamos de transpiración. Jeremías 33:3 dice: *"Clama a mí, y yo te responderé, y te enseñaré cosas grandes y ocultas que tú no conoces"*. Cuando clamábamos a Dios en oración, Él nos enviaba creyentes y nos daba las cosas necesarias en la iglesia.

"Dios, provéenos un micrófono"

Después de orar por una semana, nosotros teníamos un micrófono. La siguiente semana, necesitábamos un teléfono y oramos por ello, y lo obtuvimos. Ya que no había muchos miembros en ese tiempo, Dios obraba por medio de las vigilias de los viernes. Otros miembros de la iglesia que asistían a la vigilia del viernes, recibían mucha gracia, y uno por uno ofrecieron cosas que estábamos necesitando en la iglesia. De esta forma, recibimos cortinas, un púlpito, un piano, ventiladores e incluso, un campanario con una cruz. Dos meses después de la inauguración, teníamos todas las cosas que necesitábamos.

En el libro de los Hechos, dice que los siervos de Dios tienen que concentrarse en la Palabra y en la oración. Así que, yo dejé todo el mantenimiento y todo lo concerniente a la iglesia a los miembros, y me concentré solamente en la Palabra y en la oración. Debido a que yo no conocía mucho de la Palabra de Dios en ese tiempo, lo que comprendía de la voluntad de Dios, lo predicaba en las vigilias de los viernes y los servicios del domingo bajo la inspiración del Espíritu Santo.

A pesar que carecía de buenas habilidades para predicar, los oyentes obtuvieron vida y fe de los sermones porque éstos eran mensajes puros y espirituales. También, habían hechos y cosas que acompañaban la Palabra. Como los miembros ponían en práctica la Palabra, su fe creció, y empezaron a recibir respuestas a sus oraciones. Desde el momento de la inauguración, Dios nos envió nuevos creyentes cada semana, y ellos obtuvieron vida, a través de los mensajes. Al ver los milagros de Dios manifestándose en las vigilias de adoración de los viernes, ellos recibieron gracia y su fe creció.

Encontré la respuesta en la Biblia

Al abrir la iglesia, busqué en la Biblia un modelo de iglesia a imitar, y ésta fue la iglesia primitiva en el libro de los Hechos. Ya que las primeras iglesias fueron establecidas por los apóstoles, quienes fueron instruidos directamente por Jesús, ellos siguieron la voluntad del Señor, y Dios estaba agradado de ellos y añadía a sus miembros aquellos que habían de ser salvos. La iglesia primitiva se convirtió en mi meta y en mi modelo a imitar hasta que el Señor vuelva. La mejor iglesia que Dios desea no es solamente una iglesia que tiene un edificio muy grande o muchos miembros, sino que es la iglesia que refleja a la iglesia primitiva. Cuando seguimos el ejemplo de las primeras iglesias que siguieron la agradable voluntad de Dios, Él nos bendice para que tengamos un avivamiento constante en la iglesia.

"Y sobrevino temor a toda persona; y muchas maravillas y señales eran hechas por los apóstoles. Todos los que habían creído estaban juntos, y tenían en común todas las cosas; y vendían sus propiedades y sus bienes, y lo repartían a todos según la necesidad de cada uno. Y perseverando unánimes cada día en el templo, y partiendo el pan en las casas, comían juntos con alegría y sencillez de corazón, alabando a Dios, y teniendo favor con todo el pueblo. Y el Señor añadía cada día a la iglesia los que habían de ser salvos" (Hechos 2:43-47).

Imitando el ejemplo de la iglesia primitiva, que procuraba reunirse en el santuario cada día, nosotros teníamos reuniones de oración cada día y predicábamos la Palabra de Dios, tomábamos el pan de amor, es decir la Palabra de Dios (Juan 6:48) y la practicábamos. Dios estaba con nosotros mostrando Sus señales y maravillas, y a causa de que nuevos miembros se registraban cada semana, la iglesia crecía muy rápidamente.

Depender solamente de la Palabra

Después de la apertura de la iglesia, teníamos que ahorrar cada centavo. Pero yo sabía que el secreto para recibir bendiciones estaba en lo que nos dice Lucas 6:38: *"Dad, y se os dará; medida buena, apretada, remecida y rebosando darán en vuestro regazo; porque con la misma medida con que medís, os volverán a medir"*, y por eso trataba de ayudar a los necesitados confiando en la Palabra de Dios.

En ese tiempo teníamos a diez estudiantes del seminario en nuestra iglesia, y teníamos que ayudarles. No era fácil pagar incluso la renta del santuario, la cual era de 120.000 won (120 dólares). Después de un par de semanas desde la apertura de la iglesia, teníamos algunas ofrendas que habían sido entregadas, así que, con la fe que Dios nos bendeciría, tomamos una porción de las ofrendas y las enviamos a otras iglesias nuevas a nuestro nombre. Desde el servicio de inauguración, cada miembro hizo el compromiso de entregar un millón de won (1.000 dólares) para la construcción del seminario de la denominación a la que pertenecíamos. Con mucho esfuerzo, nos convertimos en una iglesia que ayuda a otros confiando en la Palabra.

Al abrir la iglesia busqué en la Biblia un modelo de iglesia que pudiera imitar, y este fue el modelo de la iglesia primitiva descrita en el libro de Hechos de los Apóstoles.

"Si no viereis señales y prodigios, no creeréis"

Servicio de inauguración

Cuando oraba por el servicio de inauguración, Dios me dio una palabra diciendo: *"Ofrece el servicio de inauguración cuando todos los cultivos maduren, antes de la primera helada"*. Así que, el 10 de octubre de 1982, realizamos el servicio de inauguración, y ya teníamos más de 100 miembros. Desde la apertura de la iglesia, Dios nos envió muchos miembros y el santuario se volvió demasiado pequeño. En la vigilia del viernes, había más de 100 asistentes en un espacio de solamente 50 metros cuadrados, así que había personas en celdas de oración o de pie en las graderías. Por lo cual, a partir de ese momento, también rentábamos el sótano.

Cuando me encontraba orando para el evento de Navidad, Dios nos envió a muchas personas talentosas para preparar una

Servicio de establecimiento

obra Bíblica, de tal manera que pudiéramos tener un bonito evento. Él nos envió una persona que tenía buenas habilidades en los arreglos florales, y una actriz que también era buena bailarina. Ella enseñó algo de danza y el movimiento de las manos en la Escuela Dominical. Muy pronto, los miembros pudieron preparar los eventos ellos mismos. En ese tiempo, yo tenía que ofrecer más de 10 sermones por semana para varios servicios, incluyendo los de oración de la madrugada. También asistía al seminario, pues todo esto sucedió antes que me graduara. Además, siempre teníamos oración por las noches, pero a las 4 de la mañana, siempre dirigía la oración de la madrugada. Como se propagaron las noticias de que muchas obras de sanidad se estaban realizando, muchos enfermos provenientes de todo el país se presentaban, y yo oraba por cada uno de ellos, muchas veces al día.

Un cambio en la familia

El hermano Youngsuk Kim, antes que llegara a conocer a Jesús, solía ser un bebedor empedernido. Cuando su tos no cesaba, él fue al hospital. Fue diagnosticado con tuberculosis en su sistema linfático. Tuvo que ser sometido a cirugía y a un reposo de más de un año, pero no tuvo los recursos suficientes.

Su esposa sufría de una inflamación de la vejiga como consecuencia de haber dado a luz. Ella estaba tan decepcionada que trató de suicidarse, pero afortunadamente sobrevivió. En octubre de 1982, Youngsuk Kim escuchó las noticias sobre nuestra iglesia y se registró. Él ofreció un ayuno de 10 días por las mañanas y oración por la madrugada. Tenía fiebre muy alta y tos fuerte. Sin embargo, al ver a tantas personas enfermas ser sanadas, llegó a tener la fe y a creer que él también podía ser sanado. Yo oraba frecuentemente por él, y el 10º día, la fiebre bajó y la tos se detuvo. Él tenía la seguridad de su sanidad y se sometió a un diagnóstico de revisión. Le informaron que no había más tuberculosis. Fue completamente sanado por el fuego del Espíritu Santo. Desde entonces, su esposa también se registró en la iglesia, y muy pronto también fue sanada de inflamación en la vejiga. Su hija también se volvió muy saludable. Youngsuk Kim empezó a estudiar teología en agradecimiento por la gracia de Dios. Actualmente él se encuentra ministrando como pastor.

Vigilia del viernes con señales milagrosas de la Biblia

El servicio de la vigilia del viernes se abarrotaba con personas de todo el país. Éste se convertía en un servicio interdenominacional. El estrecho santuario se desbordaba de personas. El fuego del Espíritu Santo era tan caliente, que el techo se cubría de gotas de agua. Mientras los asistentes oraban a Dios apasionadamente, el servicio que iniciaba a las 23:00 hrs. se prolongaba hasta las seis de la mañana. Ya que los asistentes presenciaban que muchas personas eran sanadas y se levantaban, y caminaban y saltaban en cada vigilia del viernes, más y más personas venían.

Aquellos que habían sido sentenciados a muerte en los hospitales eran sanados tan pronto como llegaban a la iglesia, y aquellos con muletas empezaban a caminar y a saltar. Los ciegos veían, los mudos hablaban y aquellas mujeres que no habían podido concebir un bebé lo lograban. Uno con su mano fracturada vino y la movió libremente después de recibir una oración.

Un enfermo con leucemia es sanado

En una ocasión, una señora con rostro muy pálido se me acercó para recibir oración. Ella me dijo que su doctor le había dicho que solamente viviría 15 días más. A continuación, ésta es la historia de su vida:

Había sido una cristiana desde temprana edad en la Escuela Dominical. Pero en algún momento del tiempo, ella recibió una propuesta de matrimonio de un hombre que era incrédulo. Ella decía que solamente podía casarse con un creyente, así que él se registró en la iglesia y asistió por algún tiempo.

La mujer pensó que su esposo llevaría una buena vida cristiana, pero después de varios meses, su suegra la obligó a creer en Buda diciéndole: "Nuestra familia ha sido una familia budista por muchas generaciones, así que tú también tienes que convertirte al Budismo". Debido a que ella no obedeció a su suegra, su esposo también se unió a su madre y la obligó a que no asistiera a la iglesia. Él la golpeaba y la perseguía. Si algún problema se presentaba en la familia, todos la culpaban.

Ella fue lanzada fuera de la casa en muchas ocasiones, pero lo había soportado todo. Sin embargo, desde que su esposo inició un romance con otra mujer, no pudo resistirlo más y dejó de asistir a la iglesia. Sabía que tenía que asistir a la iglesia, pero estaba viviendo en zozobra, y finalmente se enfermó de leucemia.

A pesar de que ella había dejado de asistir a la iglesia, su esposo continuaba sosteniendo el romance, y continuaba golpeándola. Aunque estaba sufriendo de leucemia, su esposo y su suegra eran fríos con ella, y ni siquiera la llevaban al hospital.

Después que fue declarada enferma terminal en el hospital, fue como una sentencia de muerte, ella escuchó las noticias sobre nuestra iglesia y vino a recibir mi oración como última esperanza para aferrarse a Dios. Dios sanó a esta mujer. Y después de algún tiempo se me acercó con un rostro sano y me dio las gracias, y regresó a casa.

Señales y prodigios

Jesús sanó a los enfermos y revivió a los muertos; realizó diferentes milagros durante Su ministerio. Él dijo: *"Si no viereis señales y prodigios, no creeréis"* (Juan 4:48). Un prodigio es una obra de Dios que mueve o que causa un cambio o giro rápido en las condiciones climáticas. En los tiempos de Josué, ellos realizaron una batalla en Gabaón, y el sol se detuvo en el centro del cielo (Josué 10:31). En los tiempos de Isaías, la sombra del sol se volvió 10 grados (2 Reyes 20:11), y los tres magos fueron a Belén observando la estrella que se movía (Mateo 2).

Dos clases diferentes de señales

Las señales son las obras visibles de Dios que dejan una rastro evidente de Su existencia. En la realización de las señales, Dios Padre desempeña, a veces, el papel principal. Estos casos son las señales realizadas en los tiempos del Antiguo Testamento, así como el caso registrado en Apocalipsis 15:1. Marcos 13:22 dice: *"Porque se levantarán falsos Cristos y falsos profetas, y harán señales y prodigios, para engañar, si fuese posible, aun a los escogidos"*. Este versículo dice, 'si fuese posible' para establecer que esto (la acción) en realidad es ciertamente imposible. Es decir, los falsos profetas no tienen el poder para realizar señales, pero 'si fuese posible', ellos tratarían de hacerlo para engañar a las personas, aún a los elegidos. Los ejemplos de señales de Dios Padre son las Diez Plagas en Egipto (Deuteronomio 6:22), y la llama que subía al cielo (Jueces 13:19-20).

Hay otra clase de señal que es realizada cuando el Señor y el Espíritu Santo actúan juntos en el papel principal, para dejar alguna clase de rastro. Éstas se encuentran mayormente en el Nuevo Testamento. Ejemplos de las señales de Jesús son el convertir el agua en vino, sanar a los enfermos y resucitar a los muertos, hacer que los ciegos puedan ver, que los sordos escuchen y que los mudos hablen. Estas señales son las cosas que no pueden ser hechas por los hombres (Juan 6:2).

Jesús, después de predicar la Palabra de Dios, realizaba señales para que aquellos que las presenciaban pudieran creer que la Palabra de Dios es absolutamente verdadera. Por supuesto, es de mayor bendición creer aun sin ver esas evidencias, pero no es fácil tener una fe verdadera sin ver. Al aumentar más el pecado, el corazón de las personas se endurece, y es más difícil que ellos puedan tener una fe verdadera. Es por eso que en la actualidad, para predicar el evangelio y para salvar las almas, es más beneficioso y efectivo que las señales y los milagros nos acompañen.

Estas señales seguirán a los que creen

Algunos creyentes no creen o piensan que es extraño, cuando declaramos que las señales encontradas en la Biblia aun continúan realizándose en la actualidad. Otros tienen dudas pensando: "Yo he orado con fe, y ¿por qué la obra de Dios no se cumple?".

Pero Jesús ciertamente dijo: *"Y estas señales seguirán a los que creen: En mi nombre echarán fuera demonios; hablarán nuevas lenguas; tomarán en las manos serpientes, y si bebieren cosa mortífera, no les hará daño; sobre los enfermos pondrán sus manos, y sanarán"* (Marcos 16:17-18). "A los que creen" aquí se refiere a los que tienen una fe espiritual perfecta. Hay una medida de fe descrita en Romanos 12:3; así como hay un proceso para que una semilla brote, crezca, florezca y produzca fruto. Una vez sembramos la semilla de fe en nosotros, y de acuerdo a lo bien que cuidemos de ella, la fe crecerá en diferentes formas. Es por eso que la medida de fe de cada uno es diferente. Al grado en que practiquemos la Palabra y que cambiemos nuestro corazón a uno lleno de verdad, Dios nos dará fe espiritual desde lo alto (Hebreos 10:22). Por lo tanto, si nosotros crecemos para tener una fe perfecta que refleje el corazón de Jesús, esas señales nos acompañarán.

Es decir, echaremos fuera demonios en el nombre de Jesucristo y hablaremos en nuevas lenguas. 'Tomar serpientes en las manos' significa espiritualmente que destruiremos las obras de Satanás con la Palabra de Dios. Además, aquellos que se encuentran en el nivel perfecto de fe no serán infligidos por ninguna enfermedad o gérmenes, e incluso si inintencionadamente bebieren veneno mortal, éste no les hará daño porque Dios lo quema con el fuego del Espíritu Santo. Un caso de esto es, cuando el apóstol Pablo fue mordido por una serpiente venenosa en la isla de Malta (Hechos 28:5). Pero si ustedes ponen a prueba a Dios sabiendo que es veneno, Dios no les podrá proteger. Asimismo, con fe perfecta, podemos mostrar obras de sanidad con el poder de Dios cuando oremos incluso por enfermedades incurables.

¿Qué son las 'nuevas lenguas'?

¿Cuál es el significado de 'nuevas lenguas'? Hablar en otras lenguas es un don del Espíritu Santo que Dios desea que todos Sus hijos reciban (1 Corintios 14:5). Generalmente nosotros oramos a Dios con nuestro idioma o lengua. Ésta es la oración del corazón. Pero en ocasiones oramos en lenguas, la cual es una oración del espíritu (1 Corintios 14:15).

Cuando reconocemos que somos pecadores, nos arrepentimos y recibimos a Jesús en nuestro corazón, Dios nos da el don del Espíritu Santo, y en muchos casos Él nos da el don de hablar en lenguas, el cual es uno de los dones del Espíritu Santo. Cuando nosotros recibimos el Espíritu Santo, el espíritu que había estado muerto a causa del pecado original de Adán, revive. Si recibimos el don de hablar en lenguas, este espíritu mismo ora a Dios. Así que, como cristianos, si recibimos el don de hablar en lenguas y de orar, recibiremos más poder en la oración, y nuestra alma prosperará.

Desde que yo era recién convertido oraba con todo mi corazón durante mis vigilias, y cuando empecé a orar en espíritu, es decir en otras lenguas, intercalando entre mi oración en mi idioma y mi oración en espíritu, empecé a cantar en otras lenguas por la inspiración del Espíritu Santo. Cuando profundizaba mi alabanza en otras lenguas, en ocasiones mis manos se alzaban inconcientemente y empezaba a danzar. A partir de entonces, cuando entraba en un nivel más profundo de oración, hablaba en otras lenguas. Hablar en nuevas lenguas es una oración muy poderosa.

Cuando daba una orden en el nombre de Jesucristo

No someter a prueba a las plantas

¡Cuán agradable es que las sorprendentes obras de Dios, aquellas que Jesús mostró en esta tierra cerca de 2.000 años atrás, estén realizándose de la misma forma en todo aquel que ora con fe! Desde que yo era recién convertido, sin conocer mucho sobre la Palabra de Dios, he acumulado innumerables oraciones para poder realizar todas las poderosas obras de Dios que los profetas y los apóstoles realizaron. En los tiempos desde los comienzos de la iglesia, 'las señales que acompañan a los que creen' ya se estaban manifestando conmigo.

Justo después de la apertura de la iglesia en 1982, teníamos cerca de treinta o cuarenta mil won (30 a 40 dólares) como ofrenda semanal. Nosotros deseábamos tener algunas decoraciones con flores en el altar, pero no teníamos una persona que pudiera hacer los arreglos, ni suficiente dinero para comprar las flores. Sin embargo, en agosto, alguien trajo una maceta con un pequeño árbol lleno de muchas hojas. A pesar de que no teníamos los arreglos florales, si teníamos la maceta, y ésta era adorable y preciosa. Pero después de dos semanas, las hojas se volvieron amarillas y la planta estaba muriendo. Yo me sentía triste porque el hermoso árbol se estaba muriendo. "Si Dios puede revivir a un hombre muerto ¿podría Él contestarme si yo orara por este árbol?" Con este pensamiento cruzando mi mente, puse mi mano sobre el árbol y oré: "¡Resucita en el nombre de Jesucristo!".

Al siguiente día, cuando llegué al santuario para dirigir la oración de la madrugada, las hojas amarillas se habían vuelto verdes de nuevo; el árbol había revivido completamente con hojas frescas y verdes. Los miembros que vieron esto se regocijaron junto a mí y dimos gloria a Dios. Yo estaba muy feliz y complacido después de haber pasado por la experiencia de ver un árbol moribundo volver a la vida. En septiembre, una maseta con un crisantemo fue ofrendada a la iglesia. Observando las bellas flores, yo deseaba probar si las flores morirían si yo oraba para que murieran. Cuando Jesús maldijo la higuera, ésta murió. Así que, si yo oro y le ordeno a este crisantemo que muera, ¿moriría?

Oré y le ordené al crisantemo que muriera sólo para tener la experiencia. Pero tuve una inquietud en mi corazón. Cuando oré esa noche, escuché la Palabra de Dios reprendiéndome con severidad, a pesar que nadie me había visto maldiciendo la planta.

"Mi siervo, incluso una planta tiene su propia vida, es creada y cuidada por Dios, y ¿cómo puedes tú maldecirla? ¿Me pruebas a mí? Mi siervo, eres malo. Arrepiéntete. Tú no puedes bendecir o maldecir a tu antojo. Tienes que hacerlo solamente cuando el Espíritu Santo mueva tu corazón para que lo hagas".

Yo estaba tan sorprendido que estaba transpirando. Inmediatamente empecé un ayuno de 3 días y me arrepentí totalmente. Desde entonces, incluso cuando había personas que me perseguían, difamaban y maldecían, no los odiaba ni oraba con odio en contra de ellos. Así como dice la Palabra de Dios, he estado orando por aquellos que me persiguen y los he bendecido con amor.

Tarea de la misión mundial

"Clama a mí, y yo te responderé, y te enseñaré cosas grandes y ocultas que tu no conoces" (Jeremías 33:3).

Aferrándome a este versículo, acumulé tantas oraciones luchando con Dios al igual que Jacob en el arroyo de Jaboc. Mientras clamaba en oración, además de ayunar en obediencia a la Palabra de Dios y tratar de vivir de acuerdo a la Palabra, Dios cumplió con Su Palabra. Llegué a escuchar la voz de Dios, y de vez en cuando, llegué a ver grandes y poderosas cosas en visión. En ocasiones Dios me permitió saber sobre lo que sucedería en el país y sobre el curso de las situaciones del mundo por adelantado. En la época en que comenzamos nuestra iglesia, Dios nos permitió saber que a través de nuestra iglesia, Él cumpliría poderosamente la misión mundial y que nosotros construiríamos el Gran Santuario para Él.

Desde que fui llamado como Su siervo, yo oraba para convertirme en un siervo que propagaría el evangelio a todas las personas y que llevaría muchas almas a la salvación. Entonces, Dios me dio la tarea de cumplir la misión mundial, y recibí la Palabra diciendo: *"Tú cruzarás las montañas y los ríos y los mares y realizarás señales y maravillas"*. Además, Él me dio la tarea de predicar el evangelio al pueblo escogido, Israel, durante los tiempos finales. Me permitió saber que el evangelio regresaría a su tierra de origen y que incluso los judíos que no reconocen a Jesús como su Salvador se arrepentirían.

Visión de la construcción del Gran Santuario

Justo después de la apertura de la iglesia, tuvimos servicios de sanidades en cada vigilia de los días viernes, y Dios le dio una visión cada semana a un miembro de la iglesia, mediante el don de visión. Yo me aseguré personalmente que el don que cada miembro había recibido era realmente de Dios. Dios nos da los dones del Espíritu Santo porque son de beneficio para nosotros, pero en ocasiones, las personas reciben no los dones de Dios, sino obras de Satanás, y ven cosas totalmente extrañas. Es por eso que necesitamos discernir los espíritus correctamente.

Un día en septiembre de 1982, Dios mostró una visión a 17 miembros sobre el Gran Santuario que íbamos a construir. Uno vio el techo, otros vieron el interior, otros vieron la parte posterior, e incluso otras personas vieron los bellos pilares de mármol. El centro del techo podía abrirse en forma de cruz para que la luz del sol pudiera entrar. El púlpito del Gran Santuario estaba ubicado en el centro del mismo y rotaba lentamente. Un miembro me vio predicando allí y el santuario estaba lleno de personas.

Recopilando todas esas cosas que nuestros miembros vieron, consultamos a un experto y construyó una maqueta del santuario. Incluso en la actualidad tenemos el gráfico de la maqueta del Gran Santuario en la primera página de nuestro boletín semanal. A fin de cumplir el sueño que Dios nos dio a comienzos de nuestra iglesia, hemos estado orando continuamente con fe.

Dios nos explicó por qué el Gran Santuario es necesario en el final de los tiempos y cómo sería construido. El Gran Santuario, a través del cual Dios desea recibir gloria, no puede ser construido solamente porque mostramos tener dinero, sino que Dios desea que Su Santuario sea construido a través de Sus hijos que lo aman apasionadamente y que han circuncidado su corazón y que se han santificado.

Primer avivamiento en mi pueblo natal

En Febrero de 1983, dirigí el primer avivamiento en mi pueblo natal. Este se realizó en una iglesia del municipio de Heje, en el distrito Cholla Nam-Do de Muan. Pero los miembros de la iglesia no asistieron. En lugar de ellos, otras personas de la aldea llenaron la iglesia.

Ellos tenían una historia lamentable. Otra iglesia del pueblo cercano, la cual pertenecía a una denominación grande, estaba tentando a los miembros de la iglesia con dinero, y la mayoría de los miembros estaban a punto de cambiarse a esa iglesia. Así que, el pastor realizó la reunión de avivamiento para afirmar a los miembros que deseaban irse, pero ellos no cooperaron, ni tampoco asistieron. La razón por la cual ellos no asistieron a esta reunión fue porque el pastor no invitó a un predicador famoso, sino que invitó a un pastor no ordenado y desconocido llamado 'Jaerock Lee'.

Dios manifestó grandes milagros desde el primer servicio. Una mujer que no había podido caminar por 10 años y no había podido dormir por los agudos dolores en sus huesos, escuchó el mensaje y obtuvo fe. A través de la oración ella llegó a pararse, caminar y saltar. Inmediatamente se propagaron estas noticias por todas las aldeas de la región, y a partir del siguiente día, los pastores y los miembros vinieron de distancias de casi 29 kilómetros. La reunión de avivamiento continuó con la iglesia llena de personas que llegaron de diversos lugares.

Había una mujer anciana cuya espalda estaba doblada en 90 grados. Siempre tenía que caminar mirando solamente hacia el suelo. Esta anciana me sirvió a mí, el predicador, bebidas calientes en cada reunión de oración de la madrugada, del día y de la noche, incluso en medio del clima frío. En realidad, a mí no me gustaba la clase de bebida que ella me traía, pero me la tomaba pensando en su esfuerzo. Y en el último día de reunión, su espalda doblada fue enderezada completamente. Además de esto, muchas otras personas experimentaron las obras de sanidad de Dios y le dieron gloria a Él. Sólo entonces, los miembros de la iglesia llegaron a conocer las grandes obras de Dios, y reconocieron que estaban equivocados; se arrepintieron delante de su pastor, y asistieron a las reuniones que aún faltaban.

Dí órdenes al monóxido de carbono en el nombre de Jesucristo

En ese tiempo, en la mayoría de los hogares, se usaban briquetas de carbón vegetal como leña para la calefacción. Así que, en invierno, había muchos accidentes. Cada día teníamos noticias de aquellas personas que habían muerto o que estaban hospitalizadas a causa del envenenamiento por el gas de carbón. El 12 de febrero de 1983, realizamos la vigilia del viernes justo antes del Año Nuevo Lunar. El sótano de ese edificio en esa época era usado como mi residencia. Había habitaciones, una sala, la habitación del conserje y las oficinas.

Antes que la vigilia del viernes empezara, un joven llamado Suk-ki Park había considerado no asistir al servicio del domingo sino más bien reunirse con sus amigos, debido a que el día siguiente de la vigilia era el inicio de la celebración del Año Nuevo Lunar. En ese momento, él se sintió somnoliento, y deseaba recostarse por un momento y luego regresar al servicio. Bajó al sótano, al lugar donde se encontraba mi residencia.

Pensó que descansaría solamente por un momento, pero se quedó dormido. En una habitación de mi residencia, estaban dormidas mis tres hijas. El santuario, que contaba con un área de 50 metros cuadrados, estaba aglomerado con más de 150 personas, así que no había espacio para los niños. La iglesia estaba desbordándose con todas las personas que habían asistido al servicio. Ellos estaban incluso en pequeñas celdas de oración y de pie en la escalera exterior del santuario.

Debido a que el cielo estaba cargado de nubes ese día, el gas de monóxido de carbono de las briquetas de carbón, no estaban siendo ventiladas apropiadamente hacia el exterior. Y como la vigilia del viernes iniciaba a las 23:00 hrs. y terminaba la mañana siguiente, a las 6:00 hrs., el joven y mis tres hijas estuvieron expuestos al gas mortal por más de siete horas. Él dijo que había recuperado la conciencia una vez, pero debido a que su cuerpo se había endurecido, no pudo moverse. Después del servicio, cuando los miembros regresaban a casa, el conserje bajó al sótano y fue el primer testigo de la escena. Al encontrarlos gritó: "¡Están muertos!". Ante el angustiante grito, todos los que estaban en el santuario se amontonaron. Los miembros trajeron hacia el santuario a mis tres hijas y al joven, quienes habían perdido toda conciencia. Sus ojos se habían emblanquecido, y tenían espuma en sus bocas.

Mis tres hijas aún respiraban débilmente, pero el joven, Suk-ki Park, ya no respiraba. Su cuerpo también estaba rígido, prácticamente él ya era un cadáver. Yo sabía muy bien el peligro del monóxido de carbono, pero debido a que nunca antes había tenido esa clase de experiencia, no pensé que ellos podían ser revividos. Era casi inimaginable que Dios los reviviera por medio de mi oración. Incluso si eran llevados al hospital a recibir tratamiento y fueran revividos, tendrían daños físicos o mentales, o quizá se convertirían en vegetales humanos para el resto de sus vidas.

Yo acababa de iniciar mi ministerio, y si alguien moría a causa de un accidente justo después de la apertura de la iglesia, ¿cómo podría continuar con mi ministerio? No podía permitir que Dios fuera deshonrado con un suceso como ese. Fui al altar y oré: "Dios, Tú eres el que da y el que quita la vida. Te agradezco que mis hijas estén con el Señor en el cielo donde no hay lágrimas, tristeza ni dolor. Pero, este joven hombre es un miembro de la iglesia, y si él muere, esto sería vergonzoso delante de Ti. ¡Por favor permite que este hombre regrese a la vida de nuevo!".

Después que le di gracias a Dios en oración, muchos miembros estaban orando sobre sus rodillas para que ellos fueran revividos. Primero me acerqué al joven muerto, puse mi mano sobre él y oré: "¡Te ordeno en el nombre de Jesucristo, monóxido de carbono, sal fuera! Padre, revive su espíritu y sé glorificado". Luego oré sobre cada una de mis tres hijas, una por una. Después de haber orado por el joven, oré por mi hija menor, Soojin. Mientras oraba por ella, el joven se incorporó y se sentó al lado de las sillas del coro. Él parecía no darse cuenta de lo que estaba sucediendo ya que solamente recordaba haber estado durmiendo en el sótano. Entonces, mientras oraba por mi segunda hija, mi tercera hija Soojin recuperó la conciencia y se sentó. Menos de un minuto después, oré por mis tres hijas y ellas todas se sentaron. Los miembros que estaban observando esto, dieron la gloria a Dios con gran emoción. Más tarde el joven dijo que su espíritu, el cual había dejado su cuerpo, estaba observando desde arriba en el aire todo lo que sucedía. Él también estaba observando mientras el conserje cargaba su cuerpo hacia el santuario y mientras yo oraba por él.

Debido a que el monóxido de carbono destruye las células del cerebro, era obvio que ellos morirían después de haber respirado el gas por siete horas. Incluso si hubieran ido al hospital, y si hubieran sobrevivido, habrían tenido que sufrir los efectos secundarios del envenenamiento. Sin embargo, debido a que Dios los sanó y los limpió del gas y de cualquier efecto secundario posible, el joven y mis tres hijas han vivido vidas saludables, sin ninguna clase de consecuencia. Cuando una prueba como esta vino sobre mi vida, yo solamente confié en Dios y ni siquiera pensé en depender del mundo. Después de haber pasado esta prueba con agradecimientos, reconocí que Dios me dio el poder para controlar y gobernar incluso sobre objetos sin vida, como el monóxido de carbono.

Después de eso, Dios me enseñó cómo echar fuera el monóxido de carbono. Debido a que el gas primero paraliza las células del cerebro y luego los nervios de todo el cuerpo, una persona que es afectada por éste, primero pierde el conocimiento y luego su cuerpo se vuelve rígido. Así que, para aquellos que están intoxicados con gas, Dios me enseñó que tenía que orar diciendo: "Te ordeno en el nombre de Jesucristo, sal rápidamente a través de las fosas nasales, la boca y por los oídos, por todos los poros". De esta forma el gas que ha paralizado todo el cuerpo obedecerá la orden de dejar el cuerpo y salir rápidamente.

¿No eran diez los que fueron limpiados? Y los otros nueve, ¿dónde están?

Yo oré, y Dios me mostró

Durante los dos primeros años, desde la apertura de la iglesia, visité y cuidé de los miembros personalmente. Si había algún miembro que no asistía al servicio del domingo o que estaba sufriendo alguna dificultad, ayunaba y oraba toda la noche por ellos, y en medio de lágrimas me arrepentía por ellos. La mayoría de los miembros vivían a distancias bastante alejadas de la iglesia. Además, la mayoría de ellos no estaban bien económicamente, y algunos estaban en bancarrota y en desesperación.

Mientras el número de miembros de la iglesia se podía contar en centenas, podía ver quién había faltado al servicio del domingo con un vistazo. Ayunaba por los miembros, y cuando se me dificultaba visitarlos, enviaba algunos obreros para que lo hicieran en mi lugar. Yo trataba de no perder ni una sola alma de las que Dios me había confiado.

Consejo con amor

Con amor, en ocasiones aconsejaba o señalaba alguna cosa a los miembros de la iglesia con el deseo que ellos cambiaran y crecieran en la fe. Cuando estaba preocupado por alguno de ellos, y si oraba por esa persona por unos 10 minutos, Dios me mostraba y me permitía saber los problemas con su familia o con su trabajo.

Un domingo, un miembro que nunca faltaba a los servicios, no asistió. No podía dejar de preocuparme por él. Y oré: "Dios, este hermano no asistió al servicio del domingo. ¿Qué le sucedió?". Dios me mostró que él estaba en un bar ese domingo. Después de algún tiempo, le dije que yo había visto esto porque estaba convencido que él no se sentiría ofendido ni tropezaría por ello. Entonces, su cara se enrojeció, pero aun así reconoció el hecho.

Había un miembro que asistió solamente al servicio de la mañana, y no pude verlo en el servicio de la noche. Él era uno de los que regularmente guardaba de manera adecuada el Día del Señor. Cuando oré por él, Dios me mostró que estaba bebiendo en la recepción de una boda. Después de varios días le dije: "Una persona que vestía ropa de cierto color te pidió en varias ocasiones que bebieras un trago. Te rehusaste un par de veces, pero finalmente te rendiste y lo hiciste". Su rostro se enrojeció y estaba muy avergonzado.

Sin embargo, en incidentes como éste, yo podía percibir que los miembros que estaban cometiendo pecados se volvían temerosos de mí y trataban de evadirme. Debido a que yo podía verlos cometiendo el pecado, engañando, sus actos obscenos y su adulterio, me sentía quebrantado y entre lágrimas oraba a Dios por ellos.

Un día, en oración, escuché al Señor hablándome:

"No veas las situaciones presentes de tus miembros. Míralos con los ojos de la fe y con la expectativa de su cambio en el futuro. Si ellos te engañan, simplemente escúchalos y no trates de indagar más... Si solamente ves la situación presente de ellos, tu corazón será quebrantado, tu alma se deteriorará y perderás la salud, y de esta forma no podrás cumplir con tu deber".

Desde entonces, dejé todo en las manos de Dios y dejé de orar para saber lo que los miembros estaban haciendo.

Había no solamente aquellas personas que venían a la iglesia de todo el país para recibir sanidad, sino que también estaban aquellos que habían estado buscando la Palabra de Vida con sed espiritual. Había personas que servían a Dios y que se dedicaban a Él buscando las recompensas celestiales mientras sus problemas eran resueltos y ellos eran sanados, y había también algunos que regresaban al mundo buscando sus propios beneficios.

Desechar ídolos y entrar en la luz

Antes que llegara a la iglesia, Kyeongsoon Park pertenecía a una familia que había adorado ídolos. Su suegra tenía una hija con retardo mental, y con la intensión de curar a su hija hacía al menos un ritual de exorcismo cada mes.

Además, ponía muchos talismanes de buena suerte y amuletos sobre los muebles, en las almohadas, e incluso pegados al techo. Los colocaba en cada esquina de la casa.

Poco después de la apertura de la iglesia, visité esta casa para un servicio de adoración, y pude ver las formas de los demonios, y le dije a ella: "Tú continúas conservando algunos amuletos en la casa". Ella insistió: "No, pastor. Ya he buscado por todas partes y los he desechado todos". De nuevo le dije: "Hay un demonio en la casa que aún no ha salido. Tiene que haber más amuletos. Encuéntralos y quémalos".

Cuando Kyeongsoon Park buscó de nuevo en la casa, encontró algunos amuletos. Toda la familia echó fuera los ídolos, se registraron en la iglesia y empezaron a llevar vidas en Cristo. Kyeongsoon Park fue sanada de la enfermedad del corazón que la había afectado por mucho tiempo. Su suegra también fue sanada de los problemas en su estómago.

Un hombre joven con tuberculosis terminal

Había muchas personas con tuberculosis pulmonar en esa época. Daehee Cho de Kwangju sufrió una vez de tuberculosis pulmonar cuando estuvo en la escuela secundaria. Él tomó las medicinas del centro de salud pública y se recuperó, pero cuando llegó a la universidad, empezó a beber y a fumar, y la enfermedad volvió. Sin embargo, una vez que ésta había vuelto, a pesar que él tomaba medicinas, nada le funcionaba. Su madre obtenía todo lo que le decían que era un 'buen tratamiento' para la enfermedad de su hijo y se lo daba. Estos 'tratamientos' incluían serpientes, gatos, hígado fresco, jugo de excrementos humanos, e incluso medicina para la lepra. Ellos también hicieron exorcismos, lo alimentaron con saco amniótico, obtuvieron carne de un cadáver en el cementerio y lo alimentaron con ella porque alguien les dijo que era 'tan buena como la medicina'.

En enero de 1982, fue diagnosticado en el Hospital Severance de la Universidad de Yonsei. Uno de sus pulmones ya no servía y no había esperanza de que fuera sanado. Fue hospitalizado, pero no hubo recuperación. Su madre se dio por vencida y deseaba sacarlo del hospital. En ese tiempo, una abuela de la familia vino a verlo. Esta anciana vivía cerca de la Iglesia Manmin. A pesar de que ella nunca había asistido a la iglesia, veía que muchos enfermos venían y recibían sanidad. Los había visto caminando por las cercanías con cuerpos sanos. Es por eso que le pidió a su nieto que fuera a la Iglesia Manmin. El 13 de marzo de 1983, Daehee Cho asistió a la vigilia del viernes. Él sentía que era la última esperanza. Estaba tan delgado que sus ojos se salían de las órbitas.

En esa situación, asistía con su madre a las reuniones para los enfermos todos los días, y ayunó durante tres días. En el tercer día de ayuno, Dios le dio el espíritu de arrepentimiento, y se arrepintió total y completamente tres veces. En el 13º día de estar asistiendo a la iglesia, Daehee Cho se convenció que había sido sanado. Después de la reunión de oración de la madrugada, fue al baño y escupió. No había sangre. Él había incluso vomitado sangre el día anterior, pero ese día la saliva estaba libre de sangre. El agudo dolor en el pecho había desaparecido, y no había esputo ni sangre. Más tarde, él fue llamado como un siervo de Dios y ahora cumple con su ministerio como pastor asistente de nuestra iglesia.

Yo oraba por la sanidad de todos los enfermos

Al principio, cuando los enfermos venían a la iglesia, yo oraba por su sanidad inmediata. Pensaba que era lo mejor, permitirles experimentar la gracia de Dios y liberarlos del yugo de la enfermedad. Oraba por ellos así: "Dios, sana a todos los enfermos tan pronto como vengan". Dios, de hecho, contestaba mi oración. Cualquier enfermo que venía a la iglesia era sanado de inmediato. Pero pronto reconocí que no había fruto de salvación, lo cual era lo más importante. Muchos de ellos simplemente se apartaban de Dios tan pronto eran sanados.

Una vez, había un matrimonio que asistió a la vigilia del viernes. Ellos me dijeron que el esposo tenía su tendón dañado a causa de un accidente de transito. Él no podía caminar bien, y sufría de un dolor tan grande que no le permitía mantenerse derecho durante el servicio. El Espíritu Santo me movió a poner mi mano sobre él. Justo después de la oración, él se paró y saltó. Pero dejó de asistir a la iglesia después de un par de ocasiones.

Un pastor de la iglesia lo visitó, y el hombre le preguntó: "¿No es suficiente con que haya asistido al servicio un par de veces con una actitud de agradecimiento por la sanidad? ¿Alguien me dará dinero si asisto a la iglesia?". Y con eso nunca asistió a la iglesia de nuevo. Él creía que no tenía que asistir más a la iglesia debido a que ya estaba sano. Si Dios no lo hubiera sanado, no habría podido continuar trabajando. Dios le dio vida y gracia, y lo sanó, pero como él no tenía Palabra de Vida, él solamente buscó su propio beneficio.

Había una pareja de esposos que tuvieron un bebé a los siete meses de gestación. El bebé estuvo en incubadora en el hospital durante tres meses, pero no mejoraba. El médico dijo que no había esperanza. El padre dijo una vez: "Cuando el bebé cumpla un año realizaremos una fiesta e invitaremos a todos los miembros de la iglesia". Como los padres reconocieron que la ciencia médica no podía ayudarlos, ellos trajeron su bebé a la iglesia. El bebé recibió oración y fue sanado, y se recuperó totalmente en 15 días.

—Pastor, muchas gracias. Cuando nuestro bebé cumpla un año, lo invitaré a usted y a todos los miembros y tendremos una gran fiesta.
—Está bien, por favor hazlo.

El padre del bebé estaba tan feliz en ese momento porque su hijo se había recuperado, y él mismo sugirió la fiesta. Pero poco a poco empezó a evadir los servicios del domingo, y cuando llegó el primer cumpleaños del niño, realizó la fiesta, pero invitó solamente a sus parientes y a sus conocidos del mundo.

Un joven hombre de Kang-won Do estaba saludable en lo físico, pero era excepcionalmente presuntuoso. Sin embargo, como se encontraba escuchando los mensajes en la iglesia, llegó al arrepentimiento. Cuando oré por este hombre para echar fuera de él los demonios, tenía espuma en su boca y cayó al suelo. Al ser liberado de los demonios, se convirtió en una persona normal con un carácter dócil, pero él regresó a su iglesia, y no lo volvimos a ver.

Además, una anciana perdió su vista al grado de quedar totalmente ciega. Después de escuchar las noticias de nuestra iglesia, los miembros de su familia vinieron a la iglesia con ella, y la anciana recibió la vista. Pero tan pronto fue sanada, todos se fueron de la iglesia.

No peques más

En Juan 5:14, después de sanar a una persona enferma, Jesús lo encontró en el templo y le dijo: *"Mira, has sido sanado; no peques más, para que no te venga alguna cosa peor"*.

Debido a que ellos habían sido sanados por el amor y el poder de Dios, deberían haber estado viviendo por Su palabra y llenos de agradecimiento por esa gracia. Pero, si ellos cometieron pecados de nuevo, ¿cómo puede Dios protegerlos? Ya que Dios tuvo que apartar su rostro de ellos y no pudo protegerlos más, ellos volvieron a enfermarse por obra de Satanás, y puesto que abandonaron la gracia de Dios, obtuvieron una enfermedad mucho más seria que la anterior.

Podemos ser protegidos cuando vivimos en la Palabra

El siguiente incidente ocurrió en noviembre de 1982. En ese tiempo, cuando realizábamos la vigilia del viernes, este servicio era continuo hasta las 6:00 hrs. Poco tiempo después de la media noche, una pareja vino al santuario cargando una niña de unos 5 años de edad. La niña estaba llorando, era incapaz de resistir el dolor. Ella vivía en Busan, y había sido diagnosticada con cáncer pancreático terminal.

Los médicos trataron de hacerle una cirugía, pero debido a que el tumor era demasiado grande no pudieron hacerlo. Además, puesto que el tumor estaba creciendo en el estómago, era peligroso suturar. El médico solamente había colocado holgadamente sobre su estómago un alambre parecido al hilo. Era una escena espantosa.

Su nombre era Wonmi. Ella recibía morfina varias veces en el día. Era la única forma de que pudiera soportar el dolor. Con la mascarilla de oxígeno, Wonmi estaba a punto de morir. Su tía, la hermana de su padre, persuadió a sus padres diciendo: "Hermano, hay una iglesia en Seúl llena de la gracia de Dios. Vamos allí y permite que ella reciba la oración. Dios sanará a Wonmi". Sus padres ya se habían dado por vencidos, así que la escucharon. Ellos tomaron a Wonmi y llegaron a Seúl para visitar la iglesia.

Yo oré por la niña durante 15 días. Cuando ella recibió la oración por primera vez, su dolor desapareció. Después de un par de días, las obras de sanidad empezaron a ser visibles. El dolor se había ido, y el estómago inflamado se normalizó. Entonces, sus padres empezaron a tener fe. Les aconsejé que la llevaran al hospital para que le removieran los alambres, pero ellos no fueron al hospital y los removieron ellos mismos con fe. Sorprendentemente, en un par de días, Dios permitió que la herida abierta se sanara y se cerrara.

Wonmi había estado muriendo en medio de un terrible dolor, pero ahora había sido sanada en casi 10 días. Ella aprendió las alabanzas y las danzas en la Escuela Dominical, y cantaba y danzaba con sus amigos. Aquellos que la observaban se sentían naturalmente felices de verla. Ella era inteligente, y era amada por muchos miembros de la iglesia.

Ellos permanecieron en la iglesia durante 15 días recibiendo oración, y luego regresaron a su pueblo natal. Cuando yo oré por sus padres, la Palabra de Dios llegó.

"Cuando ellos regresen, tienen que guardar los Diez Mandamientos, y su hija crecerá llena de salud. Pero si no guardan los Diez Mandamientos, Dios apartará Su rostro de ellos".

Yo les dije:
—Ustedes deben guardar el Día del Señor, entregar los diezmos apropiadamente y servir bien a Dios. Ustedes padres tienen que guardar los Diez Mandamientos para que la niña siempre esté saludable.
El padre de Wonmi dijo:
—¡Gracias pastor! Por supuesto que tenemos que hacerlo. Y yo no creo que la iglesia tenga un bus grande todavía. Cuando yo regrese a casa, enviaré un bus grande para la iglesia.

Pero pronto después de eso, escuché que la niña había muerto. Los padres de Wonmi, de regreso en casa, al principio asistieron a la iglesia, pero con el paso del tiempo, parece que no guardaron más el Día del Señor. Sin embargo, hay algo por lo cual estar agradecidos y esto es la salvación del espíritu de Wonmi y de que ella vivirá felizmente y para siempre en el reino de los Cielos donde no hay lágrimas ni tristeza.

Dios sana de acuerdo a la fe

Debido a que este era el inicio de mi ministerio, yo me sentía desilusionado y triste al ver a las personas olvidar la gracia de Dios, dejar la iglesia y regresar al mundo.

—Dios Padre, ellos se encontraron contigo, experimentaron Tus obras, y fueron sanados. ¿Cómo pueden simplemente alejarse de Ti?

Lloré derramando muchas lágrimas en mis oraciones, mi corazón estaba quebrantado, y un día escuché la voz del Señor:

—*Mi siervo, cuando sané a diez leprosos, nueve de ellos se fueron y solamente uno regresó dando gloria a Dios. De la misma forma, cuando le pides al Padre y los sanas con tu fe, si estas personas no tienen verdad y vida en ellos, olvidarán la gracia y dejarán la iglesia. Por lo tanto, ellos no se irán si escuchan la palabra y tienen fe. Entonces, cuando son sanados por su fe, ellos no dejarán la iglesia. Debido a que tú oraste, Yo los sané a través de tu fe, así que ahora debes cambiar el contenido de la oración. Tú debes orar para que ellos sean sanadas conforme a su fe.*

El objetivo fundamental de llevar una vida cristiana es la salvación de nuestro espíritu y que alcancemos a llegar al reino celestial. Así que, es muy importante conocer la voluntad de Dios y tener fe para poder entrar al reino celestial. Cuando Jesús sanó a diez leprosos, solamente uno de ellos regresó a dar gloria a Dios (Lucas 17:11-19). Los otros nueve se apartaron de Dios y se fueron al mundo. Solamente uno fue salvo.

Las personas vienen a la iglesia porque tienen alguna enfermedad o a causa de cualquier otro problema, pero a medida que asisten al servicio de adoración, escuchan el mensaje y llegan a conocer la voluntad de Dios, obtienen la fe y la vida. La voluntad de Dios es sanarlos cuando ellos reciben el Espíritu Santo, cuando creen en el Cielo y en el Infierno y tienen la fe para ser salvos. Si ellos son sanados sin tener fe, excepto por aquellos que tienen buena conciencia, la mayoría se regresará al mundo. Y al final no serán salvados. Así que, a partir de entonces, yo cambié mi oración diciendo: "Dios, sánalos según su fe". Dios realmente mostró Sus obras de sanidad cuando ellos mostraron su fe.

Fe que controla el clima

El 1 de agosto de 1983, tuvimos el primer retiro de verano en la Isla Daebu, cerca de Inchon. Pero, la noche antes del retiro estaba lloviendo fuertemente con truenos y relámpagos. El transbordador que iba a la Isla Daebu salía solamente una vez al día. Yo le pedí a Dios: "Dios, ¿cómo podemos ir al retiro en medio de la lluvia? ¡Por favor detén la lluvia!".

Habíamos programado salir de la iglesia a las 5:00 hrs., así que algunos estudiantes que vivían lejos pasaron esa noche en el santuario. Yo deseaba dormir un poco en mi residencia, pero no pude lograrlo a causa del ruido de la tormenta. Simplemente permanecí recostado sin poder dormirme. Estuve orando en mi corazón, cuando cerca de las 3:00 hrs., escuché la voz del Espíritu Santo diciéndome que no me preocupara. Fui al santuario y dirigí la oración de las 4 de la mañana, y había algunos jóvenes allí. Después de la oración de la madrugada, eran las 4:55 hrs. y la tormenta se volvió aún más feroz. Hubo incluso muchos truenos y relámpagos, y la fuerte lluvia golpeaba los cristales de la ventana.

Les dije: "¡Oremos juntos para que esta tormenta se detenga!". Debido a que ellos habían estado presenciando muchas señales milagrosas en las vigilias de los viernes, los estudiantes y los adultos jóvenes tenían una buena fe. Aquellos que estaban en el santuario oraron intensamente por un par de minutos, pero los truenos y relámpagos continuaron.

Yo escuché: "No te preocupes. Tomen su equipaje y bajen al primer piso. ¡Cuando alguien pise el suelo, la lluvia se detendrá!".

Cuando anuncié esto, todos respondieron con un '¡Amén!'. Todos se levantaron y bajaron al primer piso. Cuando la primera persona en la línea pisó el suelo exterior, la fuerte lluvia simplemente se detuvo, en forma inmediata, y los truenos y relámpagos también se detuvieron. A través de esta experiencia, Dios nos dio como regalo una gran fe.

Recibí la explicación de pasajes bíblicos difíciles, así como el "Mensaje de la cruz"

Después de la inauguración de la iglesia, fui invitado a predicar en muchas reuniones de avivamiento. Prediqué la Palabra para sembrar fe en cada uno de los asistentes, y para darles la oportunidad de comprender el amor de Dios. Cada vez que oraba por los enfermos, muchas personas eran sanadas. El cojo caminaba y el ciego podía ver. Muchos milagros se realizaban. Dios también me enseñó lo que debía predicar en esas reuniones de avivamiento. Les predicaba sobre Jesucristo, sobre Dios Padre, la verdadera fe y la vida eterna, los milagros, la resurrección, la Segunda Venida del Señor y sobre el reino celestial.

Generalmente, las reuniones iban de lunes a jueves. Éstas iniciaban a las 18:00 hrs., y el mensaje iniciaba cerca de las 19:30 hrs. Por lo general yo continuaba hasta las 23:00 hrs., o hasta la media noche, ya que el pastor y los asistentes me pedían que continuara mi predicación. Después del servicios de la noche, yo dormía por un par de horas, para más tarde dirigir la reunión de la madrugada. En 1983, me movía por todo el país predicando en reuniones de avivamiento. Un día el Señor me dijo que dejara de predicar en reuniones de avivamiento y que me dirigiera a la montaña a orar.

Él deseaba explicarme los pasajes de la Biblia que eran difíciles de interpretar. Yo había estado orando durante siete años para recibir la explicación sobre esos pasajes difíciles de comprender, y finalmente recibí la respuesta del Señor. Así que, desde mayo de 1983, dejé de predicar en las reuniones de avivamiento, y me fui a la Montaña de Oración Kwangju en Kyeong-gi Do. Después del servicio del domingo por la tarde, iba a ese lugar para orar todo el día, y el viernes regresaba a la iglesia para dirigir la vigilia de ese día. Esta vida continuó por muchos años.

Batallé en el frío invierno y en el cálido verano

En el verano, la luz del sol era muy fuerte, y en el invierno, la temperatura descendía de 10 a 15 grados Centígrados (aproximadamente +10 grados Fahrenheit). Pero yo solamente colocaba una manta del ejército sobre la roca y clamaba hacia el cielo en oración. Incluso en el frío invierno, subía a la montaña y oraba a lo largo del día hasta llegar la noche. Batallaba en el frío invierno durante todo el día. Si la temperatura descendía a menos de 10 grados Centígrados, yo ni siquiera transpiraba aun cuando clamaba y batallaba en oración con todas mis fuerzas.

Debido a que no tenía dinero, no podía tampoco

financiarme un lugar cálido y acogedor. Solamente alcanzaba para una briqueta de carbón para calentarme en el día. El aire en la habitación era frío. El papel de la ventana estaba roto, y el viento frío penetraba. Dentro de la habitación, yo tenía tinta con la cual escribía las explicaciones del Señor sobre los pasajes difíciles de la Biblia. La habitación estaba tan fría que la tinta se congelaba. Tenía que derretirla de alguna forma antes de escribir. Debido a que no tenía una frazada apropiada, solamente lograba dormir incómodamente cubriéndome con una sola manta del ejército. Me levantaba temprano por la mañana y subía al santuario para asistir a la oración de la madrugada. Después de desayunar, subía a la montaña y oraba todo el día.

Explicaciones sobre los pasajes difíciles que contienen muchos significados

En ocasiones, yo quebraba el hielo y me bañaba con agua fría, y luego oraba y leía la Biblia todo el día. A las 19:00 hrs., las personas asistían a los servicios de la noche, y por tal motivo todo estaba tranquilo y callado. Entonces, iba a la celda de oración y batallaba en oración hasta transpirar. El Señor me explicaba sobre los versículos de la Biblia, aquellos por los cuales había estado orando durante el día. Él me explicaba primero los pasajes que eran más difíciles de comprender para mí, y esto era más dulce que la miel. Especialmente porque había incomprensibles e interminables deseos de Dios contenidos en esos versículos. Veamos uno de los pasajes que eran difíciles para mí, explicado por el Señor.

En Juan capítulo 2, Jesús fue al banquete de bodas en Caná y convirtió el agua en vino. Generalmente, en un banquete de bodas es donde las personas beben y pierden el control. Uno podría preguntarse por qué Jesús, quien vino a salvar a la humanidad, fue a esta clase de banquete de bodas y mostró allí la primera señal de Su ministerio.

El banquete de bodas representa el final de los tiempos cuando las personas comen y beben, y que el pecado prevalece. Esta primera señal de Jesús presagia simbólicamente el inicio y el final del ministerio de Jesús. Jesús fue invitado a un banquete de bodas en Caná, y esto significa que cuando la gente del mundo invitó a Jesús, fue para crucificarlo. Él permitió que ellos lo crucificaran, y finalmente fue crucificado. El agua representa, el agua de vida eterna (Juan 4:14), y esta agua es la Palabra de Dios que da vida eterna. La palabra es Jesucristo, quien vino a esta tierra hecho hombre. El vino representa la preciosa sangre de Jesús. Esto simboliza que Jesús, la palabra que vino a esta tierra hecho hombre, sería colgado en la cruz y derramaría Su preciosa sangre en el futuro. Jesús vino a esta tierra que estaba llena de pecados, y daría Su cuerpo santo en la cruz y derramaría toda Su sangre y agua. Este versículo nos muestra este amor del Señor.

La transformación del agua en vino significa que la sangre que Jesús derramaría en la cruz se convertiría en la sangre que da vida eterna. El vino que Jesús hizo en el banquete de bodas era simplemente jugo de uvas puro, sin ninguna sustancia embriagante. Además, las personas saborearon el vino hecho de agua y dijeron que era buen vino. Esto simboliza que las personas se volverán felices cuando sus pecados sean limpiados al beber la sangre de Jesús y al obtener la esperanza por el reino de los Cielos.

Finalmente dice: *"Este principio de señales hizo Jesús en Caná de Galilea, y manifestó Su gloria; y Sus discípulos creyeron en Él"* (Juan 2:11). Aquí, 'manifestar Su gloria' está relacionado con los cuatro evangelios que hablan que Jesús tomaría la cruz, pero que al tercer día, Él quebrantaría la autoridad de la muerte y resucitaría para manifestar Su gloria. Por lo tanto, esta simple expresión contiene mucho significado.

Los discípulos se esparcieron cuando Jesús fue crucificado, e incluso cuando la gente que había visto al Señor resucitado les decía que Jesús había resucitado, ellos no lo creían. Solamente hasta después que se encontraron con el Señor resucitado, entonces creyeron. Los discípulos creyeron en Jesús, no después que vieron la primera señal del ministerio de Jesús, sino cuando el Señor manifestó Su gloria al ser crucificado, quebrantar la autoridad de la muerte, tras haber resucitado. A través de esta primera señal que Jesús nos mostró, nosotros podemos ahora reconocer, que este hecho no buscaba solamente ayudar a celebrar una boda de este mundo físico.

El 'Mensaje de la cruz', el secreto oculto desde antes del principio de los tiempos

Al llegar a comprender la gracia y el amor de Dios, mientras leía los cuatro evangelios que hablan sobre el ministerio de Jesús, no pude continuar leyendo porque mi nariz goteaba mientras yo derramaba muchas lágrimas. Empecé a derramar lágrimas en la escena de Jesús ante la corte de Pilato. Cuando leí sobre Jesús siendo azotado, con las espinas en Su cabeza, y siendo crucificado, lloré mucho y por mucho tiempo. No podía dejar de llorar, y tuve que cerrar la Biblia.

Aun cuando traté de controlarme, me tomó muchos días leer los cuatro Evangelios. Durante muchos años después de la apertura de la iglesia, cuando yo leía la Biblia derramaba lágrimas. Además, a duras penas lograba participar de la Cena del Señor, controlando mi necesidad de llorar. Pero después de eso, pude controlar mis lágrimas cuando alcancé a comprender completamente la gracia y la bendición que era para nosotros que Jesús tomara el camino de la cruz y que éste fuera el camino de la salvación para nosotros. Yo podía ahora leer la Biblia y participar de la Cena del Señor con gozo y gratitud. Al recibir el 'Mensaje de la Cruz', el cual me enseñó el Señor a través de la inspiración, comprendí con mayor profundidad el amor de Dios.

Fue en 1983, mientras me encontraba orando en la Montaña Kwangju, que el Señor también me reveló sobre el 'Mensaje de la Cruz'. Él me reveló por qué Jesús es nuestro único Salvador, por qué podemos ser salvos cuando creemos que Él es el Salvador y por qué Dios colocó el árbol del conocimiento del bien y del mal, así como por qué Dios nos está cultivando a nosotros, los seres humanos, en esta tierra. Él me reveló este 'Mensaje de la Cruz', el cual fue un secreto que estuvo oculto desde antes del principio de los tiempos. También me mostró y me reveló sobre el reino espiritual contenido en el libro del Génesis.

Además, Dios me permitió comprender completamente y registrar la profundidad de los significados y las formas ocultas allí, para que nosotros participáramos en la naturaleza divina a través de los 'Nueve frutos del Espíritu Santo', 'Las Bienaventuranzas' y del 'Amor Espiritual'.

¿Cómo podemos alimentar al rebaño con la palabra espiritual?

Si yo oraba en el mismo lugar por un período largo de tiempo, las noticias se divulgaban y las personas venían a recibir mi oración. Dado que había más y más personas que me conocían, tenía que irme a otro lugar. Para tener comunicación con Dios en oración, así como el apóstol Juan escribió el libro del Apocalipsis en la Isla de Patmos, yo también necesitaba un lugar solitario, lejos de las cosas seculares.

Así que, fui a un lugar en Kangwon Do, y Jochiwon. Cuando oraba durante los cálidos días del verano sin un ventilador eléctrico, me bañaba en transpiración, pero no tenía incomodidad ni quejas.

Yo tenía dos preguntas: "¿Cómo podía hacer que el rebaño comprendiera la voluntad de Dios correctamente y suplirles con los mensajes espirituales, para poder nutrirlos para alcanzar una fe perfecta?", y "¿Cómo podía orar más y recibir el poder de Dios que los profetas y los apóstoles mostraron, y que me permitiera llevar a cabo la misión mundial en gran manera y construir el Gran Santuario?". Debido a que yo estaba tan afanado en cumplir con estas metas, no tenía tiempo para pensar en otras cosas.

En mayo de 1984, un par de días antes de mi cumpleaños, la Diaconisa Principal Geumsun Vin, quien es actualmente la líder del Gran Grupo Misionero Unido de Mujeres, me presentó una casa propiedad de un pariente en Kangwon Do, y oré allí por algún tiempo. Era un lugar al cual tenía que llegar por medio de un bote de remos.

El día viernes, yo tenía que regresar a Seúl y predicar el mensaje en la vigilia del viernes y en los servicios del domingo, pero Dios movió mi corazón para quedarme allí y ayunar por tres días. Después de los tres días de ayuno, Él me enseñó en detalle sobre el profundo reino espiritual y sobre el reino de los Cielos. Yo pude haber pasado alegremente mi cumpleaños con los hermanos de la iglesia, pero en lugar de ello, fue mucho más precioso y gozoso recibir un gran regalo de Dios, después de ayunar y orar. El contenido sobre el reino de los Cielos que el Señor me enseñó era como un mensaje comprensible. Éste unió muchos versículos relacionados, escritos en la Biblia. Más tarde, prediqué este mensaje en el servicio del domingo por la mañana durante muchos años, y fue publicado en dos libros.

Incluso los vecinos en el mercado decían "vayan a la Iglesia Manmin"

Había un mercado cerca de la iglesia. Dado que la iglesia estaba ubicada en la periferia del mercado, muchas personas tenían que pasar por éste después de bajar en la estación del autobús para ir a la iglesia. Así que, los comerciantes del mercado veían frecuentemente a las personas que cargaban niños en condiciones delicadas de salud, por ejemplo, después de un accidente de tránsito.

En la actualidad, las sillas de ruedas son comunes, pero esto no era muy común en Corea durante esa época. Cada vez que los comerciantes veían pacientes graves, ellos decían: "Ellos van en camino para reunirse con el pastor de la Iglesia Manmin". Cuando esas mismas personas se sanaban en uno o dos días e iban de compras al mercado, los vendedores quedaban muy sorprendidos.

—¿No eres tú el que llevaban cargado en una camilla ayer?

—¡Sí, soy yo!

—Entonces, ¿cómo es que llegaste a caminar así?

—Fui sanado ayer por una oración.

Dado que los comerciantes veían esta clase de cosas con frecuencia, ellos reconocieron que Dios está vivo. Pero cuando les predicábamos el evangelio, ellos decían que sabían que Dios está vivo, pero que estaban demasiado ocupados ganando su sustento y que no asistirían a la iglesia. A pesar de que no asistían a la iglesia, cuando veían que alguien estaba enfermo, le sugerían que fuera a la Iglesia Manmin.

El Señor trabajó con nosotros

Nos trasladamos al segundo santuario

Casi un año después del servicio de inauguración, no había espacio para más personas en el santuario. Cuando celebrábamos el servicio de adoración, las celdas de oración, el corredor e incluso la estancia, estaban llenos de personas. No había más espacio. Así que, empezamos a orar para trasladarnos a un lugar más grande.

Necesitábamos tener un lugar por lo menos de 650 metros cuadrados, pero la fe de los miembros de la iglesia no era suficientemente grande. Cuando yo oraba por un nuevo santuario, la Palabra de Dios venía.

"Ve y construye un cobertizo temporal en un espacio vacío. Este se derrumbará, así que, constrúyelo de nuevo. Luego se

volverá a derrumbar. Después de eso, mi providencia será revelada ".

En septiembre de 1984, había un lugar vacío en el techo de un edificio de un solo piso cerca del mercado. Dios nos dijo que construyéramos una estructura temporal allí, pero Él no me permitió que les dijera a los miembros que ésta se caería. Por supuesto, legalmente no era permitido construir un edificio permanente sobre el techo. Yo simplemente expliqué que era la voluntad de Dios que construyéramos un edificio temporal allí y les dejé iniciar la construcción. El propietario del edificio aceptó, y dijo que él iría a la oficina de gobierno local y obtendría los permisos necesarios para construir un edificio temporal.

Para nuestra manera humana de pensar, la construcción de una estructura temporal sobre el techo de un edificio para usarla como santuario era algo difícil. Sin embargo, ya que era por la Palabra de Dios, simplemente obedecí. También sabía que el edificio temporal colapsaría una vez que estuviera construido. Después que los miembros colocaron los ladrillos de cemento, los trabajadores civiles de la oficina de gobierno vinieron y los derribaron inmediatamente. Cuando lo construimos de nuevo, lo demolieron otra vez. En este proceso, hubo algunos miembros que se quejaron, pero la mayoría de ellos miraron hacia Dios quien permite que todas las cosas obren para bien y oraron intensamente con corazones unidos. Los residentes locales que vieron todas estas cosas pensaron: "¿Debe el gobierno involucrarse tanto?" y empezaron a sentir lástima por nuestra iglesia. Incluso los vendedores en el mercado estaban bien enterados de las obras de Dios que se manifestaban a través de la Iglesia Manmin. Mientras nuestros miembros pasaban por esta difícil situación, la pasión por un nuevo santuario creció ardientemente y nuestros corazones fueron unidos en uno sólo. De esta forma, Dios estaba preparando un nuevo edificio.

Hasta ese momento, no había un edificio que nuestra iglesia pudiera usar por allí. Pero en un lugar cercano, había un edificio de casi 650 metros cuadrados que estaba completo y nosotros podíamos usarlo. Dios nos pidió que nos trasladáramos a ese edificio. Nosotros teníamos cerca de 300 miembros en ese tiempo, y la cantidad de ofrendas no era suficiente ni para propósitos misioneros. La mayoría de los miembros no eran adinerados, así que no era fácil preparar ni siquiera un par de millones de won. Así que, si desde el principio les hubiera sugerido a los miembros que nos moviéramos a ese edificio con un espacio de 650 metros cuadrados, ellos hubieran renegado mucho. Solamente para rentar el lugar necesitábamos 40 millones de won (40.000 dólares). Necesitábamos otros 20 millones de won para convertirlo en un santuario. Esto era algo difícil de llevar a cabo con la fe de nuestros miembros. Sin embargo, al pasar ellos por el tiempo de prueba, su sed por un nuevo santuario creció, mientras oraban con corazones apasionados, en un mismo sentir y con fortaleza. Parecía que en cierto momento reunimos el dinero para trasladarnos a nuestro santuario. Finalmente, el 31 de diciembre de 1984, rentamos el edificio en Dae-Bang Dong, Dong-Jak Gu, y celebramos el primer servicio allí. Dios aumentó la fe de los miembros a través de este tipo de prueba.

Establecimiento de la organización de la iglesia

El tamaño de la iglesia crecía rápidamente mientras Dios enviaba nuevos miembros. La fe de los miembros también crecía rápidamente, debido a las poderosas obras de Dios que nos acompañaban con señales y maravillas realizándose continuamente. Algunos venían a la iglesia solamente para recibir sanidad, pero también había muchos que venían sedientos y buscando la Palabra de vida.

En octubre de 1983, se estableció el Centro de Oración Manmin. Dios guió a mi esposa, Boknim Lee, a dirigir reuniones de sanidad cada día para sanar espiritualmente y físicamente a los enfermos. Él la designó para la tarea como Presidente del centro de oración. Ella dirigió las reuniones de sanidad cada día y se concentró en la consejería, visita y cuidado de los miembros, así como en las oraciones. En enero de 1984 se estableció el 'grupo de devotos de oración', con la tarea de orar por el reino y la justicia de Dios. Los devotos de oración no oraban solamente, sino que también asistían a las reuniones de sanidad y ayudaban a los enfermos con sus oraciones.

En marzo de 1984, el 'Jardín de infantes Manmin' abrió su misión con los niños. En un par de años después de la inauguración de la iglesia, la forma y la estructura de la organización de ésta, iban tomando forma.

En octubre de 1985, mientras mi esposa cumplía la tarea como Presidente del centro de oración, inició las reuniones de oración por la noche con pocas personas. Estas reuniones de oración se convirtieron en el comienzo de la Reunión de

Oración de Daniel de la actualidad, en la cual miles de miembros se reúnen y oran cada noche. La Presidente Boknim Lee se concentraba en ayunos y oraciones. Ella no buscaba solamente su felicidad personal en la familia, sino que estaba viviendo por las otras almas. Dios obró con la clara voz del Espíritu Santo y la bendijo para manifestar a través de ella muchas obras de poder. Incluso en la actualidad, ella dirige la reunión de Oración de Daniel cada noche. Muchos miembros experimentan el poder de Dios y reciben respuestas que les son entregadas durante su tiempo de oración y alabanza en el santuario. A través de esta Oración de Daniel, las almas de los miembros de la iglesia son prosperadas. Esta es la fuerza activa del avivamiento de la iglesia.

Aquellos que estaban anhelando por la Palabra de vida venían y escuchaban los mensajes espirituales, y obtenían paz y descanso. Aquellos que recibían respuestas y soluciones a sus problemas permanecían en la iglesia, y la iglesia llegó a establecerse firmemente.

Un estudiante de medicina con un tumor en el cerebro

Sooyeol Cho, nació dentro de una familia cristiana. Él desarrolló una enfermedad llamada, 'fibroma nasofaríngeo'. Los vasos sanguíneos en la nariz se vuelven una masa y se convierten en tumor. Mas tarde, se desarrolla en un tumor cerebral.

En ese tiempo, uno de los parientes de Sooyeol Cho era el Vicedirector del Hospital de la Universidad Nacional de Seúl. Él fue sometido a una cirugía mayor, que duró 8 horas. Sin embargo, aun después de la cirugía, continuaba sufriendo

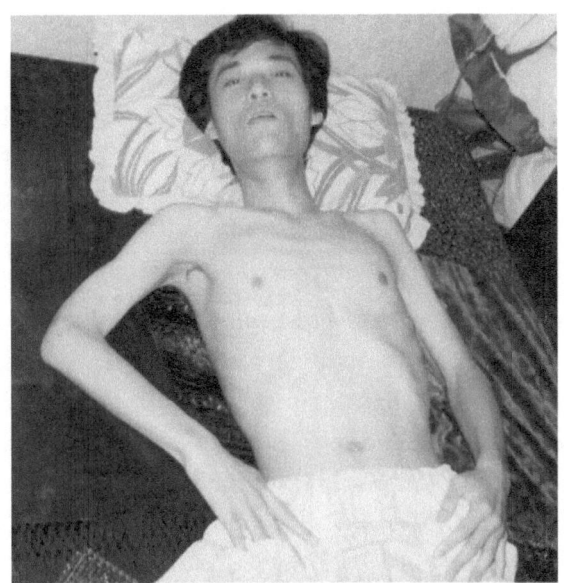

Sooyeol Cho padeciendo de neumonía

Él es un pastor saludable en la actualidad

de obstrucción nasal. Pero debido a que estaba asistiendo a la universidad, se comprometió con el mundo, y sus síntomas se empeoraron. Tres meses después de la cirugía, su nariz estaba obstruida y continuaba sufriendo de muchas hemorragias. Fue al hospital y el doctor le dijo que el problema había recurrido.

Antes de su cirugía el doctor le dijo que había una alta posibilidad de que el tumor se hubiera extendido al cerebro, y que la raíz del tumor estuviera ahora en el cerebro, lo cual implicaría que él tenía un tumor cerebral. En diciembre de 1984, Sooyeol reconoció que no podía ser sanado por la ciencia médica. Él llegó a saber sobre nuestra iglesia y se registró junto con su familia.

En enero de 1985, recibió la gracia en las reuniones de avivamiento, y su salud mejoró. En ese tiempo, los médicos le sugirieron otra cirugía, y él continuaba creyendo, hasta cierto punto, que podía ser curado por un tratamiento médico.

Pero en 1986, al sufrir una terrible hemorragia y derramar gran cantidad de sangre, casi 10 veces mayor a las ocasiones anteriores, él reconoció por completo que solamente podía vivir por la gracia de Dios. En dos ocasiones sufrió episodios de hemorragia rectal profusa que lo dejaron exhausto.

Mientras yo me encontraba orando en Jochiwon durante la semana, uno de esos días, en mis oraciones, sentí una inmensa e inexpresable tristeza en mi corazón, y entendí que Sooyeol Cho se encontraba en una condición extremadamente crítica. Oré a Dios entre lágrimas.

En ese momento, una diaconisa que estaba orando mucho en nuestra iglesia vio una visión, y dijo que yo estaba fuertemente aferrado al borde del manto de Jesús pidiéndole por la vida de este joven hombre. Incluso después de eso, cada vez que Sooyeol estaba en una situación de peligro, el Espíritu Santo me permitía saberlo, y el joven pasaba esos momentos críticos mientras recibía mi oración. Desde entonces, Sooyeol Cho llegó a tener fe espiritual, y esto le permitió mejorarse.

Si él no oraba y si no estaba lleno totalmente del Espíritu Santo, la protuberancia en su nariz crecía mucho y su garganta se obstruía, o algo como una lengua salía de su boca, o a través de sus fosas nasales. En esos momentos, cuando él se arrepentía y recibía mi oración, quedaba limpio. A través de este proceso, el joven descubrió los pensamientos carnales y la maldad en él, y ayunó pensando: "¡Si tengo que morir, muero!".

Él se esforzó mucho para cambiar. Finalmente logró convertirse en un hombre completamente sano. En la actualidad, está sirviendo en la iglesia como uno de los pastores asistentes. Tiene una familia feliz con su esposa e hijo.

Un cuerpo entumecido por la intoxicación con monóxido de carbono

En febrero de 1985, un sábado por la tarde, yo estaba orando en mi habitación. Fuera de la puerta, había una conmoción de personas y escuché que alguien gritaba que una persona había muerto. Cuando salí después de la oración, había una hermana de la iglesia que había sucumbido a una intoxicación con monóxido de carbono.

Ella había regresado a casa después de la vigilia del viernes, encendió una briqueta de carbón, y se fue a dormir.

Pero después de las 14:00 hrs. del sábado, fue hallada intoxicada con el gas. Cuando la encontraron, ya había respirado el gas por muchas horas, así que su cuerpo estaba paralizado y había espuma en su boca. Uno de sus vecinos la encontró y la cargó hasta mi residencia, pero parecía estar muerta. Estaba inconciente, y su cuerpo estaba ya endurecido y frío.

Impuse mi mano sobre ella y oré: "En el nombre de Jesucristo, te ordeno, gas monóxido de carbono, ¡sal fuera! ¡sal fuera a través de sus dos ojos, de sus dos fosas nasales, de su boca y de los poros de todo su cuerpo!". En ese momento terminé mi oración y quité mi mano de ella, el cuerpo de la hermana empezó a calentarse, y lentamente abrió sus ojos. Entonces, su cuerpo entumecido empezó a soltarse. Las personas alrededor de ella le masajearon el cuerpo por un par de minutos, y el movimiento de su cuerpo fue restablecido. Ella se sentó y recobró su salud sin ningún efecto secundario.

Si ella hubiera sido llevada al hospital cuando fue encontrada, había poca posibilidad de que se recuperara. Incluso si lograba sobrevivir, habría sufrido de un daño cerebral traumático y debilitante para toda su vida. Pero el Dios Todopoderoso, quien resucita hasta los muertos, mostró Su poder, y ella estaba completamente normal en tan sólo un par de minutos. Ella es Minsun Lee, quien más tarde se casó con el Pastor de nuestra iglesia, Jeon-hwan Cha.

"Por favor, vaya a Shindaebang Dong"

En ocasiones también he orado por aquellos que han dejado de respirar. En junio de 1985, algo le sucedió a la hija de dos años de la diaconisa Seok-hee Cho, la pequeña Seung-ah. Su mamá estaba cocinando algunas salchichas, y la niña caminó hacia ella y extendió su mano. Así que su madre le dio una pequeña pieza de salchicha. Pero pronto, ella se dio cuenta no se escuchaba movimiento de su hija en la habitación. Fue a otro lugar de la casa, y allí estaba Seung-ah muriendo con espuma en su boca, luchando por respirar y su piel se estaba tornando azulada.

Esto sucedió en un par de minutos, y ella estaba muy sorprendida. Rápidamente cargó a la niña en su espalda y tomó un taxi. Debido a que había escuchado y visto en la iglesia enfermedades incurables siendo sanadas y a muertos volviendo a la vida, ella mostró su fe delante de Dios. Le dijo al conductor del taxi que la llevara a Shindaebang Dong. Él le respondió que también había muchos hospitales allí, así que, ¿por qué desear ir a un lugar tan distante?

Su respuesta fue:

—Porque hay un doctor muy competente allí en Shindaebang.

Yo estaba en casa en el momento que ella llegó, así que pude orar por ella. Escuché que la pequeña niña había dejado de respirar y que su cuerpo estaba ya frío por haber estado tanto tiempo en el taxi. Oré intensamente a Dios para traer de nuevo el espíritu de la niña muerta. Tan pronto como la oración terminó, la niña despertó y recobró su respiración de nuevo.

Desde entonces, ha crecido bien, sin ningún efecto secundario. En la actualidad se encuentra estudiando en la Universidad de Kyung-hee, y sus padres están ministrando como pastores en la iglesia Manmin de Jin Joomun, en la provincia de Kyeong-nam.

Quemadura de tercer grado sanada por el poder de Dios

El sábado 6 de abril de 1986, la Diaconisa mayor Eun-deuk Kim, quien tenía entonces 62 años, sufrió un accidente mientras trabajaba en la cocina de la iglesia. Había una gran olla sobre el quemador a gas de la cocina. Estaban haciendo hervir agua para cocinar los fideos.

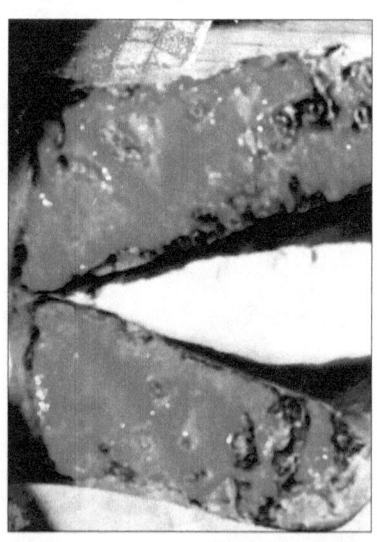

Sanada de quemaduras de 3° grado

De repente ella resbaló, y erróneamente se tomó del agarradero del quemador de gas, y como resultado, el agua hirviendo se derramó. El agua cayó sobre su pecho, abdomen, brazos y piernas dejando graves quemaduras. Fue muy afortunada que el agua no quemara su cabeza, ni su rostro.

Al escuchar esto me fui a la cocina. Oré por ella mientras estaba recostada sobre el piso. Las quemaduras eran tan graves que su piel estaba cocinada y estaba pegada a sus ropas. Ella aún tenía conciencia, aunque muy débil. El calor era insoportable para ella, sin embargo cuando oré, dijo que sintió que el calor salía de su cuerpo. El calor pasó de la parte izquierda de su pecho hacia el lado derecho del mismo y luego bajó para salir de su cuerpo por el pie derecho.

A pesar que el calor se había ido, las partes quemadas de su cuerpo parecían carne asada, y donde la ropa se había pegado a la piel, la carne estaba desgarrada. Esto era terrible. Si ella hubiera ido al hospital en esa situación, su vida no podía haber sido garantizada. Incluso de haber sobrevivido, hubiera tomado muchos años para implantar nueva piel. Aun con muchas cirugías, hubiera tenido muchos efectos secundarios y cicatrices. Ella fue llevada a mi residencia, y oré por ella una vez al día. No tomó incluso ninguna clase de medicamentos ni inyecciones, sin embargo con el obrar de Dios, se recuperó rápidamente.

Las células completamente cocinadas y muertas se convirtieron en costras semejantes a la corteza de un árbol, y pronto las costras cayeron mientras la piel nueva nacía. Nueva piel estaba brotando en las partes que habían sido quemadas,

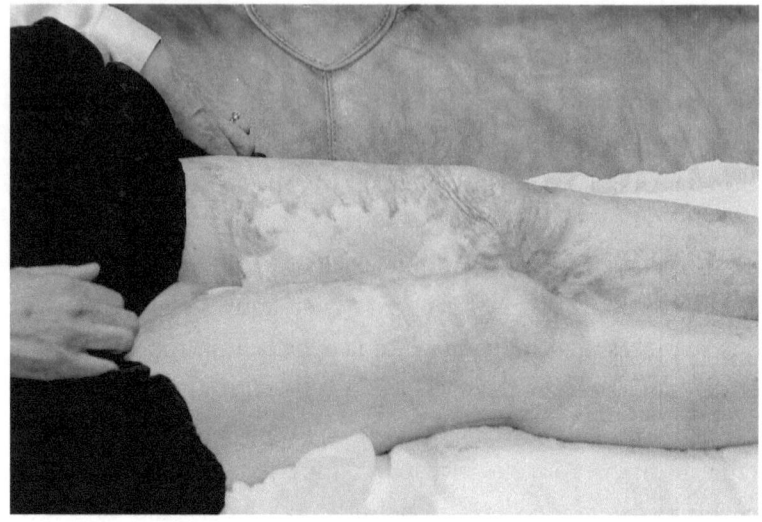

Sanidad completa y nacimiento de piel nueva tras la oración

y había nuevos vasos sanguíneos formándose. La piel muerta fue revivida. Aquellos miembros que la visitaron vieron este proceso completo realizándose.

La Diaconisa mayor Eun-deuk Kim fue sanada completamente sin cicatrices en solamente tres meses después del accidente. Ella volvió a ser completamente normal. En el año 2010 ella cumplió 85 años de edad, y lleva una vida cristiana diligente.

Obras poderosas

"Y el Señor, después que les habló, fue recibido arriba en el cielo, y se sentó a la diestra de Dios. Y ellos, saliendo, predicaron en todas partes, ayudándoles el Señor y confirmando la palabra con las señales que le seguían. Amén" (Marcos 16:19-20).

Cuando los discípulos salían a predicar, el Señor trabajaba con ellos. De la misma forma, parece que yo impongo mis manos sobre los enfermos, pero de hecho, las manos manchadas de sangre del Señor están siendo impuestas sobre ellos. Aquellos que tienen el don de ver visiones o que ven cosas espirituales dan testimonio que cuando yo he estado orando, el Señor está junto a mí imponiendo Sus manos sobre las partes enfermas de los enfermos.

Yo oro por los enfermos en cada servicio de adoración, y muchas personas ven llamas de fuego salir de mis brazos. Este fuego, el cual es el fuego del Espíritu Santo, va a cada miembro de acuerdo a su fe y quema las enfermedades. Al imponer mis manos sobre ellos, yo oro intensamente con todo mi corazón y con toda mi fe para sanarlos y resolver sus problemas, y Dios responde estas oraciones a través de las poderosas obras del Espíritu Santo.

La inspiración del Espíritu Santo habla sobre las cosas futuras

Ordenado como pastor

En mayo de 1986, cuatro años después de haber inaugurado la iglesia, fui ordenado como pastor. Ofrecimos el Servicio de Comisionamiento de la iglesia en junio. Durante ese día, los miembros de la iglesia me entregaron una enorme llave dorada como símbolo de su confianza y de su amor. Esto significa que la autoridad total concerniente a la iglesia me sería entregada como el pastor y que ellos confiarían en mí y me obedecerían. Yo aún conservo como un tesoro este regalo que los miembros de la iglesia me entregaron con toda sinceridad.

Después de la ordenación, el Señor me guió para ofrecerle una oración de Daniel de 21 días. Traté de comunicarme con Dios con ayunos y oraciones en mi lugar de oración en Jochiwon. Luego, el Señor empezó a explicarme sobre el libro del Apocalipsis el cual registra las cosas que serán hechas durante los tiempos finales.

A partir del servicio del domingo por la mañana del 20 de julio de 1986, inicié la serie de estudios sobre Apocalipsis. La serie continuó de esa forma por casi cuatro años hasta el 20 de diciembre de 1989. Aquellos que sabían sólo un poco del reino espiritual, debido a que estaban anhelando saber más sobre este reino, escucharon los mensajes con gran gozo.

La vigilia del viernes, con personas de todo el país

Después de trasladarnos a un nuevo edificio y de haber celebrado una reunión de avivamiento, muy pronto toda la iglesia estaba llena de nuevo. Debido a que la velocidad del avivamiento era muy acelerada, no teníamos tiempo para construir edificios para la iglesia.

En 1987, rentamos un edificio en Shindaebang Dong, Dong-Jak Gu, y nos trasladamos al lugar. Este era nuestro tercer santuario. Y tres meses después de eso terminamos las reuniones de avivamiento conmemorando el traslado al nuevo edificio, pues toda la iglesia estaba llena de nuevo. El número de miembros registrado en ese tiempo era de más de 3.000. Nosotros usábamos tanto el segundo como el tercer piso como santuarios, pero no podíamos acomodar a todas las personas, simplemente no había espacio. Algunas de las personas que venían, tenían que regresarse.

Para junio de 1989, estábamos creciendo para convertirnos en una mega iglesia con 6.000 miembros registrados. Desde la apertura de la iglesia, yo solamente deseaba concentrarme en la Palabra de Dios y en las oraciones para cumplir completamente con la tarea encomendada por Dios. Así que, dejé el cuidado de los miembros a los pastores asistentes. En los días de las iglesias primitivas, ya que los apóstoles tenían que realizar más trabajos dado a que las iglesias estaban creciendo, ellos escogieron siete diáconos para que hicieran el trabajo de la iglesia. Los apóstoles solamente se concentraban en la Palabra de Dios y en las oraciones (Hechos 6:3-4). De la misma forma, yo no me involucraba en las finanzas de la iglesia, y teníamos a cada departamento cuidando de las otras obras también.

Realizábamos conferencias para los pastores una o dos veces al año para motivarlos y convertirlos en ministros poderosos. Yo deseaba sinceramente ganar pastores poderosos, que pudieran ser amados por Dios y por los miembros de la iglesia más de lo que yo era amado, así que hice lo mejor que pude para levantar tantos pastores asistentes como fuera posible.

La vigilia del viernes era bien conocida a lo largo de todo el país por estar llena del Espíritu Santo, y muchas personas venían sin importar su denominación. ¡Qué bueno es cuando ellos son llenados por el Espíritu Santo, durante la noche y regresan a sus respectivas iglesias para servir allí los domingos!

Iniciando con la vigilia del viernes 12 de diciembre de 1986, empecé a predicar la serie de estudios sobre el libro de Job que el Señor me había explicado. La serie terminó en la vigilia del 11 de diciembre de 1992.

Estos eran mensajes espirituales que eran diferentes de otras interpretaciones sobre el libro de Job. Era un mensaje precioso que analizaba el corazón de una persona llamada Job. Este estudio nos fue proporcionado para que nosotros pudiéramos descubrir la maldad en nuestro corazón y la falsedad en él. Además, a partir de 1989, el Señor empezó a enseñarme en detalle sobre el 'Espíritu, Alma y Cuerpo' del hombre. Después de eso me enseñó sobre las diferentes 'Dimensiones'. Cuando enseñé a los miembros estos mensajes, sus ojos espirituales fueron abiertos, y pude ver claramente sus cambios. A la medida en que creció su fe, tuve que enseñarles nuevas cosas. Así que, tuve que continuar introduciéndome en los niveles más profundos del reino espiritual.

Cambiar en trigo, aunque sea a una persona más

Un día mientras estaba orando, el Señor dijo con lamento:

"Mi siervo, publica rápidamente los libros con los mensajes que te he enseñado. Ahora, hay unos pocos que tienen fe verdadera y que pueden ser salvos. Ellos dicen que creen pero infringen la ley. Me crucifican de nuevo. Ellos no creen, sino que malinterpretan su fe".

Jesús dijo: *"Cuando venga el Hijo del Hombre, ¿hallará fe en la tierra?"* (Lucas 18:8). En la actualidad, el pecado y la iniquidad prevalecen tanto que es muy difícil encontrar personas que tengan una verdadera fe espiritual como Dios desea.

Cuando los agricultores recogen la cosecha, almacenan

solamente el trigo, y la paja servirá solamente para ser quemada en el fuego. Del mismo modo, Dios prefiere aunque sea un sólo grano de trigo, a un manojo de paja. En Su reino, Él recoge solamente el trigo (Mateo 3:12). Dios desea que nosotros oremos diligentemente, que nos comportemos de acuerdo a Su palabra para desechar los deseos de la carne, y que alcancemos a reflejar el corazón del Señor, lo cual representa el espíritu completo (1 Tesalonicenses 5:23).

Cuando los miembros de la iglesia recibieron los mensajes de 'Espíritu, Alma y Cuerpo' y de 'las Dimensiones', ellos empezaron a comprender su fundamento y a tratar de desechar los pecados. Si nadie nos habla sobre los pecados, tendemos a desconocerlos o a saber muy poco sobre ellos. Si las personas no están conscientes del compromiso con el mundo, es muy probable que finalmente se conviertan en creyentes como la paja, que no pueden ser salvos. Por lo tanto, los pastores tienen que enseñar muy bien a los creyentes sobre lo que es el pecado.

Depender solamente de Dios para los mensajes

Cuando Jesús estaba enviando a Sus discípulos, les dijo: *"Mas cuando os entreguen, no os preocupéis por cómo o qué hablaréis; porque en aquella hora os será dado lo que habéis de hablar. Porque no sois vosotros los que habláis, sino el Espíritu de vuestro Padre que habla en vosotros"* (Mateo 10:19-20). El año en que abrí la iglesia, yo era un estudiante de último año del seminario. Tenía que hacer mi tarea asistiendo a la iglesia. También tenía que preparar más de 10 mensajes a la semana para los servicios de oración de la madrugada de cada mañana, para las vigilias del viernes y para los servicios de la mañana y la tarde del domingo. También tenía que visitar y dar consejería a los miembros y tenía que orar personalmente por los enfermos, así que siempre estaba demasiado ocupado.

No tenía tiempo, ni siquiera para escribir mis sermones en un cuaderno, pero cuando oraba, Dios me daba los títulos y los pasajes bíblicos. Cuando oraba por esto, Dios me daba Su inspiración durante el sermón. Cuando me paraba en el púlpito, la Palabra de Dios fluía a través de mi mente.

Ahora, los cultos son transmitidos en vivo a través de todo el país y a otros países vía satélite o por Internet, así que tengo las notas preparadas de antemano. Pero desde los comienzos de la iglesia, hasta que empezó la transmisión de los sermones, tuve que estar predicando los sermones sin anotaciones previas.

Solamente soy un siervo inútil

Un día en abril de 1987, no pude orar lo suficiente debido a la falta de tiempo, y yo no recibí la inspiración durante el sermón. Incluso sentí que el sermón no estaba fluyendo bien. Después del sermón, me sentí tan culpable delante de Dios por no haberme preparado con más oraciones. Cada vez que enfrentaba esta clase de situación, muy profundamente sentía que no era capaz de hacer nada, y que no soy nada si Dios no está conmigo. Si Dios me abandona, no podría de ninguna manera entregar un mensaje, no habría ninguna clase de obras de sanidad incluso si orara, y el Espíritu Santo no obraría cuando predico, por lo tanto los miembros de la iglesia no cambiarían. A pesar que he procurado cumplir con algunas cosas, solamente soy un siervo inútil delante de Dios. Por consiguiente, incluso si he recibido gran poder de lo alto y he sido usado como un instrumento de Dios, nunca podré enorgullecerme de ello.

En abril de 1987 fue publicada mi memoria testimonial titulada *Gozando de la Vida Frente a la Muerte*. Este libro fue publicado en dos ocasiones y se convirtió en un libro de venta constante. En la actualidad, ha sido traducido a diferentes idiomas y está siendo distribuido en muchos países a nivel mundial. A través de este libro, numerosas personas han llegado a creer en el Dios viviente, el Dios de sanidad, el Dios que da respuestas a las oraciones y en el Dios de amor.

Soojung Maeng, vivía en Alemania cuando recibió este libro como obsequio de un conocido pastor alemán y lo leyó. Ella tuvo una muy buena impresión del mismo. Cuando vino a Corea, visitó nuestra iglesia para asistir al servicio de adoración y finalmente, se convirtió en un miembro regular. Ella experimentó que su vida estaba cambiando por la Palabra de vida. Fue llenada con el fervor de predicar el evangelio, y en la actualidad, es una misionera en Washington D.C., entregándose a sí misma a predicar el evangelio.

"Este es el Sistema de Difusión Cristiano 837 Khz. AM. Este día, en el programa 'Tú estás conmigo', les hablaremos sobre la historia del Reverendo Jaerock Lee de la Iglesia Central Manmin". Desde el 1 al 30 de junio, en el programa llamado 'Tú estás conmigo' de la radio CBS, mi testimonio fue convertido en una serie y fue transmitido. Se lo transmitió durante un mes, dos veces al día, por la mañana y por la tarde. A través de este programa, muchas personas alrededor del país llegaron a conocer la gracia de Dios por medio de mi testimonio y a conocer mi nombre. Algunas personas expresaron que llegaron a creer en Dios.

El 18 de agosto, yo me presenté en un programa llamado 'Renuévame' en la CBS, y di mi testimonio. En ese tiempo, el productor me pidió que no dijera que Dios me había sanado. Él dijo que habría algunas objeciones si nosotros hablábamos sobre los milagros. Yo no pude aceptar eso, así que solamente le sonreí. Después de todo, mientras me encontraba grabando el programa, conté toda mi historia y el proceso en el cual Dios me sanó. Pero incluso después que la fecha de transmisión establecida había pasado, mi historia no había sido transmitida, así que pregunté al encargado el por qué. La cinta de audio estaba a punto de ser destruida, pero logramos apenas encontrarla con la ayuda de otra persona, y fue transmitida por una hora. Yo sentí que hubiera sido muy bueno si ellos simplemente hubieran transmitido la verdad tal cual es.

Profecías por la inspiración del Espíritu Santo

Dios nos da dones del Espíritu Santo para nuestro provecho (1 Corintios 12:7). En 1 Corintios 14:1-5 dice: *"Seguid el amor; y procurad los dones espirituales, pero sobre todo que profeticéis. Porque el que habla en lenguas no habla a los hombres, sino a Dios; pues nadie le entiende, aunque por el Espíritu habla misterios. Pero el que profetiza habla a los hombres para edificación, exhortación y consolación. El que habla en lengua extraña, a sí mismo se edifica; pero el que profetiza, edifica a la iglesia. Así que, quisiera que todos vosotros hablaseis en lenguas, pero más que profetizaseis; porque mayor es el que profetiza que el que habla en lenguas, a no ser que las interprete para que la iglesia reciba edificación".*

El apóstol Pablo deseaba que los hijos de Dios recibieran el don de lenguas, y estaba instando a los creyentes para que recibieran especialmente el don de profecía. Yo mismo, en ocasiones, he dicho a los miembros de la iglesia lo que habría de suceder por la inspiración del Espíritu Santo, para edificación y para sembrar más fe en ellos. Mientras estaba orando en la oración de la madrugada, le decía a Dios:

—Padre Dios, envíanos cierto número de asistentes la próxima semana.

Luego, proclamaba que cierto número de personas asistirían la siguiente semana. En ese tiempo, el número de los miembros de la iglesia estaba creciendo rápidamente.

—Habrá 50 personas en el servicio la próxima semana.

El siguiente domingo, hacía que los miembros contaran el número total de asistentes. Y éste era exactamente de 50 personas.

—65 asistentes vendrán la próxima semana.

Cada semana el número de asistentes estaba incrementando, y yo profetizaba cada domingo. El siguiente domingo, los miembros contarían el número de asistentes, y ellos siempre quedaban sorprendidos.

Pero cuando este alcanzaba cerca de las 80 personas, el número no crecía por varias semanas. Cuando oraba por ello, me daba cuenta que el enemigo estaba estorbando para que este número no llegara a los 100 asistentes. Yo ayunaba y oraba con los miembros y echaba fuera al enemigo el diablo, y a partir de esa semana el número empezaba a crecer de nuevo. Y en el día de la inauguración, el 10 de octubre, este número era de más de 100 personas.

En algunos casos especiales, Dios me permitía saber de antemano sobre el monto de las ofrendas. Después de la apertura de la iglesia, nosotros recibíamos cerca de seis millones de won (6.000 dólares) por semana. Debido a que siempre estábamos enfocados en la misión mundial, teníamos que gastar mucho más de lo que recibíamos en ingresos. Siempre estábamos en necesidad, y nuestra iglesia no tenía una buena condición financiera. Empecé a orar por ello. Cuando me encontraba orando intensamente, el Señor obró de una manera especial para resolver las situaciones difíciles. Por la clara inspiración del Espíritu, Dios me permitía conocer incluso la cantidad exacta de las ofrendas.

—La próxima semana, la cantidad de las ofrendas será de 33 millones de won (33.000 dólares).

Yo recibí la respuesta, y le dije a los obreros que estaban a cargo de las finanzas de la iglesia la cantidad exacta, a fin de sembrar más fe en ellos. Sin embargo no mostraron ninguna respuesta especial, probablemente porque no podían creerme. Ellos parecían tener dudas pensando en ¿cómo las ofrendas podrían ser incrementadas cinco veces más en una semana?

Sin embargo en la tarde del siguiente domingo, los obreros del comité de finanzas contaron las ofrendas, y me reportaron que la cantidad era exactamente de 33 millones de won. Desde entonces, yo oraba a Dios siempre que teníamos dificultades financieras, y cada vez Él nos bendecía abundantemente, de manera que podíamos salir de las dificultades por la gracia de Dios. Especialmente, cuando Él nos estaba dando mucho más de lo usual, me lo hacía saber, y yo le decía al comité de finanzas con anticipación. Yo podía ver que su fe crecía después de pasar tantas veces por esta clase de experiencia.

Se me permitió saber sobre los acontecimientos futuros en Corea y el mundo

Yo siempre estaba clamando en mi oración y vivía en la llenura del Espíritu. Y el Señor de vez en cuando me permitía saber sobre las cosas por venir, y además sobre cosas grandes y secretas. El Señor le dio una visión a Pedro diciéndole cosas del futuro (Hechos 10), y Esteban vio la gloria de Dios y del Señor que estaba a la diestra de Dios. De la misma forma, el poder de Dios puede hacer cualquier cosa. Ya sea en el Antiguo Testamento o en el Nuevo Testamento, y en la actualidad, Él obra de la misma forma.

Amós 3:7 dice: *"Porque no hará nada Jehová el Señor, sin que revele su secreto a sus siervos los profetas"*. Como antes dije, cuando yo oraba, Dios me permitía saber de antemano sobre los miembros de nuestra iglesia, y sobre las situaciones de nuestro país y del mundo.

Mientras asistía al seminario el 26 de octubre de 1979, repentinamente tuve una sensación de incomodidad que comenzó en la mañana. Oré por ello. Más tarde, el Señor me reveló que una estrella grande de nuestro país caería. Me permitió saber que el Presidente Park Chung Hee moriría. Le dije a mi esposa que un gran desastre sucedería y me fui a clases. Mi corazón estaba tan turbado. Simplemente continué derramando lágrimas durante todo el día. A la mañana siguiente, escuchamos las noticias que el presidente, Park Chung Hee, había sido asesinado la noche anterior.

Sin que revele Su secreto a Sus siervos los profetas

Dios me permitía saber de antemano cómo las situaciones del mundo fluirían, y en ocasiones, me daba revelación sobre personajes muy importantes. En 1984, me reveló que I. P. Gandhi, quien era la Primer Ministro de la India, moriría. Dios me lo dijo un par de meses antes que ella muriera, y yo se lo dije a los miembros de la iglesia. En octubre de ese año, leí en el periódico un artículo informando que ella había sido asesinada por algunos sijs.

El mismo año, Dios me permitió saber que el Presidente Reagan (de EE. UU.) y que la primera ministra Thatcher (de Inglaterra) serían reelegidos. También me explicó por qué serían reelegidos. Margaret Thatcher tenía condición como los hombres, y además con su humildad y mansedumbre, ella trataba de permanecer sin mancha delante de Dios. Ella no puso su pensamiento en la riqueza y en la autoridad, y servía a su gente con amor. Dios me explicó que estas dos personas eran amadas por la gente porque ellos amaban el país y servían y amaban a su pueblo.

En 1985, el Secretario General del Partido Comunista de la Unión Soviética, K.U. Chernenko, murió. Pero varios meses antes, en 1984, Dios me mostró una visión sobre ello. A fin de implantar fe en nuestros miembros, les dije lo que había visto. Varios meses después de eso, habían noticias informando sobre su enfermedad, y finalmente murió.

La Declaración del 29 de junio y el proceso de democratización

El 29 de junio de 1987, el Sr. Taewoo Roh, Presidente del Partido Democrático de Justicia publicó la Declaración del 29 de junio. Después de las Elecciones Generales, el 12 de febrero de 1985, los partidos de oposición criticaron la falta de autenticidad del Presidente Doohwan Chun, quien había sido elegido a través de una elección indirecta, y pidieron una elección presidencial directa. Ellos insistieron que las personas del país eligieran directamente al presidente.

Oponiéndose a estos movimientos, el 13 de abril de 1987, el Presidente Doohwan Chun publicó la 'Protección de la Constitución' para detener todas las discusiones sobre el cambio de Constitución y para conferir el gobierno de acuerdo a la ley actual. El 10 de junio, dirigió la convención del Partido Democrático de Justicia y eligió a Taewoo Roh como el candidato presidencial del partido, en un intento por prolongar el gobierno militar. En esta situación, un estudiante universitario llamado Jongcheol Park murió después de ser torturado por la policía. Empezando el 10 de junio, grandes manifestaciones habían iniciado en todo el país. El 26 de junio, más de un millón de personas en 37 ciudades, estuvieron en manifestación hasta tarde en la noche. Debido a que no había suficientes policías para controlar las manifestaciones, el gobierno consideró enviar la fuerza militar. Pero finalmente ganaron los conservadores. Ellos decidieron aceptar la demanda del pueblo para una elección directa, y esta fue la Declaración del 29 de junio.

El 15 de junio de 1987, yo estaba dirigiendo una reunión de avivamiento en la Iglesia Cheil de Bupyeong. El 18 de junio, repentinamente Dios me dio inspiración y una visión. Él me reveló que el contenido de la Declaración del 29 de junio sería publicado. Ya que a través de una fuerte inspiración del Espíritu Santo, Él me permitió saber que habría un gran cambio en el país, yo comprendí que las cosas se estaban moviendo muy rápidamente.

Al siguiente día, 19 de junio, hice saber esto a los miembros de mi iglesia solamente en siglas, e hice que las siglas fueran publicadas en el boletín semanal del siguiente domingo. El gobierno estaba discutiendo sobre esto en secreto, y era algo muy difícil de imaginar para un ciudadano ordinario.

Publicación anticipada del progreso en el boletín semanal del 21 de junio de 1987

Considerando las situaciones políticas del gobierno dictatorial de ese tiempo, hice que las siglas fueran publicadas al revés en el boletín semanal del siguiente domingo. Nosotros aún conservamos este boletín. Las siglas fueron, en Hangul, letras coreanas: "Min, Gey, Yak, Sei, Dae, Gye, Chong, Mo, Roh, Hu, Dae". Y yo expliqué los detalles de éstas el domingo 5 de julio, durante el servicio del domingo.

Estas siglas significaban: "El Presidente (Dae) Chun publicó la 'Protección de la Constitución' para apoyar al candidato presidencial (Hu) Taewoo Roh (Roh). Pero como un hombre será herido de bala (Chong) en su cabeza (Mo), todos los planes (Gye) de la 'Protección a la Constitución' fallarán. La influencia (Sei) del presidente (Dae) Cheon será debilitada (Yak) por la oposición de la gente, y para aceptar la demanda del pueblo, el publicará la Declaración del 29 de junio. Habrá una enmienda (Gey) de la Constitución para poder tener elecciones directas, y esto sería el inicio de la democratización (Min)".

Para su información, las ocho disposiciones de la Declaración del 29 de junio son las siguientes:

1. Entrega pacífica del gobierno en febrero de 1988 a través de la enmienda constitucional.
2. Manejo ecuánime y justo de las elecciones por medio de la enmienda a las leyes de elección presidencial.
3. Amnistía e indulto para el Sr. Daejung Kim

4. Respeto a la dignidad humana y mejora en el acta de los derechos humanos

5. Permitir la libertad de expresión

6. Autonomía local, libertad universitaria y autonomía de la educación

7. Garantizar los actos de los diferentes partidos

8. Actos firmes de purificación social

El resultado de la elección presidencial

En diciembre de 1987, antes de la 13º elección presidencial, yo oré por ello. "Dios, ¿cuál es Tu voluntad? ¿Quién es el presidente más apropiado de acuerdo a Tu voluntad? ¿Quién se convertirá en el presidente?".

Dios me permitió saber que el candidato Taewoo Roh se convertiría en el presidente en esa elección. Luego, Dios me mostró al candidato Youngsam Kim en un carruaje de flores marchando hacia la Casa Azul, el Palacio Presidencial, después del Sr. Roh, y al candidato Daejung Kim yendo a la Casa Azul en un carruaje de flores.

Dios también me explicó que si Youngsam Kim y Daejung Kim estaban unidos, el candidato Youngsam Kim sería primero el presidente, y luego Daejung Kim sería presidente.

Mientras el Señor me mostraba la visión, Él me explicó que la voluntad de Dios era que estos dos candidatos estuvieran unidos, pero ya que ellos no estarían unidos en esta elección, el candidato Taewoo Roh sería el presidente.

Además, Dios me hizo saber que el candidato Roh ganaría más votos de lo esperado, el segundo sería el candidato Youngsam Kim y el tercero sería el candidato Daejung Kim, y que el cuarto, Jongpil Kim obtendría menos votos. Él también me dio detalles de cómo los candidatos Youngsam Kim y Daejung Kim podrían estar unidos, y si eso sucedía, el candidato Youngsam Kim sería primero el presidente.

Yo escribí una carta con este contenido e hice que uno de los miembros de mi iglesia, la llevara a la residencia del candidato Youngsam Kim en Sangdo Dong. Ese miembro de la iglesia fue al lugar, pero el candidato había ido a Busan a un discurso de campaña, así que le dio la carta a su esposa. Ella leyó la misma en el momento y dijo que se la entregaría a su esposo. Nosotros aún conservamos una copia de esa carta en la iglesia. Después de todo, debido a que esos dos candidatos no se unieron, el candidato Taewoo Roh fue elegido como presidente.

Capítulo 6

El crecimiento de la iglesia y las pruebas

Privación del derecho de expresión y el martillo roto

En realidad, la denominación a la cual pertenecía mi iglesia era la Unión de Iglesias de Santidad de Corea. Desde la apertura de la iglesia, hice lo mejor que pude para cooperar con la denominación, y mi iglesia seguía creciendo continuamente.

Tras la unión con otras denominaciones

Sin embargo el 13 de diciembre de 1988, nuestra denominación y la Iglesia de Santidad de Corea en Anyang se unieron, y nosotros fuimos incorporados en la denominación Anyang. Fue entonces cuando el Pastor Taekgoo Sohn, mi profesor del seminario, era el Presidente de la Unión de Iglesias de Santidad de Corea, y por sugerencia suya las iglesias se unieron. En ese tiempo, mi iglesia estaba teniendo un crecimiento sorprendente. Cuando nuestra quinta iglesia filial había sido establecida en Suwon, la Asamblea General de la denominación objetó por el nombre de nuestra iglesia filial. Ellos dijeron que era un problema tener el nombre 'Manmin' en nuestra iglesia filial, y tuvimos que cambiar el nombre a "Iglesia Suwon Deokwoo".

En diciembre de 1989, recibí una carta oficial de la asamblea general notificando que habría una revisión y que yo tenía que estar presente el 18 de diciembre a las 11:00 hrs. Llegué al salón de la asamblea a las 10:30 hrs., pero no hubo noticias de algún cambio hasta el medio día. Fue bastante después del mediodía cuando fui llamado y entré a la sala de reuniones. En el lugar había seis pastores que eran los miembros de la Asamblea General. Tan pronto me vieron, empezaron a hacerme preguntas. Yo pensé que teníamos que iniciar con una oración o con adoración dado que era una reunión de pastores. Así que, me sentí decepcionado porque realmente no sucedió así. Ellos hicieron preguntas y acusaciones:

—Escuché que tú dijiste que Jesús iba a regresar después de 3 o 4 años, ¿es eso verdad?
—Yo nunca he dicho tal cosa...
—¡Estás mintiendo! Tú eres un pastor mentiroso.

Yo estaba atónito por esas preguntas. Ellos me dijeron que yo no tenía que explicar, y que solamente tenía que contestar con 'Sí' o 'No'.
—Tú mientes muy bien, y es por esto que estás engañando a miles de ovejas. ¿Crees tú que nosotros no podríamos tener tantos miembros en la iglesia diciendo mentiras? Ellos dicen que tú recibes revelaciones. Así que, ¿tienes alguna otra palabra

fuera de los 66 libros de la Biblia?

—¡Eso nunca ha sucedido!

—¡Mentiroso! ¡Detienes a los miembros de la iglesia para que no vayan a trabajar, y les dices a los estudiantes que no estudien!

—¡Yo jamás he hecho eso!

—¿Haces danzas hechizantes en el altar?

—Nunca he hecho tal cosa.

Las preguntas absurdas continuaron. Todas éstas procedían de malentendidos. Ellos no me dieron ninguna oportunidad para explicar estas acusaciones. Cierto pastor, a quien llamaré 'Pastor S', quien me estaba interrogando, me dio nueve cláusulas que habían sido preparadas con anticipación. Yo no sabía que esas preguntas absurdas eran parte del proceso para llevar a cabo un juicio. Estas nueve cláusulas habían sido enviadas a mi iglesia. Ellos decían que si no corregía estas nueve cosas, ellos continuarían con la sentencia según la decisión del comité de observación. Las cláusulas incluían: la prohibición de venta de mi libro titulado *Gozando de la Vida Frente a la Muerte*, la prohibición de venta de las cintas de audio con sermones, prohibición de usar el nombre 'Manmin' cuando estableciéramos iglesias filiales y la prohibición de danzas sagradas (danzas de alabanza). Todas estas cosas eran inaceptables para mí.

Concerniente a esta 'carta oficial', yo presenté respuestas con estas explicaciones en detalle. Agregué que había escrito la carta porque no encontraba nada que estuviera en contra de Dios, y si había algo malo, les pedí que me lo hicieran saber. Después de varios meses, la asamblea general me envió una respuesta diciendo que habían decidido declinar la aceptación de mis explicaciones sin dar ninguna razón.

Privación del derecho de expresión

La Asamblea General de la denominación se llevó a cabo durante dos días, el 30 de abril y 1 de mayo. Yo era un miembro de la junta de representantes de la asamblea, y asistí a esta reunión. Había otros dos miembros de la junta, que eran ancianos en mi iglesia. Pero no pudimos encontrar una silla con mi nombre. Me di cuenta que había un plan para excluirme. Traté de buscar mi nombre aquí y allá, pero no pude hallarlo. Mi nombre no estaba ni siquiera en la lista de los miembros de la junta. No tener silla significaba que no tenía derecho de hablar. Sin embargo, debido a que tenía que hacerles saber la verdad, estaba observando la asamblea desde atrás.

Cuando la Asamblea General inició el 1 de mayo, mi nombre fue mencionado. El pastor 'S', Presidente del Comité de Observación, comenzó a hablar cosas que me condenaban. Ellos me privaron de mi derecho de hablar delante de la asamblea, y luego, de acuerdo a su agenda, continuaron con la reunión. Todo lo hablado sobre mí fue falso, cosas tales como:

—El Pastor Jaerock Lee dijo que sabía la fecha del regreso del Señor. Está escrito en tal y tal página de su libro testimonial.

Yo nunca he dicho que conozco la fecha del regreso del Señor. No conozco la fecha real, y por supuesto, tal cosa no estaba escrita en mi libro, pero ya que los asistentes en esa ocasión no podían leer mi libro en ese momento, simplemente creyeron lo que fue presentado y tuvieron que participar en la votación.

—Debido a que el Pastor Jaerock Lee está tan equivocado, vamos a excluirlo. Por favor levanten sus manos si están de acuerdo.

En la reunión para aprobar el voto y excluirme, la mayoría de los 300 miembros de la junta dejaron sus sillas, y solamente 90 permanecieron en el lugar. Entre ellos, cerca de 30 personas levantaron sus manos, y eran los que habían acordado hacerlo de antemano. Nuestra gente contó el número de personas que alzaron sus manos. Este fue de treinta personas, pero el presidente proclamó:

—Cuarenta y ocho miembros levantaron sus manos, lo cual es más de la mitad, así que es aprobado.

Luego golpeó con el martillo, y yo fui expulsado cuando solamente 30 de los 300 miembros estuvieron de acuerdo.

El martillo roto

Cuando el presidente golpeó el martillo, el cuello de éste se rompió y cayó al suelo. Obviamente no era algo común. Con solamente ver el cuello del martillo romperse, pudimos sentir que el juicio no era correcto a la vista de Dios. A mí, en calidad de acusado, no se me había permitido decir ni una palabra. En ese momento, el Anciano Boaz Jungho Lee, apenas recibió la oportunidad de hablar, dijo:

—Todo lo que se haya dicho hasta el momento es falso. ¿Cómo pueden juzgarlo sin haberlo escuchado? Él está presente aquí. ¿No deberíamos escucharlo?

—Entonces, le daremos la oportunidad de hablar. Regrese a su asiento.

Sin embargo, el presidente no me dio la oportunidad de defenderme, a pesar de su promesa. Incluso después que el Anciano Lee regresó a su silla, yo no recibí ninguna oportunidad de hablar, y él empezó a argumentar en voz alta:

—Presidente, yo regresé a mi silla solamente porque usted dijo que daría al Pastor Jaerock Lee el derecho de hablar, sin embargo ¿por qué no le está dando ese derecho?

El presidente simplemente ignoró la objeción del Anciano Lee. Todo terminó muy rápidamente. Sólo para tener la oportunidad de hablar, yo había permanecido sentado allí desde temprano por la mañana, soportando durante siete horas tanto desprecio, sin embargo nunca me fue otorgada esa oportunidad. Incluso a un convicto sentenciado a muerte, le es dada la oportunidad de defenderse. Aún en un estado dictatorial o en un juicio del partido comunista, ellos escucharían al sospechoso. Sin embargo, yo no recibí esa oportunidad de hablar, a pesar que estaba siendo erróneamente sepultado en la denominación.

Litigios que la Biblia nos presenta

La Biblia nos enseña que debemos tener al menos dos testigos incluso para acusar a un anciano (1 Timoteo 5:19). Y sobre un siervo de Dios, un Pastor, ellos obviamente debían haberle dado la oportunidad de defenderse, sin embargo me impidieron totalmente pronunciar una palabra, y me condenaron unilateralmente. Para empeorar esto, sus acusaciones eran totalmente falsas, sólo eran mentiras.

Cuando David estaba siendo acusado por el Rey Saúl, quien estaba celoso de él, David tuvo una oportunidad de matar a Saúl, pero no lo hizo. Él dijo: *"Jehová me guarde de hacer tal cosa contra mi señor, el ungido de Jehová, que yo extienda mi mano contra él; porque es el ungido de Jehová"* (1 Samuel 24:6). A pesar de que Saúl fue abandonado por Dios, él una vez había sido ungido por Él. Solamente Dios puede tratar con Sus siervos a quienes Él ha ungido, sin embargo ellos simplemente me expulsaron según su voluntad.

Yo pude evitarlo con sólo decir 'sí' una vez

Algunos pastores que estaban en la asamblea se lamentaron por mí y me dieron su consejo diciendo: "Pastor, debido a que su iglesia está creciendo tanto, usted se ha convertido en objeto de celos. ¿Por qué no dice 'Sí' una sola vez a lo que están diciendo los pastores principales? ¡Simplemente diga 'Sí' una vez! Si ellos dicen que la soda es cidra, diga 'Amén', y si ellos dicen que la cidra es soda, también diga 'Amén'". Yo no me comprometía con la injusticia, sino que solamente seguía el camino correcto. Pensé en Daniel cuando iba a ser lanzado al foso de los leones e incluso cuando no se comprometió con la maldad. Entonces pensé en el tiempo cuando los tres amigos de Daniel no se comprometieron aun cuando iban a ser lanzados en el horno de fuego. Cuando pensé en esto no confié en el mundo sino solamente en Dios.

Cuando se difundieron estas noticias en nuestra iglesia, cientos de miembros fueron a protestar ante los dos pastores que dirigieron este movimiento para excluirme. Además, muchos otros pastores que conocían la verdad llamaron a esos dos pastores y protestaron. Entonces, el presidente de la denominación me pidió que me reuniera con él.

—Yo pasaré por alto estos acontecimientos, solamente dígame una cosa —y entonces dijo— yo restauraré su nombre y volveremos a la relación original que teníamos antes de esto. Simplemente dígame que estará de acuerdo con las nueve cláusulas y que las reconocerá.

Sin embargo, yo no podía admitir lo que no era verdad. ¿Cómo podía comprometerme con lo que es falso, solamente por el temor a ser excluido? Estuve muy triste y desconsolado durante toda la semana y perdí cuatro kilogramos de peso. Cuando pensaba en los dos pastores que unilateralmente me condenaron, no podía más que sentir pena y preocupación por ellos. Uno de los pastores a quien llamaré "Pastor K", quien también era uno de los presidentes de la denominación, con frecuencia decía: "La Iglesia Central Manmin no es bíblicamente herética".

Yo publiqué el libro titulado *EL CIELO DECLARARÁ LA JUSTICIA* y lo envié a las iglesias, sin importar la denominación, por toda Corea. Después de esto, cuando yo oraba, Dios me hablaba estas palabras:

"Tú podías haber elegido salir de la denominación por ti mismo y por consiguiente evitar pasar por la infamia de ser excluido. Sin embargo, por tu parte, no escogiste hacerlo a fin de no traicionar a tu denominación. ¡Esta es la clase de siervo

y de hijo que yo deseo! Tú escogiste el camino correcto, y pronto, tú te convertirás en la cabeza de las asociaciones de la iglesia".

Dios nos guió a establecer una nueva denominación para que pudiéramos evitar prohibiciones irrazonables y trabajar para el Reino de Dios con toda nuestra energía. El 1 de julio de 1991 se estableció la Asamblea General de la Iglesia Unida de Santidad de Corea, y yo fui elegido como presidente. Después que pasamos esta enorme prueba, pude sentir que Dios estaba confiriéndome mayor poder.

Dirigí reuniones de avivamiento a lo largo de todo el país

Desde que fui ordenado como pastor en 1986, fui invitado a muchos lugares alrededor del país para predicar en reuniones de avivamiento. Desde 1987, prediqué en reuniones interdenominacionales cada mes, incluyendo las ciudades de Pohang y Daegu. Yo hablaba mayormente sobre la oración de clamor a Dios y por qué Jesús es nuestro único Salvador. Ambos temas están completos en mi libro titulado *El Mensaja de la Cruz.*

En el segundo y tercer día de avivamiento, los pastores recibían la gracia de la palabra predicada, mientras comprendían perfectamente el significado espiritual contenido en la palabra de Dios, y a diferencia del inicio de la reunión, ellos me agradecían con corazón sincero.

La diaconisa mayor Boonhan Cho es sanada de herpes zóster

En marzo de 1990, acudí a la invitación de la iglesia en Daegu. También pude visitar a la Diaconisa Principal Boonhan Cho en su casa. Ella tenía 77 años de edad en ese tiempo y estaba sufriendo terriblemente de herpes zóster. En ese entonces, su nieto el Diácono Joonha Hwang se encontraba trabajando como oficial médico en el ejército en la ciudad de Jinhae, mientras obtenía su doctorado en medicina en la Universidad de Corea. El Diácono Joonha Hwnag tenía una fe sincera, y muchas veces pidió permiso para cuidar a su abuela. Ella también asistió a nuestra iglesia durante algún tiempo anhelando la palabra viva de Dios. Ella tenía ampollas en su piel y éstas se reventaban, además esta enfermedad le había provocado artritis como efecto secundario. El virus había tocado los nervios internos, y esto le provocaba tanto dolor que ella gritaba de día y de noche. No podía moverse y permanecía acostada todo el tiempo. Sus miembros estaban contraídos, y tenía mucha dificultad para comer y dormir. Estaba tan delgada, que era piel y huesos. Solamente estaba esperando poder morir rápidamente. Por supuesto, el sufrimiento de los miembros de su familia que la estaban cuidando también era grande.

Yo puse mi mano sobre ella y oré, y tan pronto la oración había terminado, repentinamente ella gritó: "¡El demonio está saliendo!" y levantó en alto su mano derecha. Debido a que sufría de herpes zóster en el lado derecho de su cuello y de su hombro, le era mucho más difícil mover su brazo derecho. Sin embargo, inmediatamente se sentó y sintió que el demonio que había estado provocando la enfermedad, se había ido. Ella fue sanada completamente.

Incluyendo a su yerno, quien era profesor en la Universidad Nacional Kyoungbook en Daegu, todos sus hijos deseaban cuidar de ella, pero ella se mudó a Seúl, rentó una pequeña casa cerca de la iglesia, y llevó una vida cristiana saludable durante mucho tiempo en la llenura del Espíritu Santo.

A pesar de los disturbios en contra de la Reunión Unida de Avivamiento en Daegu

El 4 de mayo de 1990, fui invitado a predicar en una reunión en el Centro de Oración de la Montaña de Jooahm en la ciudad de Daegu. Este evento fue realizado por la Misión Unida de la Provincia de Kyeong Sang. Había tantas personas que se sentaron incluso en la parte baja del altar y en una parte del altar mayor. Aun con eso, no todos pudieron entrar al santuario. Así que, quitamos los ventanales para aquellos que estaban participando del servicio desde afuera. Incluso los miembros del coro tuvieron que permanecer afuera, y desde ahí tuvieron que cantar. Por la gracia de Dios también asistieron muchos pastores, y se realizaron muchas obras de sanidad.

El organizador de esa reunión, al ver que fue tan exitosa, organizó un evento mayor el siguiente año. Ellos rentaron el Gimnasio de Daegu. Muchas organizaciones misioneras apoyaron esta reunión con sus oraciones. Sin embargo, la denominación que me condenó, trató de obstaculizar el evento.

Solamente una semana antes de la reunión en la vigilia del viernes, la Palabra de Dios vino a mí. Yo tenía que pedir a todos los miembros de la iglesia que ayunaran por un día el siguiente domingo, para echar fuera la sinagoga de Satanás. Hasta entonces, yo no estaba enterado de lo que estaba sucediendo en Daegu. El sábado recibí el informe de los obreros de la iglesia que habían visitado Daegu y me di cuenta de lo que sucedía.

La denominación que me condenó envió una carta oficial al presidente del comité de organización, a la prensa y a otras organizaciones relacionadas, con el propósito de interrumpir la reunión, diciendo que yo había sido condenado por hereje y que había sido expulsado. Entonces, la asamblea de la denominación X de pastores que había estado apoyando la reunión, envió una carta oficial a cada una de sus iglesias diciendo: "Debido a que el Reverendo Pastor Jaerock Lee es hereje, nosotros condenaremos a aquellos que apoyen esta reunión, que también es herética". Por este motivo, muchas organizaciones y pastores que estaban apoyando, que habían estado orando por este evento, ya no pudieron ayudar. Hubo muchos falsos rumores circulando, incluyendo el rumor de que la reunión había sido cancelada.

El 18 de marzo de 1991, sin tener la oportunidad de hablar con respecto a la posición de nuestra iglesia y a la verdad, la reunión comenzó. Aquellas organizaciones que creyeron en las cartas que habían sido enviadas, nos dieron la espalda. Sin embargo, a pesar de la presión por parte de la asamblea de la denominación, muchos pastores continuaron participando en los preparativos del evento. ¡Qué gratificante fue! Ya que Dios motivó el corazón de los miembros de nuestra iglesia, ellos fueron a Daegu y se prepararon para la reunión. Inesperadamente, nuestra iglesia realizó el evento, sin embargo había muchos asistentes y terminó con la gracia de Dios.

El diablo enemigo trató de cancelar la reunión y causó gran oposición, pero como Dios conoce todos los pensamientos y planes de los hombres, Él nos permitió ayunar y orar con anticipación. Al final Dios obró para bien en todo.

"¿Qué, pues, diremos a esto? Si Dios es por nosotros, ¿quién contra nosotros? El que no escatimó ni a su propio Hijo, sino que lo entregó por todos nosotros, ¿cómo no nos dará también con él todas las cosas? ¿Quién acusará a los escogidos de Dios? Dios es el que justifica. ¿Quién es el que condenará? Cristo es el que murió; más aun, el que también resucitó, el que además está a la diestra de Dios, el que también intercede por nosotros. ¿Quién nos separará del amor de Cristo? ¿Tribulación, o angustia, o persecución, o hambre, o desnudez, o peligro, o espada. Como está escrito: Por causa de ti somos muertos todo el tiempo; Somos contados como ovejas de matadero. Antes, en todas estas cosas somos más que vencedores por medio de aquel que nos amó" (Romanos 8:31-37).

Nos trasladamos a un nuevo santuario por la fe

En marzo de 1987, nosotros no podíamos acomodar el creciente número de los miembros de la iglesia en nuestro santuario, y estábamos orando para obtener un lugar nuevo y más grande. En Shindaebang 2 Dong, donde inició nuestra iglesia, se había construido un nuevo edificio en el que rentamos el segundo y tercer piso.

Desde el 13 al 17 de abril, tuvimos una reunión de avivamiento conmemorando el traslado a un nuevo santuario. El tema era "No todo el que me llama 'Señor, Señor' entrará", y prediqué sobre la gracia, el Espíritu Santo, la fe y la vida eterna. Tres meses después de la reunión de avivamiento, el santuario de cerca de 1.400 metros cuadrados, ¡estaba lleno de personas!

Clamando en oración

Tal como es ahora, los miembros de nuestra iglesia oraban 3 horas cada día en la reunión de Oración de Daniel. Colocamos espuma de poliestireno en los marcos de las ventanas para impedir que saliera el sonido, pero debido a que el edificio mismo carecía de aislamiento acústico, no podíamos evitar que el sonido saliera del lugar. Afortunadamente, frente a la iglesia solamente estaba el mercado, no era una zona residencial.

En una ocasión, durante una reunión de los vecinos de esa área, hubo una persona que trajo un tema de agenda concerniente al ruido que salía de nuestra iglesia. Una persona miembro de la asociación de mujeres dijo: "Ellos cierran las ventanas incluso en medio del verano, e incluso han colocado espuma de poliestireno en los marcos de las ventanas. El sonido de las oraciones es como un arrullo para mí". Y ellos no volvieron a tocar el tema. En otra ocasión, un ciudadano se quejó a la estación de policía. El oficial que recibió la queja dijo: "Usted está durmiendo, y estas personas están orando por esta nación sin dormir. ¿Qué sucede con usted?". Esta persona no pudo decir más.

Vencí la crisis por la gracia de Dios

Dios no deseaba que permaneciéramos allí complacientes con la forma en que fluían las cosas en ese tiempo. Él permitió una prueba para nosotros, la cual nos ayudaría a trasladarnos a un lugar más grande. En abril de 1988, no solamente el santuario principal, sino también las oficinas, la escalera e incluso los corredores estaban llenos de personas asistiendo a los servicios de adoración. En ese tiempo, en el sótano de ese mismo edificio, había supermercados. Pero ya que las ventas no eran buenas, uno por uno estaban cerrando. Hicimos un contrato para comprar también el sótano, pero los vendedores del mercado y los residentes se opusieron a esto. Ellos estaban propagando falsos rumores diciendo que la iglesia estaba tratando de echar fuera a todos los comerciantes del lugar.

Estas personas estaban realizando rituales chamánicos frente al portón de la iglesia los días domingos, y hacían sonar fuertemente tambores coreanos tradicionales. Incluso cuando llamábamos a la policía, ellos venían y controlaban ya cuando todo había pasado. Las autoridades del gobierno local estaban detrás de esto. En esa época, el Sr. 'S', que era miembro del partido de oposición, visitó nuestra iglesia en diversas ocasiones y tenía amistad conmigo. Él recibió mi oración antes de las elecciones, y fue elegido. Entonces, el candidato del partido mayoritario que había perdido las elecciones, pensó que como nuestra iglesia estaba apoyando al partido opositor, sería difícil para él ganar en las próximas elecciones. Así que, hizo uso de algunas influencias en la oficina gubernamental del distrito y de la estación de policía, para sacar del lugar a nuestra iglesia. Fue después de mucho tiempo, que yo pude llegar a comprender la situación. Los obreros de la iglesia estaban diciendo que ellos ya no soportaban más y que deseaban ir a la oficina gubernamental del distrito a reclamar. Además deseaban tomar acción legal, pero yo los disuadí de no hacerlo. Los convencí solamente con la Palabra de Dios que nos dice que paguemos bien por mal.

Los miembros de la iglesia obedecieron mi palabra. Ellos

soportaron la oposición de los residentes locales y trataron de servirles. Pero con el paso del tiempo, las persecuciones se volvieron más intensas. Con el propósito de interrumpir el servicio, trajeron a la oficina local de la superintendencia, la oficina gubernamental del distrito, el representante del barrio, la presidente de la asociación de mujeres, e incluso los ciudadanos de la tercera edad, y la estación de bomberos venía cada día a revisar nuestras instalaciones para hacernos pasar un mal momento.

Yo solamente me arrodillé delante de Dios para orar. Y un día, escuché que aquellos que estaban tratando de sacarnos, querían reunirse conmigo. Cuando me presenté en el salón de reuniones de la superintendencia, había más de 10 representantes de diferentes sectores de la zona.

—¡Pastor, sálvenos! Estamos sufriendo mucho. Sentimos como que estamos cayendo en el infierno. También deseamos dejar este lugar, pero no tenemos un lugar lo suficientemente grande, y tampoco tenemos dinero. Pastor, ¿cuánto necesita para trasladar su santuario?

Ellos me contaron su historia, y pude ver la obra de Dios en ellos. Entre los que se habían puesto al frente para sacar nuestra iglesia fuera del lugar, había muchos que repentinamente cayeron enfermos y se contagiaron con diversas enfermedades. Los rumores sobre lo que estaba sucediendo se difundieron rápidamente, y hubo personas que se habían atemorizado al escuchar las noticias. Aquellos que estaban dirigiendo activamente este movimiento en contra nuestro, cayeron como si estuvieran cayendo al infierno. Debido a que no podían soportar ese temor, ellos querían reunirse conmigo. Nos entregaron 300 millones de won (300.000 dólares) en ese momento, cantidad que necesitábamos para trasladar nuestro santuario. Nosotros no teníamos ni unos cuántos miles de dólares, así que, ésta era una enorme cantidad.

Cuando el Rey Abimelec tomó a Sara, pensando que ella era hermana de Abraham, Dios apareció en sus sueños y le dijo que Sara era la esposa de Abraham, y le ordenó que la entregara. Abimelec no solamente entregó a Sara, sino que también envió ovejas, vacas y sirvientes para Abraham (Génesis 20). Cuando Dios obró, Abraham venció la crisis y fue tratado muy bien. De la misma forma, nuestra iglesia también venció la crisis por la intervención de Dios.

La tierra preparada por Dios estaba delante de nosotros

Nosotros orábamos diciendo: "Dios, danos una tierra que sobrepase los 5.000 metros cuadrados". Cerca de la iglesia, había un edificio de casi 5.000 metros cuadrados, y nosotros estábamos orando fuertemente para trasladarnos a ese edificio. Pero un día en 1990, la Academia de la Fuerza Aérea, que estaba ubicada en el Parque Boramae, anunció que se trasladaría, y que el lugar se convertiría en un parque. La municipalidad metropolitana de Seúl iba a vender el terreno a inversionistas privados. Yo comprendí que Dios preparó una porción de tierra para nosotros en el Parque Boramae, pues habría muchos beneficios. Es por eso que Dios me guió a Shindaebang Dong para abrir la iglesia. Cuando nosotros orábamos para mudarnos al parque Boramae, el Señor nos dijo: *"Yo les he entregado la tierra, vayan y tómenla. Toda su congregación tiene que mostrar fe. Después que hayan conquistado la tierra de bendición, Yo tomaré el control de todo"*. Nuestra iglesia incluso participó en la subasta, pero era difícil comprar aún 3.000 metros cuadrados, con la fe de los miembros de nuestra congregación en ese tiempo. Había solamente un cierto número de miembros que mostraban su fe.

Dios guió al pueblo de Israel a la tierra de Canaán, pero ellos no podían entrar a la tierra prometida porque desobedecieron. Solamente sus hijos podrían entrar en la tierra. Y debido a que nosotros no podíamos dar muestras de nuestra fe como se necesitaba, Dios nos guió a un segundo lugar en Guro Dong. Él había preparado un edificio en una zona industrial, el cual era casi de 8.400 metros cuadrados.

Servicio de consagración del nuevo santuario y continuidad de los disturbios

El complejo industrial Guro era un lugar que encabezó el camino de la industrialización en Corea del Sur. En ese tiempo había muchas fábricas en el sector. Nuestro 4° santuario, el santuario de Guro Dong, había sido en realidad una empresa llamada Shin Ae Electronics. Antes que esta empresa se fuera en quiebra, yo me reuní con su propietario.

Él me dijo: "Pastor Principal, me gustaría construir el santuario de la Iglesia Central Manmin en este complejo". Él acababa de conocerme, era la primera vez que nos reuníamos, sin embargo me dijo que deseaba construir la Iglesia Central Manmin en las instalaciones de su empresa. Yo creí en su palabra y le respondí con un 'Amén'.

Más adelante, Shin Ae Electronics quebró y el propietario huyó hacia los Estados Unidos. La Diaconisa Principal Shin Ae

Hyeon se convirtió en la Presidente reemplazándolo a él. Pero, debido a la enorme deuda, a un paro laboral y a los operarios exigiendo sus salarios atrasados, ella estaba enfrentando una situación bastante difícil. Por lo cual, la Diaconisa estaba orando para que el complejo de la empresa pudiera ser usado para el reino de Dios, por uno de los varios pastores famosos. En ese tiempo, ella recibió la respuesta de Dios diciéndole: *"Entrégale la tierra al Reverendo Jaerock Lee, a quien amo"*. Después de averiguar un poco, ella finalmente me encontró. Cuando recibí su llamada fui a saludarla formalmente en el lugar donde ella dirigía las reuniones de avivamiento, el mismo que estaba ubicado en Yongsan. Yo había experimentado la sanidad de Dios en su iglesia en 1974. Después de eso, solamente me había reunido formalmente con ella una vez. Nunca más nos habíamos vuelto a reunir desde esa ocasión, así que ella no me recordaba en lo absoluto.

Ella me explicó el proceso que había tenido que pasar para encontrarme. Dios movió mi corazón, y decidimos comprar esas instalaciones. Necesitábamos 10 billones de won (10 millones de dólares) para comprar, y para resolver el problema de salarios atrasados con los obreros inmediatamente necesitábamos 2 billones de won (2 millones de dólares).

Servicio de conmemoración por el nuevo santuario

El 10 de febrero de 1991, dejamos la iglesia de Shindaebang Dong para ir a Guro Dong, y realizamos el servicio de conmemoración. Les pagamos a los acreedores y también pagamos los salarios atrasados. Luego empezamos a renovar el edificio para convertirlo en una iglesia.

Cuando nos trasladamos, teníamos solamente 300 millones de won (300.000 dólares), lo que habíamos obtenido del edificio anterior. Así que, mirando la realidad de la situación, nosotros no podíamos siquiera tomar una decisión para dirigir a tantos miembros. Pero como estábamos seguros que era Dios quien nos dirigía, marchamos con fe. Un año después que nos trasladamos, el banco puso el lugar en subasta de nuevo, pero nosotros no teníamos el dinero. El banco dijo: "Ustedes, la iglesia, ya han resuelto la situación difícil de la compañía con el sindicato y han gastado mucho dinero renovando el edificio para convertirlo en iglesia. Pero, ¿quién creen ustedes que negociará estas tierras?" Ellos nos aconsejaron que compráramos las instalaciones cuando el precio bajara. Pero la realidad era diferente. Cierta compañía compró estas instalaciones como parte de sus planes de negocio en propiedades inmobiliarias. Y nos pidieron que desocupáramos el edificio. Por supuesto, nosotros no teníamos a dónde ir, y no podíamos ir a otro lugar.

El 15 de febrero de 1992, la empresa que compró el lugar trajo cerca de 100 operarios y sacaron las pertenencias de la iglesia a la calle. Algunos de los obreros de la iglesia fueron golpeados, mientras trataban de detenerlos. Por supuesto, esa empresa estableció una demanda judicial en contra de nosotros, diciendo que habíamos quebrantado la ley. A través de todo esto, Dios permitió que nuestros miembros amaran la iglesia y que oraran aún más. Él motivó entonces el corazón de aquellos que compraron estas instalaciones, y firmaron un nuevo contrato con nosotros, y comenzamos entonces a pagar el precio de este lugar.

Disturbios en contra de la Cruzada Evangélica de Seúl

Del 18 al 21 de mayo de 1992 se realizó la 'Cruzada Evangélica de Seúl' en nuestra iglesia, organizada por el 'Comité de Organización de la Cruzada del Jubileo y Reunificación de la Nación de 1995'. Fue realizada por el Movimiento de Evangelismo y Reunificación de la Nación con el apoyo de *Kukmin Ilbo*, Compañía de Difusión del Lejano Oriente, el Sistema de Difusión Cristiano; de los periódicos Cristianos *'The Christian Newspaper'* y *'The Korea Church Newspaper'*, y la oficina del Capellán de la Policía. El enemigo se interpuso de nuevo para cancelar esta reunión.

Sin embargo, hubo algunos pastores muy reconocidos, como el pastor Hyun Kyun Shin y Jaechul Hong que iban a ser los predicadores. Ellos estaban siendo presionados para que no predicaran en esta reunión. De nuevo, se presentaron aquellos que estaban diciendo que yo era hereje, y que tenía un historial de haber sido expulsado de la denominación. Si ellos predicaban en esta reunión, hubieran tenido que enfrentar situaciones desfavorables en el futuro. Pero esos predicadores sabían que yo era un pastor que seguía la fe del evangelio con amor por el Señor Jesús, y no se rindieron. El evento se realizó exitosamente con las obras del Espíritu Santo. Además, del 14 al 17 de septiembre de ese año, la 'Cruzada Unida de Evangelismo de Ciudadanos de Seúl' fue realizada en nuestra iglesia por la Asociación de Avivamiento Cristiano de Corea, y ocho pastores, incluyendo al pastor Jongman Lee, predicaron en este evento.

Reconciliación con la Denominación de Santidad (Anyang)

En febrero de 1992, la Iglesia Cristiana de Santidad de Corea (Anyang), la denominación que me había condenado, empezó a tomar medidas en contra de nuestra iglesia, puesto que nuestra iglesia había formado una denominación independiente y estaba creciendo rápidamente. El Pastor 'Y' quien se convirtió en el presidente de esa denominación había difundido falsos rumores, llevándolos incluso en muchas ocasiones al Consejo Cristiano de Corea y a la prensa. Puesto que esta clase de difamación estaba circulando, esto no era solamente calumnia, sino que también se estaba causando grandes daños al ministerio de la predicación del evangelio. Finalmente decidimos que los representantes de nuestra iglesia debían demandar al pastor 'Y' por la difamación.

El pastor 'Y' tenía ahora que pagar una multa y también iba a ser encarcelado. Él se desesperó y nos pidió muchas veces, a través de mi profesor del seminario Pastor Taekgu Sohn, que canceláramos la demanda. El pastor Taekgu Sohn también nos suplicó que canceláramos el caso y que nos reconciliáramos, puesto que el pastor 'Y' había dicho que no volvería a involucrarse en situaciones de la iglesia, sino que solamente se concentraría en su ministerio.

El pastor 'Y' estaba bastante anciano, y yo sentí lástima de él. Pero cuando yo quise aceptar la petición del pastor Taekgu Sohn de cancelar la demanda, el abogado que estaba a cargo de la misma se opuso fuertemente a esta idea. Él nos aconsejó: "Ustedes no deberían retirar la demanda ahora. Yo he estado investigando sus acciones anteriores, y si este problema no se resuelve fundamentalmente, ellos harán lo mismo de nuevo". A pesar de la disconformidad del abogado, yo firmé el documento de acuerdo mutuo y retiré el caso.

Fue el 20 de abril de 1993, cuando ambos nos reunimos y firmamos el acuerdo. Nosotros aún conservamos el documento. El pastor 'Y' firmó la promesa escrita diciendo: "Yo lamento haber distribuido materiales y haber ocasionado la difamación del Reverendo Jaerock Lee y de la Iglesia Central Manmin. Haré mi mayor esfuerzo por abstenerme de esta clase de acciones en el futuro, y me concentraré solamente en mi ministerio". Nosotros retiramos la demanda y lo perdonamos, pero así como predijo el abogado, en lugar de agradecernos, él continuó ocasionando disturbios a nuestra iglesia. Él dio una excusa diciendo: "Yo no me disculpé como el presidente de la denominación, sino solamente a nivel personal".

Herejía de acuerdo a la Biblia

A causa de tan rápido avivamiento, me volví muy conocido, pero también algunas personas empezaron a pensar que yo era hereje por causa de la denominación de la Iglesia Cristiana de Santidad de Corea. Aquellos que nunca me habían conocido, que nunca habían escuchado mis mensajes o que nunca habían estado en nuestra iglesia, pudieron juzgarnos solamente con escuchar los rumores de otras personas. Incluso en la Biblia, el apóstol Pablo, quien amaba tanto a Jesús y que predicaba el evangelio con toda su vida, fue perseguido y condenado como 'loco', 'una plaga' y 'cabecilla de la secta de los nazarenos' (Hechos 24:5).

En este punto deberíamos considerar lo que es la definición de herejía de acuerdo a la Biblia. En 2 Pedro 2:1 encontramos: *"Pero hubo también falsos profetas entre el pueblo, como habrá entre vosotros falsos maestros, que introducirán encubiertamente herejías destructoras, y aun negarán al Señor que los rescató, atrayendo sobre sí mismos destrucción repentina".* Aquí, el 'Señor que los rescató', se refiere a Jesucristo. Por lo tanto, antes que Jesús fuera crucificado, resucitara y que terminara Su misión como el Salvador, no existe la palabra herejía en la Biblia. Esta es la razón por la cual, no existe la palabra 'herejía' en el Antiguo Testamento ni en los cuatro evangelios, es decir, en Mateo, Marcos, Lucas y Juan.

En los cuatro evangelios, incluso los escribas, los fariseos, los sacerdotes y los sumos sacerdotes, no usaron la palabra 'herejía' ni siquiera cuando estaban persiguiendo a Jesús. Solamente después que Jesús resucitó y cumplió Su misión como el Cristo, aquellos que niegan a su 'Señor que los rescató', entran en esta condición; y solamente en el Libro de 2 Pedro, la Biblia advierte de estas personas heréticas. El nombre Jesús significa 'Aquel que salvará a Su pueblo de sus pecados' (Mateo 1:21), y Cristo significa el 'Ungido'. Solamente después que Jesús fue crucificado y resucitó, Él cumplió Su misión como el Cristo y se convirtió en nuestro Salvador.

Por lo tanto, cuando terminemos nuestras oraciones, en lugar de decir: "Yo oro en el nombre de Jesús", debemos decir: "Yo oro en el nombre de Jesucristo", y habrá un significado espiritual más perfecto. En 1 Juan 2:22 dice: *"¿Quién es el mentiroso, sino el que niega que Jesús es el Cristo? Este es anticristo, el que niega al Padre y al Hijo".* Por lo tanto, negar a Dios la Trinidad (Dios Padre, el Hijo Jesucristo, y el Espíritu Santo) se supone ser una herejía. Así que, no es correcto delante de Dios juzgar descuidadamente o condenar a un individuo o una iglesia que cree en Dios el Padre y que reconoce a Jesucristo como el Salvador.

Condenar una iglesia donde las obras del Espíritu Santo se llevan a cabo en el nombre de Jesucristo, es blasfemar y oponerse al Espíritu Santo, y la Biblia nos advierte que este pecado no puede ser perdonado. El Espíritu Santo es uno de los miembros de la Trinidad Divina, y si las personas dicen que estas obras del Espíritu Santo son obras del diablo, es afirmar que Dios es el diablo y eso es herejía, y ¿cómo pueden estas personas ser salvas? En Mateo 12:22 en adelante, la Biblia nos narra que Jesús sanó a una persona que había estado ciega y sorda a causa de un demonio. Los fariseos condenaron a Jesús diciendo:

"Este no echa fuera los demonios sino por Beelzebú, príncipe de los demonios". Jesús contestó, "Por tanto os digo: Todo pecado y blasfemia será perdonado a los hombres; mas la blasfemia contra el Espíritu no les será perdonada. A cualquiera que dijere alguna palabra contra el Hijo del Hombre, le será perdonado; pero al que hable contra el Espíritu Santo, no le será perdonado, ni en este siglo ni en el venidero" (Mateo 12:31-32).

Cuando los fariseos condenaron las obras del Espíritu Santo, manifestadas por Jesús a través del poder de Dios, esto fue blasfemar las obras del Espíritu Santo. Esto fue un pecado tan grave que no pudo ser perdonado, y ellos no pudieron ser salvos.

Fui probado al casi morir desangrado

En Junio de 1992, mientras atravesaba muchas situaciones difíciles en la iglesia, cosas que yo no podía comentar a nadie, me fui por muchos días sin lograr descansar ni dormir. El nivel de cansancio se salió de control. Especialmente, algunos pastores asistentes y obreros, dejaron de orar y continuaron desobedeciendo, y finalmente Dios permitió una prueba. Debido a que yo estaba llevando cargas tan grandes sobre mí, estaba al borde de sufrir un derrame cerebral. Cuando los miembros de la iglesia estaban enfermos, yo podía orar por ellos. Pero, ¿qué si yo mismo caía con una hemorragia cerebral? Dios obró de tal manera que antes que yo cayera con una hemorragia cerebral, Él rompió una vena grande en mi nariz para permitirme derramar la sangre.

Sucedió el sábado 13 de junio de 1992. Debido a que yo tenía que oficiar una boda, me estaba preparando para salir.

Repentinamente tuve una hemorragia nasal y le pedía a otro pastor que realizara la boda en mi lugar. La sangre estaba fluyendo por ambas fosas nasales y por la boca. Durante el transcurso de la tarde, me desangré por cerca de una hora y media. Por la noche, sangré de nuevo por más de una hora. Tenía que sentarme con mi cabeza hacia abajo. Si yo levantaba mi cabeza, la sangre bajaba inmediatamente a mi garganta y me hacía ahogarme.

El domingo por la mañana, estaba a punto de bañarme, y empecé a sangrar de nuevo; así que no pude ir a la iglesia. Una gran cantidad de sangre estaba brotando de mis fosas nasales y bajaba a la garganta. Mientras me desangraba, me preguntaba: ¿de dónde provenía tanta sangre?

Más de 100 pastores asistentes y obreros de la iglesia escucharon las noticias y vinieron a mi residencia. Al principio, algunas personas me ayudaban a limpiar la sangre con pañuelos desechables, y luego con toallas; sin embargo, debido a que la hemorragia no se detenía sino que continuaba fluyendo y ellos no podían ayudarme más con esas cosas, yo tenía un gran recipiente delante de mí. Pero como todos sabían que por mi fe yo no dependía de los métodos del mundo, nadie hablaba de ir al hospital.

Repentinamente, yo deseaba escuchar alabanzas y les pedí a las personas que estaban allí. Alguien vino y cantó alabanzas. Mientras yo escuchaba, tenía paz en mi corazón, y deseaba ir al cielo decididamente. Poco a poco perdí toda mi energía y empecé a perder la conciencia. Pero pude sentir que mi espíritu se volvía más claro y lleno del Espíritu.

En la línea decisiva entre la vida y la muerte

En ese momento, en una clara inspiración, Dios me permitió conocer el estado espiritual exacto de algunas de las personas que se reunían en el lugar. Le pedí a esas personas que desecharan la arrogancia y la falsedad que Dios aborrece; y les hablé sobre mi última voluntad a los miembros de mi familia. Más tarde me enteré que toda la congregación empezó a orar por mí.

Mi pulso se detuvo, y también dejé de respirar. En ese momento perdí mi conciencia y pude sentir mi espíritu abandonando mi cuerpo. Escuché al Anciano Boaz Lee y a otros que estaba allí orando entre sollozos y lágrimas: "¡Dios, por favor permite que nuestro pastor regrese de nuevo a la vida!". Ellos me dijeron que cuando tocaron mi muñeca, no había pulso, y cuando tocaron mi pecho, estaba frío. En ese momento, el Señor vino a mí.

—*Mi siervo, ¿vienes a Mí, o regresarás a cumplir con tu misión?*

—Señor, yo deseo estar a Tu lado.

En esa época nosotros vivíamos en una casa rentada. Yo no tenía casa ni ahorros en el banco. Sin embargo, no me preocupé por los miembros de mi familia, sino que solamente deseaba irme al Cielo. Entonces, el Señor me mostró dos escenas. Después de haberme ido al lado del Señor, el diablo enemigo atacó nuestra iglesia. El santuario se estaba derrumbando y muchos creyentes se convirtieron en ovejas extraviadas y regresaron al mundo, a los caminos de la muerte. Algunos de los miembros se encaminaban hacia las puertas del Cielo con ayunos y oraciones, pero la mayoría de la congregación, perdieron su camino, y empezaron a caminar hacia el mundo y por el camino del Infierno. En aquel momento, recobré el sentido.

—Señor, permíteme regresar. Yo deseo venir delante de Ti con los miembros de la iglesia después que construyamos el Gran Santuario.

Yo oré con deseos de vivir. En ese momento, una luz descendió de lo alto y una fuerza sorprendente vino sobre mí. Me senté en un instante, y pedí agua. Más tarde, me enteré que el agua que bebí se convirtió en sangre dentro de mi cuerpo. Me paré y caminé a la sala. Algunos miembros que no podían entrar a mi habitación estaban orando y llorando allí. Ellos estaban sorprendidos y a la vez muy felices. Estreché las manos con cada uno de ellos e incluso hablé con ellos. Mi rostro empezó a enrojecerse. No había señales de que yo me había desangrado hasta morir. Mi conciencia continuaba un poco difusa, solamente recuerdo lo que escuché de otras personas, y no recuerdo ningún detalle.

Desde entonces, yo bebo agua si llego a sangrar. Generalmente, bebo refrescos en lugar de agua, pero en ese instante yo deseaba beber mucha agua. Ya que derramé tanta sangre, me hubiera muerto a menos que hubiera recibido una transfusión de sangre. Pero así como el Señor cambió el agua en vino, yo creí que el agua podía ser cambiada en sangre, por el poder de Dios, cada vez que la bebía. Debido a que sabía que mi hemorragia sucedió en la providencia de Dios, no deseaba en lo absoluto depender de la medicina de este mundo. Ya que creía y confiaba completamente en el Dios Todopoderoso, yo dejé todo en sus manos.

Yo no tenía ningún deseo de ir al hospital para extender mi vida. Si Dios deseaba tomar mi espíritu, no había razón para que yo tratara de sobrevivir. Solamente si es la voluntad de Dios, yo elegiría la muerte con gusto. Conozco a Dios Todopoderoso más que cualquiera y he estado sanando a tantas personas enfermas por el poder de Dios; y si yo no podía ser sanado con fe, ¿cómo podía enseñar a la congregación a recibir la sanidad por la fe? Es por eso que preferí escoger la muerte a depender de los hospitales. Enfrenté mi muerte con felicidad, dejando mi última voluntad a mi familia en paz. Pero debido a que no era la voluntad de Dios que yo muriera, Él me permitió regresar de nuevo a la vida en un momento.

Pasé la prueba de Abraham

Dado que la hemorragia se detuvo esa noche, yo cené y me dirigí a mi lugar de oración. Pero esa noche me desangré de nuevo cerca de una hora y media, y la siguiente mañana, sangré otra vez. Yo no podía comer, ni recostarme. Si yo me acostaba, la sangre de mi corazón se derramaría, por lo cual tenía que sentarme de lado, con mi cabeza hacia abajo. El domingo, yo continuaba en mi lugar de oración. Tuve un servicio de adoración con el video del sermón "Dios el Sanador", que yo había predicado antes. En el momento de la 'Oración por los enfermos', puse mis manos sobre mi cabeza y recibí la oración, y desde ese momento la hemorragia se detuvo completamente. Por medio de esta experiencia, una vez más reconocí y estaba sorprendido porque la oración por los enfermos era muy poderosa.

Yo calculé el tiempo durante el cual estuve sangrando. Por 8 días, en 30 ocasiones diferentes, sangré por 24 horas. Este tiempo fue suficiente para derramar muchas veces toda la sangre del cuerpo. Cuando sangraba, yo bebía agua, y esta agua se convirtió en sangre, y esto continuó por 8 días. Dios me probó por 8 días, sin embargo yo nunca renegué ni tuve resentimiento como Job. Solamente me sentía agradecido. A pesar que tuve que morir, fue para ir al lado del Señor, y yo viviría feliz en el Cielo, así que no hubo razón para estar triste.

Debido a que sangraba más cuando me recostaba, tuve que permanecer sentado con mi cabeza hacia abajo todo el tiempo. Yo pensé mucho en este tiempo. Dios me dio mucho poder, pero yo no guié apropiadamente a la congregación hacia la fe, no controlé a los obreros de la iglesia apropiadamente, y no habíamos construido el santuario aún. Me sentí cada vez más avergonzado delante de Dios, mientras continuaba pensando. Permanecí 8 días sin dormir, con un corazón arrepentido delante de Dios.

Ya que yo estaba agradecidamente dispuesto a entregar mi vida cuando Dios lo demandara, Él me revivió en 8 días. Dios me permitió saber más tarde, que así como Abraham pasó la prueba de ofrecer a su único hijo Isaac, yo también había pasado la prueba de entregar mi vida. Mientras atravesaba esta clase de prueba, la confianza de Dios en mí se fortaleció, y Él me bendijo para que mostrara obras más poderosas. Este incidente también fue una oportunidad para que los obreros y los miembros de la iglesia se despertaran de nuevo, y la iglesia permaneció parada sobre la roca firme.

Aunque advertí con respecto a la escatología del tiempo limitado

En 1984, después que nuestra iglesia fue inaugurada, yo prediqué sobre las señales del fin de los tiempos, de las cosas que había comprendido a través de la inspiración de Dios. Les expliqué sobre la relación entre Corea del Norte y del Sur, sobre el número '666' y sobre la unión Europea convirtiéndose en un Estado, y otras cosas más. Pero la relación entre Corea del Norte y del Sur estaba en mala situación, y las tarjetas de crédito eran inusuales, lo cual hizo que los miembros se sintieran de alguna forma no muy familiarizados con algunas de las cosas que dije.

Jesús se lamentó diciendo: *"Pero cuando venga el Hijo del Hombre, ¿hallará fe en la tierra?" (Lucas 18:8)*. Así que traté, lo mejor que pude, de sembrar fe en los creyentes para que se convirtieran en verdaderos granos de trigo que tienen fe, en este final de los tiempos. Sin embargo, tan pronto prediqué sobre las señales del fin de los tiempos, fui conocido como si yo hubiera establecido el tiempo límite del final de la historia. Los artículos sobre mí estaban en los periódicos, las revistas, y en la televisión; fui conocido por el mundo de nuevo.

Algunos artículos publicados decían cosas que yo no había dicho, y un pastor 'L', quien proclamaba la escatología del tiempo limitado, estaba diciendo que yo estaba proclamando lo mismo que él. La mayoría de la prensa escribió artículos favorables sobre mí. Sin embargo, una persona, el Sr. 'T' de una revista mensual, declaró que yo estaba afirmando que conocía el día de la venida del Señor. Pero ya que todo iba a ser revelado en el tiempo correcto, yo no tomé acción legal en contra suya, ni tampoco presenté excusas.

Todos mis sermones están grabados, y siempre son vendidos al público. Desde la apertura de la iglesia, siempre he enseñado a mi congregación a que estén despiertos en su vida cristiana, así como las cinco vírgenes sensatas ilustradas en el capítulo 25 del Evangelio de Mateo.

A continuación los extractos correspondientes a las fechas indicadas, desde el principio y hasta mediados de 1992, que son ejemplos de mis enseñanzas concernientes a este asunto.

"Hoy algunos de ustedes leyeron algunos libros o han escuchado de otras personas, y ¿hay algunos de ustedes que dicen o creen que el Señor viene el 10 o el 28 de octubre? ¡Ustedes jamás deben hacer eso! ¿Me han escuchado hablar sobre el año 1992? ¡No, no lo han hecho! Yo solamente enseño con mis lágrimas y mis oraciones la Palabra de Dios,

y les enseño que desechen los pecados y que vivan en la luz y en la justicia para reflejar al Señor, y que se adornen ustedes mismos como la bella novia del Señor. Y aunque el Señor venga mañana, les he enseñado que siembren un manzano hoy". (Resumen del Servicio del domingo 19 de enero de 1992, titulado "Estén despiertos").

"En Mateo capítulo 24, los discípulos le preguntaron al Señor sobre Su venida y las señales del fin de los tiempos. Jesús les enseñó sobre las señales cercanas al tiempo en que Él regresaría de nuevo. Es por eso que nosotros conocemos sobre las señales del fin de los tiempos... Al ver a las personas que declaran octubre de 1992, algunos son engañados y otros dicen que están locos. ¿Qué piensan ustedes? Si aman a Dios y conocen Su voluntad, ustedes no deberían tener nada que ver con semejante declaración. No tienen que escuchar semejante declaración. Nosotros podemos ser salvos por la fe, no por saber cuándo, o qué día de qué mes el Señor vendrá de nuevo. Jesús es nuestro Salvador y Él nos redime de nuestros pecados, así que, podemos recibir perdón de nuestros pecados por la fe, convertirnos en hijos de Dios, e ir al Reino de los Cielos. Sin embargo, ellos dicen que nosotros podemos ser salvos solamente cuando creemos y declaramos en qué mes y qué día, y que no podemos ser salvos si no lo hacemos. ¡Qué absurdo es esto! Esto es totalmente incorrecto de acuerdo a la Biblia". (Resumen del Servicio del domingo 31 de mayo de 1992, titulado "¿Cuál será la señal?").

Capítulo 7

Dios extendió los límites del ministerio

Se abre la puerta al evangelismo mundial

Cruzada Mundial de Evangelización Espíritu Santo

En mayo de 1992, fui invitado al desayuno anual de oración nacional, donde el Presidente y políticos importantes asistieron, y yo fui al lugar con nuestra Orquesta Nissi. El mismo año, el 14 y 15 de agosto, tomé parte en los preparativos de la 'Cruzada Mundial de Explosión del Espíritu Santo' de 1992, la cual se realizó en la Plaza Yoido. Esta Cruzada Mundial de Explosión del Espíritu Santo, se realizó bajo el título 'El Mundo para el Espíritu Santo' y fue una reunión de tamaño extraordinario, a la que asistieron más de un millón de personas. Nuestra iglesia participó con un coro de 200 integrantes, la Orquesta Nissi y 400 miembros de la iglesia que sirvieron como voluntarios para controlar el tránsito y la seguridad del lugar de la cruzada.

En la reunión encontré al Pastor Gwangsam Rah, quien era

el presidente del Club del Espíritu Santo en Washington D.C. y el presidente permanente de la Cruzada de Evangelización Espíritu Santo. Él fue mi compañero en la secundaria y estaba cumpliendo con su ministerio en Washington D.C. Yo no lo había visto desde nuestra graduación, y nos encontramos ahora como pastores en ese lugar.

Él me dijo que se estaba preguntando de qué iglesia venían los voluntarios, y estaba sorprendido al enterarse que eran de mi iglesia. Por medio de esa reunión con él, mi ministerio empezó a viajar hacia el continente americano.

Cruzada Unida de Evangelismo en Washington D.C.

En 1993, Dios abrió totalmente la puerta a la misión mundial. Recibí una invitación para predicar en la 'Cruzada Unida de Evangelismo en Washington D.C.', organizada por la Asociación de Iglesias Coreanas en Washington D.C., del 6 al 8 de agosto de 1993. Recibí muchas invitaciones para dirigir reuniones en otros países, pero no había podido contestar a ellas. Sin embargo, ya que era la ciudad capital de los Estados Unidos, sentí que era la providencia de Dios y decidí ir.

Los organizadores de esta cruzada dijeron que prepararon la reunión para sembrar verdadera fe en los coreanos residentes en ese lugar, y para permitirles experimentar cambios en sus vidas a través de las obras del Espíritu Santo. La reunión se realizó en el gimnasio de la Secundaria Wheaton bajo el patrocinio de la unión de 180 iglesias en el Nordeste incluyendo Washington D.C., Nueva York y Baltimore. El evento estuvo lleno del

Espíritu Santo los tres días.

Durante el primer día prediqué el 'Mensaje de la Cruz', el segundo día 'Fe Carnal y Fe Espiritual', y el tercer día, 'La Bendición de la Vida Eterna'. Los asistentes humildemente anhelaban la Palabra y recibieron el mensaje respondiendo con 'Amén'.

Exhorté a las personas a permanecer en la Luz

Después que la cruzada de Washington terminó exitosamente, fui invitado de nuevo como predicador y presidente honorario de la 'Cruzada de Evangelismo en Los Ángeles' en 1993, la cual fue organizada por la Asociación Coreana del barrio coreano en Los Ángeles, celebrando el 20° 'Festival del barrio coreano' el 19 de septiembre del mismo año. Antes de esta cruzada, Dios me permitió prepararme para la misma con mucha oración. Yo pasé un tiempo de oración por esta región. Fui a la montaña de oración por tres semanas, y me preparé clamando en oración.

Los organizadores de la 'Cruzada de Evangelismo de Los Ángeles' me pidieron que llevara un mensaje de consolación para los coreanos del lugar, pero no lo hice. Lo que ellos necesitaban no era consolidación. Ellos necesitaban arrepentirse por no vivir una vida cristiana correcta; tenían que guardar el Día del Señor en santidad y correctamente, y vivir en la Luz.

El 29 de Abril de 1992, hubo un amotinamiento de los afroamericanos en la región de Los Ángeles, y los coreanos estaban viviendo con profundas heridas y una sensación de victimización. Esto fue ocasionado primeramente por racismo de blancos hacia los negros, pero la muchedumbre empezó a robar indiscriminadamente y a iniciar incendios en la mayoría de las tiendas pertenecientes a los coreanos. Muchas familias coreanas estaban lastimadas, tanto material como emocionalmente.

La Biblia nos enseña que si vivimos por la Palabra, y si cambiamos en corazones verdaderos y una fe perfecta, nuestras almas prosperarán, todas las cosas nos irán bien y tendremos salud. Es decir, si practicamos la Palabra de Dios, podemos ser protegidos de toda clase de accidentes y desastres. Usé el pasaje de Hechos 4:11-12, con el mensaje titulado "¿Por qué Jesús es nuestro único Salvador?". Prediqué el mensaje de la cruz y traté de sembrar fe en ellos. Los exhorté para que se convirtieran en cristianos que viven por la Palabra de Dios por sobre todo.

También fui invitado a una iglesia en Irving y les prediqué un mensaje. Después de todas las reuniones, el 21 de septiembre, visité el Municipio de la ciudad de Los Ángeles. Los miembros del Municipio detuvieron la sesión por un momento y me pidieron que orara por ellos, así que oré para bendecirlos. Ese día, recibí la Ciudadanía Honoraria del condado de Los Ángeles, y escuché que era la primera vez que hacían algo así. Participé en el 'Desfile de carros alegóricos florales', que era lo mejor del Festival del barrio coreano de Los Ángeles, y yo viajé sobre uno de los carros. La oración que ofrecí y mi viaje sobre el carro alegórico fue transmitido y reportado por las cadenas KTAN, KATV, KTE y en los periódicos *The Hankook Daily* y *The Joong-ang Daily*, y fue esta la ocasión cuando fui conocido en esa región. Todo fue por la gracia de Dios.

Sermones transmitidos activamente

Desde marzo de 1990, mis sermones empezaron a ser transmitidos en un programa llamado 'Buenas Noticias de la Tierra Lejana', de la Compañía de Difusión del Lejano Oriente. Éste era transmitido en China y algunas partes de Rusia. Desde entonces, he recibido cartas de agradecimiento de muchos chino-coreanos, y algunos de ellos han visitado nuestra iglesia.

Desde agosto de este año, mis sermones fueron transmitidos en el área de Washington D.C. por una radio coreana. A partir de diciembre de 1992, fueron transmitidos por 'Este Evangelio' del Sistema de Difusión Cristiana de Busán; en noviembre de 1993 en el Sistema de Difusión Cristiana Iri; e iniciando en febrero de 1994, el Sistema de Difusión Cristiana Cheongju empezó a transmitir mis sermones cada semana. Cada año, la duración total de mis sermones transmitidos iba aumentando, y más de 900 minutos de sermones eran transmitidos cada semana. Yo tenía que grabar la voz en cada sermón, y esto no era un trabajo fácil. Del 20 al 22 de mayo de 1994, prediqué un mensaje en una reunión especial para los coreanos en Washington D.C. y en Baltimore, evento realizado por el Sistema de Radio Cristiana de Washington (WCRS, por sus siglas en inglés). Después de esto, el Anciano Yeong Ho Kim, el Ejecutivo en Jefe de WCRS me pidió que me convirtiera en el presidente del consejo del WCRS, y acepté la propuesta.

Muchos radioescuchas de la WCRS mostraron una buena

respuesta, y a través de eso me volví muy conocido en esa zona. El Anciano Kim, me envió los mensajes de muchas personas diciendo que las prédicas eran del evangelio puro. Él estaba muy feliz de tener tantas y tan buenas respuestas por parte de los oyentes.

La fe es la certeza de lo que se espera

Reconocida como una de las 50 iglesias más importantes del mundo

En febrero de 1991, como nos trasladábamos a un nuevo santuario en Guro Dong, tuvimos una Reunión Especial de Avivamiento de dos semanas. Durante el último día del Avivamiento, en la Vigilia del viernes, el número registrado de miembros sobrepasó los 10.000. Dios nos envió muchas y diversas personas, una muestra representativa de diferentes trasfondos culturales, sociales y económicos. Después de seis meses, el santuario estaba lleno. Después de tres años, en la iglesia no cabía ni una persona más.

El 11 de febrero de 1993, los periódicos principales de Corea y los periódicos Cristianos publicaron el anuncio de las 50 iglesias principales del mundo según la revista *'Christian*

World Magazine' de los Estados Unidos, y nuestra iglesia era una de ellas. Fue solamente poco tiempo después de 10 años desde la inauguración, en que Dios nos había permitido ya el crecimiento de nuestra iglesia para convertirnos en esa iglesia mundial. No fui yo, sino que Dios lo hizo, y yo solamente podía dar gracias y gloria a Dios el Padre.

Todo aquello por lo cual oramos con esperanza

Proverbios 29:18 dice: *"Sin profecía el pueblo se desenfrena; Mas el que guarda la ley es bienaventurado"*. Profecía es lo que Dios nos revela a través de Sus profetas. Si no tenemos revelación, no tendríamos moderación, es decir, ignoraríamos la ley de Dios y actuaríamos de acuerdo a nuestra propia voluntad, yendo por lo tanto, por el camino de la destrucción.

Mientras estaba ayunando por 40 días justo antes de abrir la iglesia, Dios me dio muchos sueños y visiones. Él está obrando en nosotros por Su voluntad y agrado. Él me dio sueños y me guió. Yo oré mucho en esa ocasión y abrí la iglesia, Él permitió que la iglesia se convirtiera en una iglesia con una misión mundial, y una iglesia que es muy amada por Dios.

Para alcanzar la misión mundial, primero, tenía que levantar obreros. Tenía que levantar a muchos líderes que fueran correctos a los ojos de Dios, no solamente para ser usados en misiones locales nacionales, sino también para enviarlos a misiones extranjeras. Oré para levantar excelentes pastores. Cuando asistía al seminario, los estudiantes de teología en esa época con frecuencia solamente limpiaban los baños de la iglesia, hacían los boletines semanales y realizaban todos los otros trabajos difíciles de los pastores y de los miembros de la iglesia. Sin embargo, ellos nunca recibían ningún tipo de elogio. Si cometían algún error, eran regañados por los pastores y en el peor de los casos, eran expulsados de la iglesia. Yo me sentía muy triste al ver la situación de estos estudiantes. Después que abrí la iglesia, yo pagué las colegiaturas y los costos de vida de los estudiantes de teología de nuestra iglesia. Yo deseaba apoyarlos de una forma que su corazón no fuera tomado por el mundo, sino que pudieran crecer para convertirse en poderosos ministros. Dios movió mi corazón para levantar muchos pastores. Pero debido a que el estado financiero de la iglesia no era realmente muy bueno, esto no era algo fácil para nosotros. En ocasiones, los miembros que estaban a cargo de las finanzas de la iglesia se quejaban. Yo los convencía y trataba que ellos comprendieran y trabajaran en paz.

Además, para cumplir con la misión mundial necesitaba buenos grupos de alabanza, y oré soñando con ello. Cuando estuve ayunando por 40 días, miré algunos grupos de alabanza dirigiendo la alabanza en cada reunión. Cada vez yo oraba diciendo: "Dios, cuando yo abra una iglesia, dame grupos de alabanza excelentes". Yo buscaba con fe. Más tarde oré no solamente por los grupos de alabanza sino también por una orquesta para dar la gloria a Dios. 1 Crónicas 23:5 dice: *"Además, cuatro mil porteros, y cuatro mil para alabar a Jehová, dijo David, con los instrumentos que ha hecho para tributar alabanza"*. Nosotros podemos ver que había cuatro mil personas tocando los instrumentos en el templo de Dios. El Salmo 150 nos dice que ¡alabemos con bocina, salterio y arpa, con cuerdas y flautas, con címbalos resonantes y con címbalos de júbilo!

Mientras oraba por una orquesta, esperé durante muchos años por la dirección de Dios. Él llamó a músicos profesionales expertos en diversos instrumentos. Dios les permitió crecer tomando la Palabra de Vida, y tocó sus corazones para que tuvieran un sueño. Generalmente, los músicos tienen sus propias y especiales personalidades, y no les era algo fácil entregarse ellos mismos y entregar su conocimiento para cumplir con el ministerio y darle gloria a Dios. Sin embargo, había músicos profesionales que solamente deseaban dar gloria a Dios con agradecimiento por Su gracia, y ellos formaron una orquesta. Esta es la Orquesta Nissi. El 1º de mayo de 1992, celebramos el servicio de inauguración, y desde entonces ellos han estado muy activos en las asociaciones de la iglesia. Tocaron en la Cruzada del Jubileo realizada en la Plaza Yoido, y en otros conciertos realizados por iglesias, y también han participado en otros conciertos benéficos dentro y fuera de Corea.

Además, Dios nos dio bellos coros. Ahora, hay más de 20 grupos de alabanza, y ellos están dando gloria a Dios con sus alabanzas, no solamente en Corea sino también en muchos otros países.

Alabadle con pandero y danza

El sueño para cumplir con la misión mundial trajo también la fundación no solamente de grupos de alabanza, sino también de grupos de danza. Yo meditaba en la Biblia sobre la clase de actitud que agrada a nuestro Padre cuando lo alabamos. Y tuve la respuesta a través de lo que escribió David. David danzaba con tanto gozo cuando el arca de Dios regresó a él (2 Samuel 6:12-23). Sin embargo su esposa Mical lo despreció en su corazón y lo criticó. Entonces, David le dijo: *"Fue delante de Jehová, quien me eligió en preferencia a tu padre y a toda su casa, para constituirme por príncipe sobre el pueblo de Jehová, sobre Israel. Por lo tanto, danzaré delante de Jehová"* (2 Samuel 6:21). Mical, quien había despreciado al Rey David cuando danzaba delante de Dios, fue maldecida y se convirtió en una mujer estéril. Es muy obvio para nosotros que debemos obedecer la Palabra de Dios y agradarlo a Él, en lugar de estar temerosos por lo que dicen otras personas.

¡Ellos practican danzas hechiceras!

En marzo de 1986 se fundó el 'Grupo de Danza Sagrada' para dar gloria a Dios con bellas e inspiradoras danzas realizadas para acompañar las alabanzas. Estas danzas son para dar esperanza por el Cielo a quienes las miran. El nombre de 'Grupo de Danza Sagrada' fue cambiado por 'Grupo Misionero de Artes'.

En la actualidad, la cultura de danza cristiana es muy común con la ayuda de los avanzados medios de comunicación. Sin embargo, era poco usual en aquel tiempo. Nuestra iglesia estableció el 'Comité de Alabanza' y el 'Comité Misionero de Artes Escénicas'. Ellos organizan diversos eventos y promueven cantantes, danzarines y músicos profesionales. No obstante, como nuestra iglesia estaba creciendo rápidamente, algunos se pusieron celosos por ello y difundieron falsos rumores y mentiras. Por consiguiente, inició el rumor que decía: "¡Ellos practican danzas hechiceras en cada servicio de adoración!". Muchas veces al año preparábamos presentaciones especiales de danza para eventos especiales o festivales bíblicos, y los grupos se presentaban delante de la congregación. Pero algunos falsos rumores se difundieron diciendo que nosotros estábamos poseídos por malos espíritus y que así danzábamos en cada servicio.

A pesar de estos falsos rumores, nuestro 'Grupo de Danza Sagrada' fue invitado a la Cruzada Aleluya de la Unión Soviética en 1991 con el Pastor Hyun Kyun Shin. Esta era su primera presentación internacional para dar gloria a Dios con su danza. Desde entonces, se han ganado el favor y el amor de muchas personas con sus presentaciones en Corea y en otros países. Ellos continúan llevando a cabo su ministerio de glorificar a Dios.

Reconocidos por su talento

Actualmente hay muchos grupos de artes escénicas en la iglesia. Ellos han desarrollado sus talentos en Dios y están activos en sus ministerios. El 1 de Junio de 1991, uno de nuestros grupos participó en el '10º Concurso Nacional de Música del Evangelio' realizado por la Compañía de Difusión del Lejano Oriente, y nuestro grupo ganó el premio mayor. El 17 de Junio de 1995, en el 14º Concurso, el 'Coro Sonido de Luz' de nuestra iglesia ganó el premio mayor. El 'Coro Sonido de Luz' consistía de 3 miembros en ese tiempo, y uno de ellos era la tercera y menor de mis hijas, Soojin. Dios la había llamado como Su sierva desde que era solamente una niña, y terminó su estudio de teología y sirve ahora como pastora en nuestra iglesia.

El 17 de abril de 1993 hubo un concierto de música cristiana en el Auditorio Antorcha, dedicado a niños que eran la cabeza de sus familias, y nuestra Orquesta Nissi fue invitada y se presentó en ese evento. El mismo año, la Orquesta Nissi fue invitada junto con el 'Grupo Misionero de Artes' y otros grupos de alabanza. Ellos participaron en el 'Servicio Especial de Adoración para la Evangelización de los Fiscales', el cual se realizó en el salón de conferencias de la oficina del Fiscal Supremo. El 6 de noviembre de 1993, los 'Cantantes Cristal' de nuestra iglesia participaron en el 4º Concurso Nacional de Música del Evangelio, realizado por el Sistema de Difusión Cristiana, y ganaron el premio mayor.

Cooperación con los ministerios e iglesias asociadas

Con un corazón servicial

Debido a que los miembros de nuestra iglesia asistían y hacían los trabajos voluntarios en muchos eventos cristianos, diversas organizaciones deseaban otorgarme posiciones altas. Pero, como había muchos pastores que eran mis superiores y también porque yo deseaba ayudar de manera interna, no deseaba tomar las posiciones que ofrecían. Los rechacé muchas veces, pero pensando también que ellos podían sentir que yo estaba siendo descortés al rechazar tantas peticiones, les pedí que disminuyeran la posición a un nivel más bajo y acepté su propuesta. En los eventos, si mi nombre estaba en los asientos, yo tenía que sentarme allí, pero si los asientos no estaban asignados, siempre me sentaba al final de la fila. Sentí mucha vergüenza como para sentarme en el centro, mientras había muchos pastores que eran mis superiores. Me sentía

En la Cruzada Mundial Explosión del Espíritu Santo, en 1992

En la Cruzada Unida de Evangelización en Daegu

Cruzada de Evangelización de Fiscales

Concierto durante el Servicio de Edificación y
Evangelización de Prisioneros

Predicación durante la Reunión de Ayuno y Oración por la nación y sus habitantes

Cruzada Unida Aleluya en Seúl (en la Iglesia Central Manmin)

Cruzada de Jubileo por la reunificación de Corea del Sur y del Norte (en Yoido), 1995

más cómodo en los asientos al final de la fila. Además, incluso ahora, aún tengo que pensar y concentrarme en la Palabra de Dios y en las oraciones, en lugar de comprometerme con actividades externas. Razón por la cual, en muchas ocasiones mis pastores asistentes o ancianos de la iglesia participan en mi nombre en estos eventos. Ya que no socializo mucho, y no asisto a muchas reuniones, y debido a que tengo poca relación con otros pastores, quizá algunas personas que no me conocen bien podrán pensar que soy un hombre arrogante. Sin embargo, cada vez que había una petición para cooperar en el evento de alguna asociación de iglesias, me esforzaba por ayudar para que el evento fuera exitoso.

El 21 de junio de 1993, yo hice la oración especial en la 'Campaña de ciclismo de todo el país y la Gran Cruzada de Imjingak para la reunificación de la nación'. La Orquesta Nissi, nuestro coro, y los voluntarios también participaron. Del 18 al 21 de octubre del mismo año, la Cruzada de Evangelización del área de Seúl, en preparación para la Gran Cruzada de Jubileo y Reunificación de la Nación, se realizó en nuestra iglesia. Cuatro pastores muy reconocidos en Corea fueron los predicadores, y ellos estuvieron enfatizando que reuniéramos al país dividido con el evangelio. El 24 de noviembre de ese año, fui invitado como el predicador de la Reunión de Oración para la Reunificación de la Nación realizada en la Montaña de Oración Haneolsan. Les prediqué el mensaje y oré por los asistentes, y se realizaron muchas obras de sanidad.

Yo también tenía interés en la Misión de Edificación para aquellos que estaban en prisión y para aquellos que recién habían sido liberados. El 28 de Febrero de 1994 se realizó la

'2ª Cruzada Cristiana Coreana del Comité del Ministerio de Justicia Nacional y Edificación' en la Iglesia Presbiteriana de Myung Sung, por la Asociación Cristiana del Comité de Edificación Nacional, bajo el título, "Palabra, Amor y Edificación". Yo era uno de los Copresidentes de la Asociación, e hice la lectura del pasaje bíblico. Los grupos de alabanza de nuestra iglesia, la Orquesta Nissi, y los grupos de danza realizaron una presentación en la cruzada para la gloria de Dios. El 24 de marzo del mismo año, en conmemoración del XL Aniversario del Sistema de Difusión Cristiano (CBS), se realizó el '11º Festival de las Misiones de Coros', en el salón principal del Centro Sejong. El coro de nuestra iglesia y la Orquesta Nissi se presentaron en el festival. El 20 de junio de 1994, 'La Gran Cruzada Imjingak para la Reunificación de la Nación' se realizó por parte del Consejo Central de la Evangelización Mundial, cuyo presidente en ese tiempo era el Pastor Hyun Kyun Shin, y yo hice la oración representativa para bendecir el evento.

El presidente del Consejo, Pastor Hyun Kyun Shin predicó bajo el título 'El camino de la reunificación nacional a través del Evangelio', exhortando a todas las iglesias, a que estuvieran unidas como una sola sin importar las denominaciones. Cientos de miembros de nuestra iglesia hicieron trabajos como voluntarios, el coro, la orquesta, los ujieres y el control del tráfico. Del 20 al 22 de junio se realizó en nuestra iglesia la Gran Cruzada del Consejo Central de la Evangelización Mundial del área de Seúl para la Reunificación de la Nación, con el Pastor Homun Lee como predicador.

El 14 de Julio de 1994 se realizó en el Gimnasio Olímpico la 'Gran Cruzada del Espíritu Santo en Seúl', con el Pastor

Jongjin Pee como el presidente representativo. Reinhard Bonnke predicó el mensaje y a mí me correspondió dar la bendición. El 5 de septiembre del mismo año, participé en la 'Cruzada de Mujeres Líderes Cristianas' realizada en el Gimnasio Olímpicos, por el Comité de la Cruzada del Jubileo y Reunificación de la Nación; y tomé parte, en la realización de un informe de la historia de la organización.

Una visita al palacio presidencial Cheong Wa Dae y la Cruzada del Jubileo

El 20 de julio de 1995, siendo el presidente permanente de la Asociación por el Movimiento de la Evangelización y Reunificación de la Nación, hice una oración especial en la 'Reunión de Ayuno y Oración por la Nación y por el Pueblo'. Además, el 12 de agosto de 1995, 10 pastores, que eran los líderes de la 'Cruzada del Jubileo y la Reunificación Pacífica', fueron invitados al palacio Cheong Wa Dae en conmemoración del L Aniversario de la Independencia de Corea. Se me informó que tendríamos una hora para hablar con el presidente y para hacer sugerencias. El día anterior a esto, yo estaba orando a Dios preguntándole qué debía decirle al presidente el siguiente día. Pero no hubo respuesta. Yo oré por esta reunión, pero no recibí ninguna palabra del Espíritu Santo. Fue algo extraño que no hubiera voz del Espíritu Santo dando respuesta.

El 12 de agosto a las 11:00 hrs., tuvimos la reunión en el Palacio Cheong Wa Dae, y me di cuenta por qué no había habido respuesta a mi oración para esta reunión. Nosotros nos reunimos con el Presidente Youngsam Kim, pero no se nos dio el tiempo para hablar y hacer sugerencias. El presidente simplemente continuó hablando hasta que la reunión llegó a su fin. Solamente tuvimos que orar y luego regresarnos.

Fuimos a la plaza Yoido para asistir a la Cruzada del Jubileo y de la Reunificación pacífica, estuvimos allí desde las 14:00 hrs., y pude ver a los miembros de nuestra iglesia haciendo trabajos como voluntarios, tales como el control del tránsito, del estacionamiento, ujieres en la plataforma y otros tocando en la Orquesta Nissi.

¿Cuál es el secreto del crecimiento de la iglesia?

La esperanza y visión del Pastor Hyun Kyun Shin

El 5 de Diciembre de 1994, fui invitado al 'Centro de Entrenamiento de Avivamiento' de la Asociación del Movimiento Nacional de Evangelización y prediqué un mensaje, y el 8 de diciembre se realizó en nuestra iglesia la conmemoración del XL Aniversario de la CBS, con la 4.500ª transmisión especial del programa de la CBS 'Renuévanos'. Prediqué un mensaje bajo el título 'Voz verdadera', exhortando al Sistema de Difusión Cristiano a cumplir su tarea de profeta, a fin de alcanzar la justicia y la paz a través de los mensajes transmitidos. El Pastor Hyun Kyun Shin amaba nuestra iglesia. Ahora, el ya falleció, pero se dice que fue el abuelo del avivamiento en Corea y una gran estrella en el cristianismo de esta nación por más de 40 años. Él me amó mucho, y amó a nuestra iglesia. Y mostró esperanza y visión a las iglesias de Corea con sus mensajes, enfatizando al Espíritu Santo, la Unificación de Corea y con un excelente sentido del humor. Fue amado por muchos sin importar la denominación. Desde que se enteró que yo era una víctima del mal uso de la autoridad denominacional, visitó nuestra iglesia en el servicio de aniversario de octubre de 1992 y nos dio su bendición. A partir de entonces, vino a diversos eventos y reuniones y nos motivó con poderosos mensajes.

¿Cuál es el secreto del crecimiento de la iglesia?

Muchos pastores, no solamente en Corea, sino también en otros países, están muy impresionados y conmovidos por el brillo y la gracia en el rostro de los miembros de la iglesia, y generalmente me piden el secreto del crecimiento de la iglesia. Frecuentemente me han preguntado:

—Pastor, no veo ninguna organización o entrenamiento especial en su iglesia, y ¿cuál es el secreto del crecimiento de su iglesia? ¿Cómo pueden los miembros hacer los trabajos voluntarios con tanto agrado y amabilidad?

—Yo realmente no les he enseñado nada. Ellos hacen todo por decisión propia a través de la gracia de Dios.

Puede haber diferentes opiniones sobre el crecimiento de la iglesia. Algunos pastores dicen: "Dios provéenos solamente esta cantidad de miembros", o "Este tamaño es suficiente para mi iglesia". La Biblia dice que la iglesia primitiva, con la cual Dios estaba agradado, tenía el número de aquellos que eran salvos y éste incrementaba cada día. Debido a que la voluntad de Dios es que todos los hombres sean salvos (1 Timoteo 2:4), la iglesia primitiva que actuaba conforme a la voluntad de Dios tenía un número de creyentes que incrementaba cada día (Hechos 2:47). Si yo escuchaba que una iglesia estaba creciendo, me sentía muy feliz. Ya que cada iglesia está establecida por la sangre del Señor, yo oraba por la iglesia y por el pastor.

El 23 de febrero de 1995, la Sociedad de Oración de Pastores de Corea, realizó la 149ª Conferencia Nacional de Pastores en nuestra iglesia. Cerca de 1.000 pastores asistieron. Yo prediqué sobre el secreto del crecimiento de la iglesia. Además, en las Conferencias de Pastores en Hawai y en Argentina en 1996, prediqué sobre algunos de los elementos principales en el crecimiento de la iglesia.

Primero: El pastor y la iglesia deben recibir el amor de Dios.

Proverbios 8:17 dice: *"Yo amo a los que me aman, y me hallan los que temprano me buscan"*. El amor a Dios es, según 1 Juan 5:3, *"que guardemos sus mandamientos"*. Jesús también dijo: *"El que tiene mis mandamientos, y los guarda, ése es el que me ama; y el que me ama, será amado por mi Padre, y yo le amaré, y me manifestaré a él"* (Juan 14:21).

Segundo: Nosotros tenemos que orar.

Para llevar a cabo un ministerio victorioso, tenemos que hacer descender el poder de Dios a través de la oración. Los patriarcas de la fe que cumplieron la voluntad de Dios, eran todos guerreros de oración. Los apóstoles en la iglesia primitiva decían: *"Y nosotros persistiremos en la oración y en el ministerio de la palabra"* (Hechos 6:4). Ellos dejaban todo el trabajo administrativo de la iglesia a los diáconos, y se concentraban solamente en la Palabra de Dios y en las oraciones. Cuando nosotros oramos, tenemos que clamar con toda nuestra fuerza y voluntad (Jeremías 33:3). En Génesis 3:17, Dios dijo a Adán, quien había pecado: *"con dolor comerás de ella todos los días de tu vida"*. Así como los hombres pueden recoger la cosecha solamente cuando han sembrado con dolor, trabajo y sudor; también en el espíritu, nosotros podemos recibir la respuesta solamente cuando oramos con todo nuestro corazón y con el sudor de nuestra frente. En la actualidad, miles de miembros de nuestra iglesia vienen al santuario central y oran cada noche. Y esto mismo sucede en los santuarios locales, iglesias filiales y en los hogares a nivel mundial.

Tercero: Debemos tener fe espiritual.

Aquí fe se refiere a la fe provista de lo alto, con la cual podemos creer verdaderamente con todo el corazón. Es la fe para crear cosas de la nada, y es la fe con la cual nada es imposible. Nosotros no podemos tener esta clase de fe solamente porque conocemos intelectualmente la Biblia o solamente porque hemos sido cristianos por mucho tiempo. Esta puede ser otorgada por Dios desde lo alto, solamente a los que practican la Palabra de Dios. La Biblia dice que la fe sin obras es muerta. Solamente cuando oramos con esta clase de fe espiritual, podemos recibir la respuesta a cualquier oración, así como lo dice Mateo 21:22: *"Y todo lo que pidiereis en oración, creyendo, lo recibiréis"*. Nosotros recibiremos la respuesta al crecimiento de la iglesia también.

Cuarto: Tenemos que escuchar la voz del Espíritu Santo y recibir Su dirección.

El Espíritu Santo mora en el corazón de aquellos hijos de Dios que son salvos y nos guía a la voluntad de Dios. Si escuchamos Su voz y recibimos Su dirección claramente, podremos ver el camino abierto para el crecimiento de la iglesia. A fin de escuchar la voz del Espíritu Santo, por sobre todo, el pastor mismo tiene que luchar en contra de sus propios pecados, al grado de derramar su sangre y echar fuera toda la naturaleza pecaminosa del corazón. Esta es la forma en que él tiene que derribar todos los pensamientos carnales y el marco intelectual, que está hostilmente en contra de Dios. Aun cuando la Palabra de Dios no está de acuerdo con algo que nosotros pensamos o creemos, debemos ser capaces de obedecerla.

Quinto: Tenemos que seguir el ejemplo de la iglesia primitiva.

Vemos por el libro de los Hechos, que la iglesia primitiva testificaba el mensaje de la cruz. Ellos practicaban la Palabra y manifestaban muchas señales y milagros. Debido a que muchas obras poderosas de Dios se realizaban por medio de los apóstoles, muchas personas llegaban a aceptar el evangelio al ser testigos de esos milagros, y la iglesia crecía rápidamente.

Misiones nacionales y extranjeras a gran escala

Inicio de la misión en África

En enero de 1994, el Pastor Charles Macom de la Iglesia Pentecostal de Tanzania visitó nuestra iglesia. Él fue conmovido por la predicación, y cuando regresó a su país, habló sobre mí. Del 4 al 6 de Julio de 1994, yo prediqué en la 'Conferencia de Líderes de Iglesias Africanas', realizada por la Asociación de Iglesias Pentecostales de Tanzania, en Dar Es Salaam, ciudad capital de Tanzania. Yo me sentí muy conmovido cuando observé tantas personas sufriendo por la pobreza y por diversas enfermedades tales como el SIDA; pues yo sé que cualquier persona puede ser liberada de toda clase de maldiciones y vivir una vida saludable tanto espiritual como físicamente, si vive de acuerdo a la Palabra de Dios.

Durante esta conferencia, Dios nos mostró muchos

milagros. Cuando nuestro equipo llegó a Tanzania, los pastores locales estaban diciendo; "Pastor, es muy extraño. En este tiempo no tenemos ninguna clase de lluvia, pero ha estado lloviendo justo antes que usted llegara, y ahora, el clima está muy despejado y sin polvo. Vemos que Dios está controlando las condiciones del clima también". Desde el día que nuestro equipo llegó al aeropuerto, hasta que salimos del país, a todo lugar donde íbamos, Dios nos cubría con nubes, durante los días soleados, y nos daba lluvia por la noche para que tuviéramos un clima agradable. A fin de que los líderes de las iglesias tuvieran fe, prediqué el 'Mensaje de la Cruz'. Ellos comprendieron la Palabra de Dios y sintieron la vida en ellos, y estaban respondiendo con su melodía única, aplaudiendo y danzando. Yo podía ver su actitud inocente e infantil. Muchos de ellos confesaron que su fe había sido renovada y que obtuvieron seguridad y fe como pastores.

Después de la conferencia, visitamos la tribu Masai en Tanzania. El jefe y muchas de las personas de la tribu nos dieron la bienvenida. Ellos sirven la sangre de una vaca cuando tienen

En la aldea de la tribu Masai

invitados especiales. Sin embargo, como sabían que beber la sangre es prohibido por Dios, y que nosotros no la tomaríamos, ellos nos sirvieron refrescos.

A fin de sembrar fe en ellos, les di el testimonio personal de mi encuentro con Dios. Éste fue traducido simultáneamente al inglés, swahili y masai. El Reverendo Dr. Myongho Cheong hizo la traducción al inglés. Antes del ministerio, él era un profesor de Literatura Inglesa en la Universidad de Hoseo. Más tarde, tuvo un fuerte deseo por la misión en África, y estableció un centro misionero en Nairobi, Kenia. En la actualidad, el Reverendo Dr. Cheong está predicando el Evangelio Quíntuple de Santidad a 54 países africanos para despertar las almas en ese continente.

Japón, una tierra estéril del evangelio

Por esta misma época, la puerta al evangelismo en Japón empezó a abrirse. Del 5 al 8 de noviembre de 1993, se realizó la 'Reunión de la Misión del Avivamiento de Goshien' en el estadio de béisbol del lugar, el cual era el estadio más grande en Japón, y el 'Grupo Misionero de Artes' de nuestra iglesia se presentó maravillosamente para tocar ante los coreano-japoneses que habían asistido. El 'Grupo Misionero de Artes' fue invitado por el Pastor Hyun Kyun Shin, para presentarse en la 'Cruzada China y Reunión de Oración para la Reunificación en la Montaña Baekdu', en julio del mismo año.

Para julio de 1994, el Pastor Seung Gil Ryu fue enviado a Japón como misionero, y éste fue el inicio de nuestra misión en

Japón. Del 22 al 23 de noviembre de 1994, nosotros celebramos una cruzada en el Centro Cultural Ganae de Ida, Japón. El evento tuvo una asistencia de 1.000 personas y se celebró bajo el título, 'Derrama el fuego del Espíritu Santo'. Fue realizado por la Iglesia Ida (ministrada por Yoshikawa Noboru) y con el apoyo de diversas iglesias en Ida. Yo prediqué un mensaje bajo el título, 'La evidencia histórica de la Resurrección', y los exhorté a tener la seguridad de la resurrección de Jesús y a llevar una vida cristiana con la esperanza de la resurrección. En el segundo día prediqué sobre 'Cómo conocer al Dios Viviente'. Después del mensaje, oré por los enfermos, y muchas señales se llevaron a cabo abundantemente en las obras ardientes del Espíritu Santo. Yo solamente pude dar gracias a Dios. El Pastor Yoshikawa Noboru, quien presidió esta cruzada, dijo: "Muchos japoneses creyentes piensan que las obras de sanidad se realizaron solamente en los tiempos de Jesús. Pero escuchando el mensaje del Reverendo Dr. Jaerock Lee mediante la autoridad divina, muchos fueron sanados y llegaron a encontrarse con Dios".

Yo recuerdo a un enfermo que fue sanado en esta cruzada. Su nombre es Yoshizawa Motohisa. Él había sido sometido a una cirugía en su espalda mientras trabajaba como ingeniero de prensa. Pero debido a los efectos secundarios, tenía dificultades para caminar y asistió a esta cruzada en medio de un enorme dolor. Durante el primer día, obtuvo algo de fe después de escuchar el mensaje. El siguiente día, vino a mi habitación de hotel para recibir mi oración. Yo oré por él intensamente, y cuando se regresó después de haber recibido la oración, su dolor había desaparecido y su espalda doblada se había enderezado.

Parejas enfrentando infertilidad reciben respuesta a su oración

En febrero de 1991, celebramos una reunión de avivamiento conmemorando el traslado al nuevo santuario, con el título 'Así como prospera su alma'. Prediqué 15 mensajes durante dos semanas, y también dirigí las reuniones especiales por los enfermos.

Empezamos el año 1993 celebrando una Reunión Especial de Avivamiento de dos semanas. La primera Reunión Especial de Avivamiento de dos semanas se realizó en mayo, con el título 'Pecado, justicia y juicio' (Juan 16:8). Al escuchar los mensajes dos veces al día, uno por la mañana y uno por la tarde, los cuales hablaban sobre lo que es el pecado, la justicia y el juicio, los asistentes descubrieron qué muros de pecado tenían delante de Dios. Se examinaron a sí mismos y se arrepintieron entre lágrimas. Y al derribar los muros de pecado experimentaron abundantes obras de sanidad.

Ellos no sabían siquiera lo que era la fe, pero al escuchar cada mensaje llegaron a experimentar al Espíritu Santo, comprendieron la Palabra, oraron y trataron de vivir por la Palabra de Dios. Muchas personas provenientes de diversas iglesias de todo el país, asistieron sin importar su denominación. Los creyentes que recibieron gracia y fueron sanados en la reunión de avivamiento, se acercaron para ser llenos del Espíritu Santo y sirven en sus respectivas iglesias más diligentemente. Las personas fueron sanadas de cáncer de útero y del estómago por el fuego del Espíritu Santo. Hubo muchos testimonios, incluyendo el de aquellos que recobraron su audición y que se despojaron de sus audífonos, los que recobraron una buena visión y que se despojaron de sus anteojos, y los que eran estériles y llegaron a concebir bebés.

Especialmente, hubo muchos matrimonios que no habían podido concebir en más de 5 años de estar casados, y varios de ellos recibieron la bendición de la concepción. Debido a que muchas parejas estériles me pidieron juntos que orara por ellos, en la sesión de avivamiento de la tarde del 5 de mayo de 1993, cuando yo oraba por los enfermos, dije: "Aquellos que son estériles, reciban la bendición de la concepción". Después que la reunión de avivamiento había terminado, escuché que muchas parejas tuvieron sus bebés el siguiente año. Ahora hay muchos niños que nacieron en ese tiempo y que se graduaron en el Jardín de Infantes Manmin el mismo año.

Tenía que vivir una vida como discapacitado, pero...

Realizamos la 2ª Reunión Especial de Avivamiento de dos semanas en mayo de 1994, bajo el título, "Yo lo haré" (Juan 14:13). Fuertes obras del Espíritu Santo también se llevaron a cabo en esta reunión. Muchos de los asistentes a este avivamiento experimentaron la sanidad divina. Me gustaría hablarles de Joanna Park, quien estaba en el hospital en ese tiempo después de haber sufrido un terrible accidente de tránsito.

Mientras regresaba de su trabajo a casa, el 27 de mayo de 1993, Joanna Park estuvo involucrada en una colisión que afectó la parte trasera del vehículo. Ella cayó en coma y fue

Joanna Park tenía que vivir como discapacitada por el resto de su vida
Joanna Park fue sanada por completo y caminó durante una reunión de sanidad con el Rev. Jaerock Lee
Actualmente Joanna Park ministra como misionera y goza de buena salud

llevada al hospital. Su mandíbula estaba fracturada, al igual que la unión de su barbilla. Su intestino estaba lastimado. Ella estaba virtualmente cubierta de heridas en todo su cuerpo. A causa de la dislocación del fémur, la pelvis y las articulaciones de la cadera estaban fracturadas e inflamadas. Su pierna derecha también estaba entumecida, y no podía mover los dedos de su pie ni el tobillo. Y debido a la parálisis del nervio fibular, una de sus piernas era 5 cm. más corta que la otra. Los médicos dijeron que ella tenía que vivir así con esa discapacidad por el resto de su vida.

El 10 de mayo de 1994, Joanna Park apenas obtuvo el consentimiento del hospital para asistir a la Reunión Especial de Avivamiento de dos semanas. Ella vino con muletas, pero cuando oré por toda la congregación desde el altar, la obra de sanidad se realizó. Su pierna torcida fue enderezada. Ella no había podido bostezar ni abrir su boca, pero sintió que ya no había dolor aunque bostezara muchas veces. Cuando oré por ella personalmente, sintió el fuego del Espíritu Santo, y llegó a caminar sin ayuda, sin las muletas. Los asistentes a la iglesia que estaban observando este milagro, estaban tan llenos de gozo y le dieron gloria a Dios con un enorme aplauso. Después de dos semanas, ella recibió el diagnóstico en el Hospital de la Universidad de Hanyang; su pierna derecha se había alargado 5 cm., y ahora ambas piernas eran del mismo tamaño.

En una ocasión una bebé que parecía no tener ninguna posibilidad de supervivencia, milagrosamente recuperó su vida. La Diaconisa Soonim Kim dio a luz prematuramente, la infante pesó solamente 1.200 Kg. Ella fue colocada en una incubadora, pero las venas próximas al corazón estaban rotas, y tenía hemorragia cerebral y pérdida de la vista. Los médicos dijeron que la hemorragia cerebral no era controlable. Además, ella perdería su vista completamente sin una cirugía, pero incluso con una cirugía exitosa, solamente tendría un tercio de la visión de una persona común.

El 7 de mayo de 1994, los médicos pidieron a los padres

que llevaran la bebé a casa, ya que ellos no podían hacer más. Afortunadamente, la Reunión de Avivamiento estaba en curso en esos días. La Diaconisa Soonim Kim trajo la bebé a la iglesia. Su condición era muy seria. Después de sufrir por tantos medicamentos e inyecciones, ella no pesaba ni un kilogramo. Parecía que no había esperanza de supervivencia. El padre ya se había dado por vencido.

El 8 de mayo, cuando oré intensamente por ella, Dios empezó a obrar. Las pupilas, que habían estado difusas, empezaron a obtener un color negro, y ella obtuvo la vista normal. Ella obtuvo incluso la fortaleza para succionar un biberón. Desde ese momento, empezó a ingerir más y más alimentos y creció saludablemente. Su nombre es 'Hanna', y ahora ella es una estudiante de escuela elemental que está creciendo bellamente en el Señor.

Una persona con apoplejía cerebral

En el año de 1995 se realizó la 3ª Reunión Especial de Avivamiento de dos semanas, bajo el título 'El justo por la fe vivirá'. Durante el último día del evento, mientras se realizaba la oración especial por los enfermos, hubo una conmoción en la entrada del santuario, y alguien era cargado en una camilla. Parecía que él había sido traído en ambulancia. Estaba en una condición crítica. Más tarde, supe que era el Anciano Moonki Kim, que había sido atacado por apoplejía cerebral. Un vaso sanguíneo se había roto en su cerebro.

Su esposa era pastora. Ella estaba pastoreando una iglesia recién

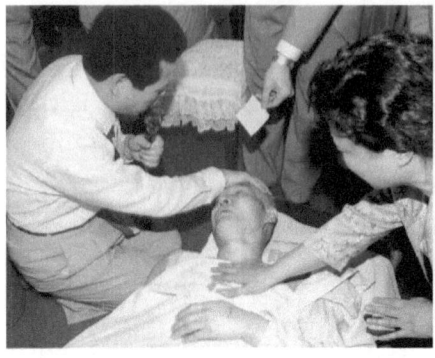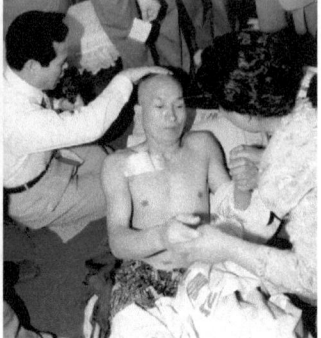

Persona con apoplejía cerebral se levantó después de la oración

inaugurada, y solía venir a nuestra iglesia de vez en cuando para escuchar la Palabra de Dios. Cuando este hombre fue llevado al hospital, los médicos dijeron que había pocas posibilidades de supervivencia. Así que, como esta pastora sabía que este avivamiento se estaba llevando a cabo en nuestra iglesia, trajo a su esposo en una ambulancia para que recibiera la sanidad por la fe.

Oré por este enfermo que no tenía conciencia, y tan pronto terminó la oración, él se sentó. Fue como en una película. Todos los que estaban observando la escena empezaron a aplaudir dando gloria a Dios.

Recibiendo sanidad antes que las manos fueran amputadas

En esta reunión estaba presente la Diaconisa Sang-yi Lee

quien tenía ocho dedos que habían estado deteriorándose, pero ella recibió sanidad y obtuvo dedos normales después de la oración. En el invierno de 1985, ella había sufrido de quemaduras por congelación. Recibió muchas clases de tratamientos, incluyendo acupuntura. Pero nada funcionó. También tenía artritis en todo su cuerpo. En 1990, cuando estaba en Seúl, fue guiada a nuestra iglesia y asistió a la misma por algún tiempo, pero luego regresó a su pueblo natal. Después de haber regresado, permaneció lejos de Dios y era perezosa en su vida en la fe.

En 1993, su cuerpo empezó a encogerse y su cuello estaba endurecido. Ella fue diagnosticada con artritis reumática en todo su cuerpo, y los síntomas empezaron a aparecer mientras se deterioraba. Se la internó en el Hospital Guro de la Universidad de Corea, pero dos meses después, sus ocho dedos empezaron a descomponerse, exceptuando los pulgares. Sus manos se volvieron negras hasta la muñeca. No sólo las uñas, sino también los huesos de los dedos se estaban deteriorando. El médico le dijo que sus manos tenían que ser amputadas para evitar que sus muñecas se deterioraran y que esto avanzara hasta los brazos, y se estableció la fecha para hacerlo. Debido al dolor, la diaconisa tenía que tomar una gran cantidad de analgésicos. En mayo de 1994, justo un día antes de la fecha establecida para la cirugía, ella asistió a la Reunión Especial de Avivamiento. Finalmente recibió la oración, y más tarde confesó que, en ese momento, sus manos se pusieron calientes, y que su insoportable dolor había desaparecido. Desde entonces, su situación se volvió mucho mejor, y el médico dijo que ella ya no necesitaba una cirugía, y que podía regresar a casa.

El deterioro se detuvo, y las partes dañadas, que eran como

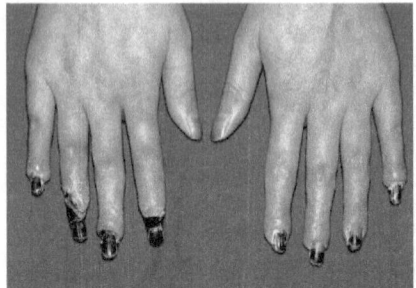

Sang-yi Lee fue sanada de sus dedos en descomposición

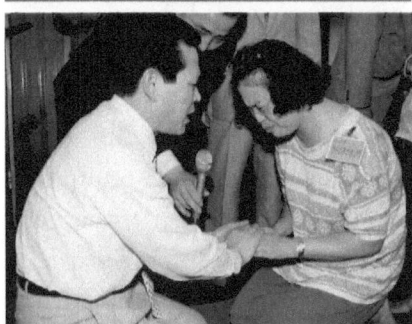

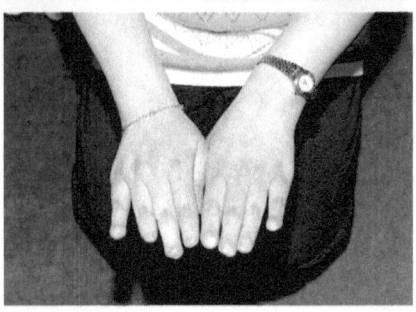

la corteza de un viejo árbol, se desprendieron y cayeron dando lugar a que la nueva piel empezara a crecer. Incluso las uñas fueron restauradas. El siguiente año, en mayo de 1995, ella asistió de nuevo a la Reunión Especial de Avivamiento de dos semanas. En la reunión especial de oración por los enfermos, durante el segundo día del evento, ella recibió mi oración de nuevo. Después de la oración, ella se sintió muy liviana en todo su cuerpo, y el dolor ocasionado por la artritis reumática se había ido. Ella estaba limpia y completa, no solamente sus dedos que solían estar deteriorados, sino también todo su cuerpo estaba libre de enfermedad y de dolor.

Protegidos durante el colapso del edificio de Sampoong

En nuestra iglesia tenemos una organización misionera llamada 'Misión Luz y Sal', la cual es para aquellos que trabajan en restaurantes y en negocios de abastecimiento de alimentos. Desde su fundación en octubre de 1985, el grupo ha tenido servicios de adoración y reuniones en sus diferentes áreas. Ellos están trabajando por la evangelización en medio de la industria de abastecimiento de alimentos y de restaurantes. Ya que los miembros de la 'Misión Luz y Sal' trabajan los domingos, ellos asisten al servicio después que su trabajo ha terminado, de 21:00 a 23:00 hrs. del domingo.

El 29 de junio de 1995, aproximadamente a las 18:00 hrs., hubo un gran desastre. Esto sucedió cuando el edificio donde se encontraba la Tienda por Departamentos Sampoong colapsó. Cerca de 10 miembros de nuestra iglesia estaban trabajando en el lugar, y Dios proveyó diferentes formas para que ellos escaparan. En esta terrible situación pudieron experimentar el milagro mediante el cual todos ellos fueron rescatados.

La hermana Jinsook Hong, que estaba trabajando en esa tienda, fue atrapada entre los pilares de hormigón en el tercer piso del sótano, junto a sus compañeros, y fue milagrosamente rescatada. Ella estaba trabajando en la cafetería para empleados en el tercer nivel del subsuelo. Cuando su hora de trabajo terminó, ella fue al dispensario a tomar un corto descanso. El edificio colapsó mientras estaba allí, y quedó atrapada con la enfermera. A medida que el edificio se derrumbaba, la cabeza de la enfermera fue lastimada y los huesos de sus pies estaban

Colapso de la tienda por departamentos de Sampoong

quebrados. Debido a que ellas no podían ver en lo absoluto en la oscuridad completa, no podían imaginarse encontrar una forma de escapar. Podían en ocasiones escuchar a otras personas gritando por ayuda en la distancia.

"Jinsook, mi cabeza está sangrando. Cuando me predicaste el evangelio, no me gustó y solamente te evadí. Lo siento mucho. ¡Dios, lo siento mucho! ¡Yo creeré en ti ahora!". La enfermera estaba llorando y gritando. La hermana Jinsook Hong oró por ella sosteniendo sus manos y la consoló con la Palabra de Dios. El polvo del cemento en el aire estaba penetrando en su garganta. La hermana Hong oró: "Dios, envía alguien que nos rescate, no solamente por mí, sino también por todas estas personas, no permitas que el edificio se derrumbe más, y también danos aire fresco".

Dios respondió esta oración. Tres horas después de estar confinadas, cerca de las 21:00 hrs., pudieron ver la luz de una linterna y alguien dijo:

—¿Hay alguien allí?

Ellas gritaron —¡Aquí! — y dos rescatistas vinieron después que escucharon sus voces. Este dispensario estaba cerca de la salida de emergencia, y afortunadamente, ni la salida de emergencia ni las escaleras se habían derrumbado, entonces, cuando los rescatistas llegaron al lugar por estas escaleras, escucharon las oraciones y el sonido de las alabanzas. La enfermera fue llevada al hospital en una ambulancia, pero la hermana Jinsook Hong no estaba lastimada en lo absoluto. Esto fue publicado por los principales periódicos el siguiente día, diciendo que los rescatistas escucharon el sonido de los cantos y que por eso hallaron a las personas.

¿Quién cantaría en esa situación de dificultad y de peligro? El sonido fue el de las oraciones y de las alabanzas a Dios, quien movió el corazón de los rescatistas para que fueran a ese lugar, donde Sus hijos estaban atrapados. Jinsook Hong siempre había asistido al servicio del domingo por la noche y siempre había entregado los diezmos correctamente. Cuando guardamos el Día del Señor apropiadamente y entregamos los diezmos debidamente, Dios nos protege en accidentes y de enfermedades.

Los Ángeles, 1995

Justo antes que la iglesia se derrumbara

Antes que la Campaña Misionera se realizara, del 27 al 29 de abril, hubo una serie de cruzadas unidas de más de 40 iglesias en diferentes áreas, y yo tuve una cruzada en la iglesia presbiteriana "H" del pastor "O", quien era el presidente del comité de organización. Antes de ir a Los Ángeles, los miembros de nuestra iglesia me proveyeron con algo de dinero para ser usado en el viaje misionero. Antes de partir, dije a algunos de ellos: "Dios me ha entregado una suma considerable de ofrendas misioneras en esta ocasión, y yo creo que definitivamente es necesaria para algún propósito". La iglesia presbiteriana antes mencionada, donde realicé la cruzada de tres días, era una iglesia pequeña. El Pastor, quien era mayor de los 60 años, estaba trabajando solo y duramente sin la ayuda de nadie. Esta fue una reunión pequeña donde solamente cerca

Declarando bendiciones en la Municipalidad de la ciudad de Los Ángeles

Recepción de Ciudadanía Honoraria en Los Ángeles

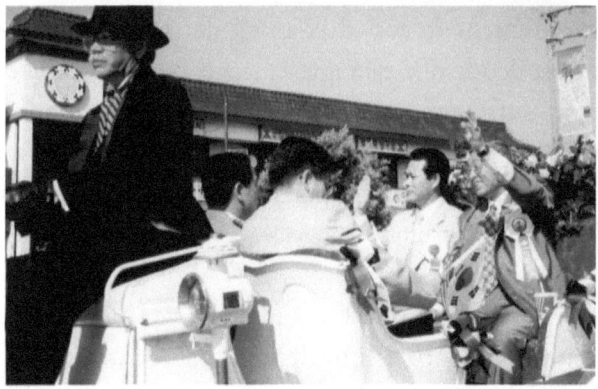

Durante el desfile del "Día coreano" en Los Ángeles

de 100 personas se congregaron por tres días. Sin embargo, yo di lo mejor de mí en la predicación. Muchos de los pastores que estaban dirigiendo iglesias más grandes, dijeron que ellos deseaban tenerme como predicador, y se lamentaban por haber perdido la oportunidad. Yo creía que había un propósito de Dios para que yo presidiera la cruzada en esa iglesia durante los tres días.

El 29 de abril, en la última reunión, el pastor de la iglesia estaba orando dentro del templo, y lloraba mientras oraba diciendo: "Dios, resuelve este problema financiero de nuestra iglesia, esta iglesia va a ser entregada al mundo". Yo había sufrido ya de muchas situaciones incómodas, incluso como predicador en ese tiempo; así que, al escuchar esa oración, mi corazón estaba aun más ansioso. Dios movió mi corazón en ese momento.

—*Dale tu ayuda a esta iglesia. ¿Acaso no habías considerado dar las ofrendas misioneras para una situación como esta? Dale tu ayuda a esta iglesia.*

Como escuché la voz, dije en el mensaje: "Yo no sé cuán grande es la deuda que esta iglesia tiene, pero la iglesia de Dios no debería sufrir por causa de la gente de este mundo. Yo les proveeré una pequeña ayuda, así que permítannos a todos, todos los miembros, participar juntos en esto", y les prometí 20.000 dólares de ofrenda.

Pude comprender que Dios me envió a esa iglesia porque podía asumir y absorber situaciones incómodas. Yo no deseaba ser servido como predicador, sino que mi corazón estaba lleno del deseo por ayudar al pastor y darle consuelo a su corazón. Me esforcé para que el pastor no sintiera ninguna incomodidad, y para que su tiempo no se desperdiciara por mi causa. Durante la cruzada, el grupo de alabanza de mi iglesia dirigió el tiempo de la adoración. Ellos también trataron de dar mucha gracia y llenura del Espíritu a los miembros.

Al siguiente día, domingo 30 de abril, el pastor se me acercó con un rostro muy triste y dijo: "Pastor, hasta el día de ayer, los miembros de otras iglesias que lo conocían vinieron a esta reunión, pero a partir de ahora, estoy seguro que todos nuestros miembros se habrán ido. Usted no tiene siquiera que ir a la iglesia para ver esto". Yo me sorprendí al escuchar lo que él dijo y le pregunté que había pasado. Dijo que el pastor asistente de esa iglesia había fallado en el examen de ordenación de pastor, y él tenía quejas en contra de este pastor. Él había renunciado a la iglesia, y había ancianos de la iglesia que también se oponían a este pastor y que estaban divididos. La iglesia estaba en caos. Es más, la iglesia tenía problemas financieros debido a las deudas, y los miembros perdieron las fuerzas para levantarla.

Pero cuando fui a la iglesia, nos dimos cuenta de que los miembros no se habían ido de la iglesia, sino al contrario, ésta estaba abarrotada. Incluso los asientos del coro estaban ocupados, y sus rostros estaban brillantes. Dios conocía la situación de esta iglesia, y para salvarla, Él me envió a ese lugar a predicar la Palabra de Dios, y a ayudar al pastor financieramente.

Invitado como Presidente Honorario del 22º Día coreano en Los Ángeles y participación en el Centro Cultural

Campaña misionera de 1995 en Los Ángeles

El 30 de abril de 1995 se realizó en el Centro de Convenciones la 'Campaña Misionera Mundial en Los Ángeles', la cual fue organizada por el Comité de Evangelización Mundial y por el Comité del Movimiento de Espiritualidad Cristiana de los coreano-americanos, y yo fui invitado como el predicador principal. La 'Campaña Misionera Mundial', se realizó exitosamente por la gracia de Dios. Un par de días más tarde, leí el periódico American Christian Newspaper, y este decía:

"El 30 de abril, cerca de 50 evangelistas y más de 8.000 creyentes se reunieron y celebraron una reunión de avivamiento por la unificación de muchas razas. El Rev. Jaerock Lee, predicador principal, predicó un mensaje bajo el título, 'Convirtámonos en Uno', y exhortó a los asistentes diciendo: 'Nosotros somos todos hermanos en la fe, sin importar la región, la raza y la cultura; y con esta fe unificada, establezcamos el fundamento para la evangelización del mundo'. En todo el salón de convenciones sonó la voz de la multitud gritando el lema de esta campaña: 'Prediquen el evangelio hasta lo último de la tierra. Hagan de esta ciudad la ciudad de los ángeles. ¡La victoria es nuestra!'".

También asistí al desayuno de oración al cual asistieron cerca de 300 líderes del área metropolitana de la ciudad de Los Ángeles. Ellos agradecieron las presentaciones de los grupos de alabanza y de danza de nuestra iglesia, y algunos estaban derramando lágrimas al haber sido conmovidos por las presentaciones.

'Festival del Día Coreano'

En septiembre de 1995, asistí al 22º 'Festival del Día Coreano' del barrio coreano de Los Ángeles, como presidente honorario. Yo ofrecí la oración representativa por el emplazamiento de un monumento, y también las oraciones de apertura del evento denominado 'Noche Coreana'. Participé en lo más importante de este evento, el Desfile del Festival con carros alegóricos florales. Había cuatro caballos en una de las carrozas especiales, y ésta era para un invitado muy importante. Yo me sentía incómodo de aparecer ante tantas personas, sin embargo con la timidez del corazón, fui asignado y me subí a la carroza, la cual fue seguida por otros vehículos y carrozas en el desfile.

Hubo ciertos disturbios e interrupciones que pretendían detenerme de asistir a este evento como el presidente honorario. La Asociación de Coreanos de Los Ángeles realizó una reunión con referencia a esto y emitió una declaración de objeción por estos disturbios en la que decía que si alguien era hallado propagando falsos rumores sobre mí, el presidente honorario, ellos tomarían acción legal en contra de esas personas. La obra de Satanás fue destruida por las personas que Dios preparó en un lugar inesperado.

- Fin del libro 1 -

ACERCA DEL AUTOR
Dr. Jaerock Lee

El Rev. Dr. Jaerock Lee nació en 1943 en Muan, Provincia de Jeonnam, República de Corea. A sus veinte años, él padeció de una serie de enfermedades incurables durante siete años, y al no tener ninguna esperanza de recuperación, él esperaba únicamente la muerte. Cierto día, durante la primavera de 1974, fue invitado por su hermana a una iglesia, y cuando se inclinó para orar, el Dios vivo inmediatamente lo sanó de todas sus enfermedades.

Desde el momento en que el Rev. Dr. Lee conoció a Dios a través de aquella experiencia maravillosa, él ha amado a Dios con todo su corazón y sinceridad. En 1978 él recibió el llamado a ser un siervo de Dios. Clamó fervientemente a fin de entender con claridad la voluntad de Dios y llevarla a cabo por completo, y obedeció a cabalidad la Palabra de Dios. En 1982 fundó la Iglesia Central Manmin en Seúl, Corea del Sur, e innumerables obras de Dios, incluyendo sanidades o prodigios milagrosos, han tomado lugar en la iglesia.

En 1986 el Rev. Dr. Lee fue ordenado como pastor en la Asamblea Anual de la Iglesia de Jesús de Sungkyul de Corea, y cuatro años más tarde sus sermones empezaron a ser transmitidos en Australia, Rusia, las Filipinas, y otros lugares a través de la Compañía de Radiodifusión del Lejano Oriente, la Estación de Radiodifusión de Asia, y el Sistema Radial Cristiano de Washington.

Luego de transcurridos tres años, en 1993, la Iglesia Central Manmin fue denominada por la Revista *Christian World* de EE. UU. como una de las "50 Iglesias Principales del Mundo". El mismo año el Dr. Lee obtuvo un Doctorado Honorario en Teología en Christian Faith College, Florida, EE. UU., y en 1996 obtuvo un Ph.D. en Ministerio en el Seminario Teológico de Kingsway en Iowa, EE. UU.

Desde 1993, el Rev. Dr. Lee ha tomado la batuta en el área de las misiones mundiales a través de cruzadas evangelísticas internacionales en Tanzania, Argentina, en las ciudades de Los Ángeles, Baltimore, Hawai y Nueva York en los Estados Unidos, Uganda, Japón, Pakistán, Kenia, las Filipinas, Honduras, India, Rusia, Alemania, Perú, República Democrática de Congo, e Israel. En el año 2002 los principales diarios cristianos de Corea lo nombraron "el Pastor mundial" por su labor en varias Grandes Cruzadas Unidas internacionales.

Hasta septiembre de 2011, la Iglesia Central Manmin cuenta con una congregación de más de 120.000 miembros; tiene 9.000 iglesias filiales locales e internacionales en el mundo entero, más de 138 misioneros que han sido comisionados a 23 países, entre ellos los Estados Unidos, Rusia, Alemania, Canadá, Japón, China, Francia, India, Kenia, y muchos más.

Hasta la fecha de esta publicación, el Dr. Lee ha escrito 63 libros, incluyendo algunos en lista de superventas de librería tales como *Gozando de la Vida Frente a la Muerte, Mi Vida Mi Fe I y II, El Mensaje de la Cruz, La Medida de Fe, Cielo I y II, Infierno,* y *El Poder de Dios.* Sus obras han sido traducidas a más de 67 idiomas.

Sus editoriales cristianos se publican en los diarios *The Hankook Ilbo, The Chosun Ilbo, The JoongAng Daily, The Dong-A Ilbo, The Munhwa Ilbo, The Seoul Shinmun, The Kyunghyang Shinmun, The Hankyoreh Shinmun, The Korea Economic Daily, The Korea Herald, The Shisa News,* y *The Christian Press.*

El Dr. Lee es actualmente el líder de muchas organizaciones y asociaciones misioneras, entre ellas: Presidente de la Iglesia de la Santidad Unida de Jesucristo, Presidente de la Misión Mundial Manmin, Fundador de Manmin TV, Fundador y Presidente de la Junta de Global Christian Network (GCN), Fundador y Presidente de la Junta de la Red Mundial de Médicos Cristianos (WCDN por sus siglas en inglés), y Fundador y Presidente de la Junta del Seminario Internacional Manmin (MIS por sus siglas in inglés).

Cielo I & II

Una descripción detallada del maravilloso y vívido ambiente que los ciudadanos del Cielo disfrutarán en los cinco niveles del Reino de los Cielos, además de una hermosa descripción de cada uno de ellos.

El Mensaje de la Cruz

Un poderoso mensaje de avivamiento para todos aquellos que están espiritualmente adormecidos. En este libro encontrará la razón por la que Jesús es el único Salvador y es el verdadero amor de Dios.

Infierno

Un sincero y ferviente mensaje de Dios para toda la humanidad. ¡Dios desea que ningún alma caiga en las profundidades del infierno! Usted descubrirá una descripción nunca antes revelada de la cruel realidad del Hades y del Infierno.

Mi Vida, Mi Fe II

Un relato conmovedor de fe verdadera para superar cualquier tipo de pruebas y de las poderosas obras del Espíritu Santo que toman lugar en la iglesia por la fe verdadera.

La Medida de Fe

¿Qué tipo de lugar celestial y qué tipo de corona y recompensas están preparadas para usted en el Cielo? Este libro proporciona la sabiduría y guía para que usted mida su fe y cultive una fe mejor y más madura.